UNSERE ERDE 7

Herausgegeben von

Martina Flath
Ellen Rudyk

Autorinnen und Autoren

Milena Breibisch, Illertissen
Martina Flath, Vechta
Katharina Reisle, Bobingen
Julia Richter, Landsberg/Lech
Ellen Rudyk, Taunusstein
Sonja Wachter, Weilheim
Ursula Zitzelsberger, Freising

in Zusammenarbeit
mit der Verlagsredaktion

Oldenbourg Schulbuchverlag, München

Mit Beiträgen von: Henriette Dieterle, Karin Hölscher, Lynnette Jung, Rolf Krüger, Rolf Maroske, Ute Mathesius-Wendt
Redaktion: Hans-Ragnar Steininger
Bildassistenz: Anja Schwerin
Atlasteil: Michael Kunz
Grafik: Volkhard Binder, Franz-Josef Domke, Oliver Hauptstock, Matthias Pflügner, Dieter Stade, Hans Wunderlich
Karten: Oliver Hauptstock, cartomedia, Dortmund; Peter Kast, Ingenieurbüro für Kartographie, Wismar

Umschlaggestaltung: Studio SYBERG, Berlin
Layout und technische Umsetzung: Visuelle Gestaltung Katrin Pfeil, Mainz
Titelfoto: Uluru kata Tjuta National Park, Australien (Foto: ddp images/Picture Press)

Die Mediencodes enthalten zusätzliche Unterrichtsmaterialien, die der Verlag in eigener Verantwortung zur Verfügung stellt.

www.oldenbourg.de

Soweit in diesem Lehrwerk Personen fotografisch abgebildet sind und ihnen von der Redaktion fiktive Namen, Berufe, Dialoge und Ähnliches zugeordnet oder diese Personen in bestimmte Kontexte gesetzt werden, dienen diese Zuordnungen und Darstellungen ausschließlich der Veranschaulichung und dem besseren Verständnis des Inhalts.

1. Auflage, 1. Druck 2019

Alle Drucke dieser Auflage sind inhaltlich unverändert und können im Unterricht nebeneinander verwendet werden.

© 2019 Cornelsen Verlag GmbH, Berlin

Das Werk und seine Teile sind urheberrechtlich geschützt. Jede Nutzung in anderen als den gesetzlich zugelassenen Fällen bedarf der vorherigen schriftlichen Einwilligung des Verlages. Hinweis zu §§ 60 a, 60 b UrhG: Weder das Werk noch seine Teile dürfen ohne eine solche Einwilligung an Schulen oder in Unterrichts- und Lehrmedien (§ 60 b Abs. 3 UrhG) vervielfältigt, insbesondere kopiert oder eingescannt, verbreitet oder in ein Netzwerk eingestellt oder sonst öffentlich zugänglich gemacht oder wiedergegeben werden. Dies gilt auch für Intranets von Schulen.

Druck: Firmengruppe APPL, aprinta Druck, Wemding

ISBN 978-3-637-01905-8 (Schulbuch)
ISBN 978-3-637-02083-2 (E-Book)

PEFC zertifiziert
Dieses Produkt stammt aus nachhaltig bewirtschafteten Wäldern und kontrollierten Quellen.
www.pefc.de

Inhaltsverzeichnis

6 Arbeitsaufträge und ihre Bedeutung
8 Unsere Erde – dein Geographiebuch

12 1 Die Entstehung von Klima- und Vegetationszonen erklären

14 Der Lauf der Zeit – Tag und Nacht
16 Von heiß bis kalt – die Temperaturzonen der Erde
18 Die Entstehung der Jahreszeiten
20 Polartag und Polarnacht
22 Luftfeuchtigkeit und Niederschlag
24 Luftdruck – Motor des Windes
26 Austausch von Luftmassen in der Atmosphäre
28 Luftmassen beeinflussen das Wetter
30 **Geo-Methode:** Wir zeichnen Klimadiagramme und werten sie aus
32 Klima- und Vegetationszonen der Erde
34 **Geo-Aktiv:** Wir gestalten ein Memo-Spiel zu Klima und Vegetation
36 **Geo-Check: Die Entstehung von Klima- und Vegetationszonen erklären**

40 2 Leben und Wirtschaften im tropischen Afrika untersuchen

42 Wir orientieren uns in Afrika südlich der Sahara
44 Die Tropen – unterschiedlich feucht, aber immer warm
46 Im tropischen Regenwald – artenreich und immergrün
48 Aufbau des tropischen Regenwaldes
50 Landnutzung – vom Wanderfeldbau zum Dauerfeldbau
52 **Geo-Methode:** Wir erstellen eine Präsentation
54 Savannen – Grasländer der wechselfeuchten Tropen
56 Ackerbau im Kampf mit der Trockenheit
58 Demokratische Republik Kongo – reich an Bodenschätzen, aber trotzdem arm
60 Ruanda – ein Musterstaat Afrikas?
62 **Geo-Aktiv:** Wir engagieren uns für ein Entwicklungsprojekt
64 **Geo-Check: Leben und Wirtschaften im tropischen Afrika untersuchen**

4 INHALTSVERZEICHNIS

68 **3 Leben und Wirtschaften im nördlichen Afrika und westlichen Asien erläutern**

70 Wir orientieren uns in Nordafrika und Westasien
72 Marrakesch – eine orientalische Stadt
74 **Geo-Methode:** Wir werten Luftbilder aus und vergleichen sie
76 Wüste ist nicht gleich Wüste
78 **Geo-Aktiv:** Versuche zur Entstehung von Wüsten und Wüstenbildung
80 Oasen – grüne Inseln in der Wüste
82 **Geo-Methode:** Wir werten ein Satellitenbild aus
84 Kampf ums Wasser: Das Südost-Anatolien-Projekt
86 Erdöl – das „schwarze Gold"
88 **Geo-Aktiv:** Vom Bohrloch zum Verbraucher
90 Saudi-Arabien – vom Öl zur Sonnenenergie
92 **Geo-Check: Leben und Wirtschaften im nördlichen Afrika und westlichen Asien erläutern**

96 **4 Leben und Wirtschaften in Südostasien erläutern**

98 Wir orientieren uns in der Inselwelt zwischen Indischem und Pazifischem Ozean
100 Inseln an den Nahtstellen der Erdplatten
102 Tsunamis – Gefahr aus dem Meer
104 Tropische Wirbelstürme bedrohen Mensch und Natur
106 Malaysia – auf dem Weg zur Industrienation
108 Palmöl bedroht den tropischen Regenwald
110 Urlaub im Paradies?
112 **Geo-Methode:** Wir untersuchen einen Raum
114 Indonesien – Leben an und mit dem Meer
116 Indonesien – Reis ist Leben
118 Manila – Bevölkerungsmagnet auf den Philippinen
120 **Geo-Check: Leben und Wirtschaften in Südostasien erläutern**

124	**5 Japan und Australien vergleichen**
126	**Geo-Methode:** Wir lernen mit einem Arbeitsplan
128	**Geo-Methode:** Wir arbeiten mit dem Lerntagebuch
130	Wir orientieren uns in Japan
132	Japan – von Naturkräften bedroht
134	Ein Inselreich schafft sich Platz
136	Japan – eine Wirtschaftsmacht
138	Japan – eine alternde Gesellschaft
140	**Geo-Aktiv:** Wir vergleichen den Schulalltag in Japan und Australien
142	Wir orientieren uns in Australien
144	Australien – ein weites Land, dünn besiedelt
146	Australien – Rohstoffe und Nahrungsmittel für den Weltmarkt
148	Australien – ein Kontinent trocknet aus
150	Australien – das Great Barrier Reef in Gefahr
152	**Geo-Check: Japan und Australien vergleichen**

154–166	**Anhang**
154	Daten von Klimastationen weltweit
155–161	Lösungstipps
162	Arbeitstechniken
164	Lexikon
166	Bildquellen

167–180	**Atlas**
167	Kartenweiser und Inhaltsverzeichnis
168	Asien: Physische Karte
170	Asien: Wirtschaftskarte
172	Japan: Wirtschaftskarte
173	Südostasien: Physische Karte
174	Afrika: Physische Karte
175	Afrika: Wirtschaftskarte
176	Afrika: Temperaturen und Niederschläge
177	Australien: Physische Karte und Wirtschaftskarte
178	Erde: Politische Gliederung
180	Atlasregister

Hinterer Buchdeckel:
Legende für die Wirtschaftskarten

Arbeitsaufträge und ihre Bedeutung

Arbeitsaufträge unterstützen dich, die Materialien (Bilder, Diagramme, Karten, Profile, Schaubilder, Tabellen und Texte) in deinem Geographiebuch richtig zu erschließen und zu bearbeiten. Dabei werden deine Fähigkeiten und Fertigkeiten, also deine Kompetenzen trainiert. Wenn du die Arbeitsaufträge bearbeitet hast, kannst du selbst kontrollieren, ob du alles richtig gemacht hast. Am Anfang einer Doppelseite steht im „check-it"-Kasten, was du wissen und können sollst.

Bereich Wissen und Kenntnisse	
Arbeitsauftrag	**„Was von dir erwartet wird"**
Arbeite heraus	Du entnimmst Informationen aus den Materialien und gibst sie unter bestimmten Gesichtspunkten wieder.
Berichte	Du erkennst Informationen und Aussagen und gibst diese richtig wieder.
Beschreibe	Du gibst in eigenen Worten und möglichst genau wieder, was die Materialien aussagen. Erklärungen sind nicht nötig.
Charakterisiere	Du benennst und beschreibst typische Merkmale oder Eigenarten eines Sachverhaltes, die dir auffallen.
Erkläre	Du stellst verständlich die Ursachen, Folgen und Gesetzmäßigkeiten von Sachverhalten und Abläufen dar.
Erläutere	Du beschreibst Sachverhalte im Zusammenhang und machst Beziehungen deutlich.
Lokalisiere	Du findest auf einer Karte einen Fluss, eine Stadt oder einen Ort und beschreibst die geographische Lage.
Nenne/benenne	Du gibst Informationen aus Materialien oder eigene Kenntnisse ohne Erklärungen wieder.
Ordne ein/zu	Du versuchst, Sachverhalte oder Räume in einen Zusammenhang zu stellen.
Stelle dar/lege dar	Du zeigst einen Sachverhalt sprachlich oder grafisch ausführlich auf.
Unterscheide	Du vergleichst Sachverhalte miteinander und stellst die Unterschiede fest.
Vergleiche	Du ermittelst Gemeinsamkeiten und Unterschiede, stellst diese gegenüber und formulierst ein Ergebnis.
Zeige auf	Du gibst komplexe Informationen und Sachverhalte knapp und eventuell vereinfacht wieder.

Bereich Methoden, Arbeitstechniken und Handeln	
Arbeitsauftrag	**„Was von dir erwartet wird"**
Erstelle	Du stellst Sachverhalte zeichnerisch z. B. in Kartenskizzen und Fließdiagrammen dar und beschriftest diese mit Fachbegriffen.
Führe durch	Du führst eine Untersuchung wie z. B. eine Befragung oder einen Versuch nach einer genauen Anleitung durch.
Gestalte	Du fertigst mit verschiedenen Materialien eine Darstellung zu einem vorgegebenen Thema an, z. B. ein Lernplakat.
Plane	Du legst dein Vorgehen zur Bearbeitung einer Fragestellung, einer Problemstellung oder eines Projektes fest.
Präsentiere	Du stellst anderen einen Sachverhalt in verständlicher Form vor.
Recherchiere/informiere dich	Du suchst selbstständig oder mit Hilfe Informationen zu dir unbekannten Sachverhalten und stellst deine Ergebnisse zusammen.
Werte aus	Du entnimmst Informationen und Sachverhalte aus den Materialien und verknüpfst diese zu Aussagen.
Zeichne	Du stellst einen Sachverhalt zeichnerisch dar, z. B. als Skizze, Mindmap oder Diagramm.

Bereich Beurteilen und Bewerten	
Arbeitsauftrag	**„Was von dir erwartet wird"**
Begründe	Du suchst Argumente oder Beispiele, die vorgegebene Aussagen und Behauptungen unterstützen.
Beurteile	Du überprüfst Aussagen, Vorschläge oder Maßnahmen auf ihre Richtigkeit und kommst zu einem eigenen Urteil.
Erörtere/diskutiere	Zu einer Problemstellung entwickelst du eigene Gedanken, untersuchst Pro und Kontra und kommst zu einem Sachurteil.
Prüfe/überprüfe	Du untersuchst an konkreten Sachverhalten, ob Aussagen und Behauptungen richtig und stimmig sind.

Unsere Erde – dein Geographiebuch

Jedes Kapitel startet mit einem großen Bild, auf dem es viel zu entdecken gibt.

In der rechten Spalte erfährst du, was du zum Ende des Kapitels wissen und können solltest.
- Ein roter Spiegelstrich fordert dich dazu auf, dich in Räumen zu orientieren.
- Der gelbe Spiegelstrich zeigt dir, welches geographische Wissen du beherrschen sollst.
- Der grüne Spiegelstrich gibt an, welche Methoden du in diesem Kapitel anwenden wirst.
- Der blaue Spiegelstrich zeigt dir, welche geographischen Sachverhalte und Probleme du bewerten und beurteilen sollst.

Das klappt – eine **ausklappbare Kartenseite** zu Kapitelbeginn. Du klappst sie aus und kannst dich bei den einzelnen Themen des Geographiebuches jederzeit orientieren, wo Städte, Landschaften, Flüsse und Länder liegen.

Mithilfe der differenzierten **Arbeitsaufträge** kannst du überprüfen, ob du die im „check-it"-Kasten genannten Kompetenzen beherrschst. Wenn du so 4 gekennzeichnete Aufgaben nicht sofort lösen kannst – kein Problem! Im Anhang erhältst du dazu ab S. 155 Lösungstipps.

Alles klar? Der **„check-it"-Kasten** zu Beginn jeder Themenseite zeigt dir, farblich ebenso markiert wie zu Beginn jedes Kapitels, welche unterschiedlichen Fähigkeiten (Kompetenzen) du nach der Bearbeitung beherrschen solltest.

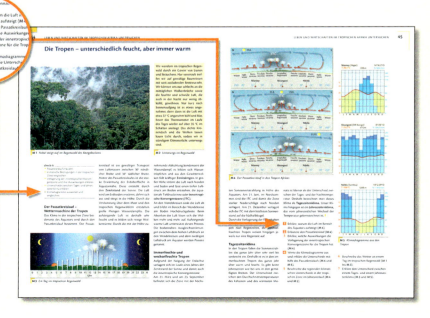

Klima- und Vegetationszonen

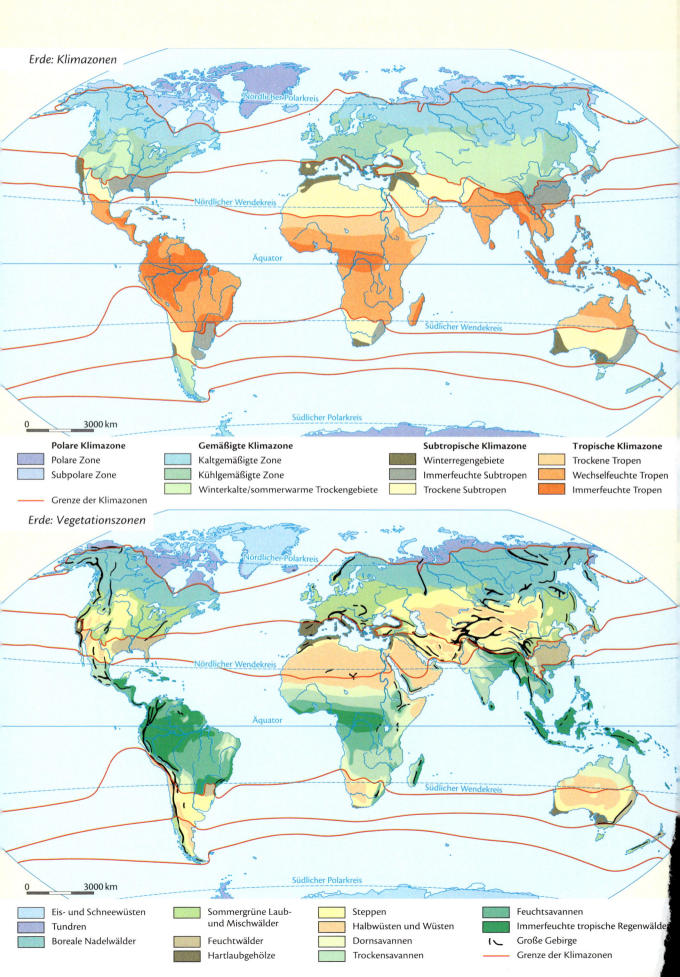

UNSERE ERDE – DEIN GEOGRAPHIEBUCH   10

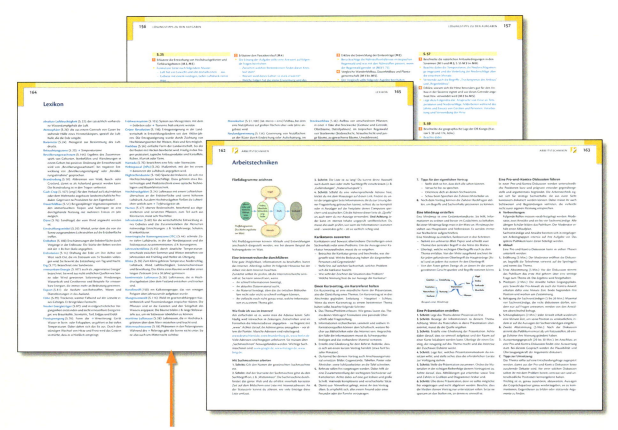

Der Anhang ab S. 154 bietet dir unterschiedliche Hilfen: **Lösungstipps** zu den Aufgaben, die so 1 gekennzeichnet sind, und das **Lexikon,** um Begriffe zu erklären. Außerdem findest du Beschreibungen zu **Arbeitstechniken,** die dir vielleicht unbekannt und auf den Themenseiten mit einem 2-Symbol gekennzeichnet sind.

Im **Atlasteil** ab S. 167 findest du zu allen wichtigen Themen im Buch die passende Karte.
Im **Atlasregister** ab S. 180 erfährst du, auf welcher Karte sich dein gesuchter Ort befindet.

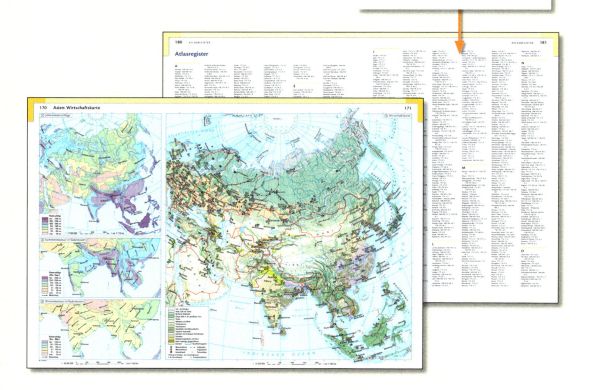

UNSERE ERDE – DEIN GEOGRAPHIEBUCH

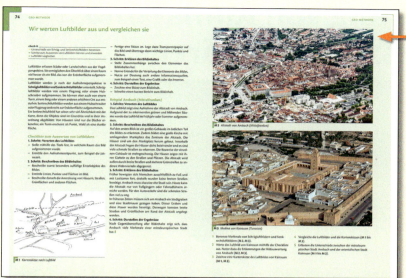

Geo-Methode
Hier kannst du Schritt für Schritt wichtige Methoden für das Fach Geographie lernen, zum Beispiel das Zeichnen von Klimadiagrammen oder Luftbilder vergleichen.

Geo-Aktiv
Hier findest du Anregungen, selbst aktiv zu werden, zum Beispiel beim Planen einer Radtour, beim Durchführen von Versuchen oder beim Erkunden eines Wochenmarktes.

Geo-Check
Am Ende jedes Kapitels kannst du dein Wissen und Können testen.

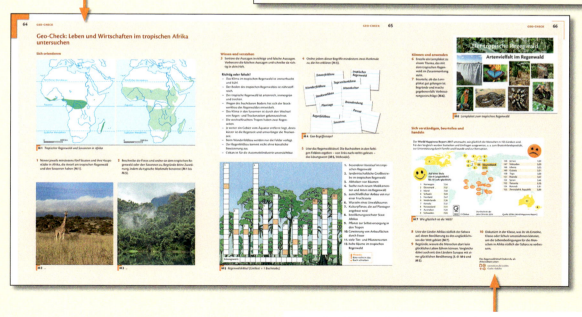

Über den **Webcode** kannst du uns im Internet unter *www.cornelsen.de/codes* besuchen. Dort findest du ein Feld, in das du die Zahlenkombination eingibst, die du unter dem Webcode findest, zum Beispiel *dakiho*. Schon sind wir zum jeweiligen Thema miteinander verbunden.

1 Die Entstehung von Klima- und Vegetationszonen erklären

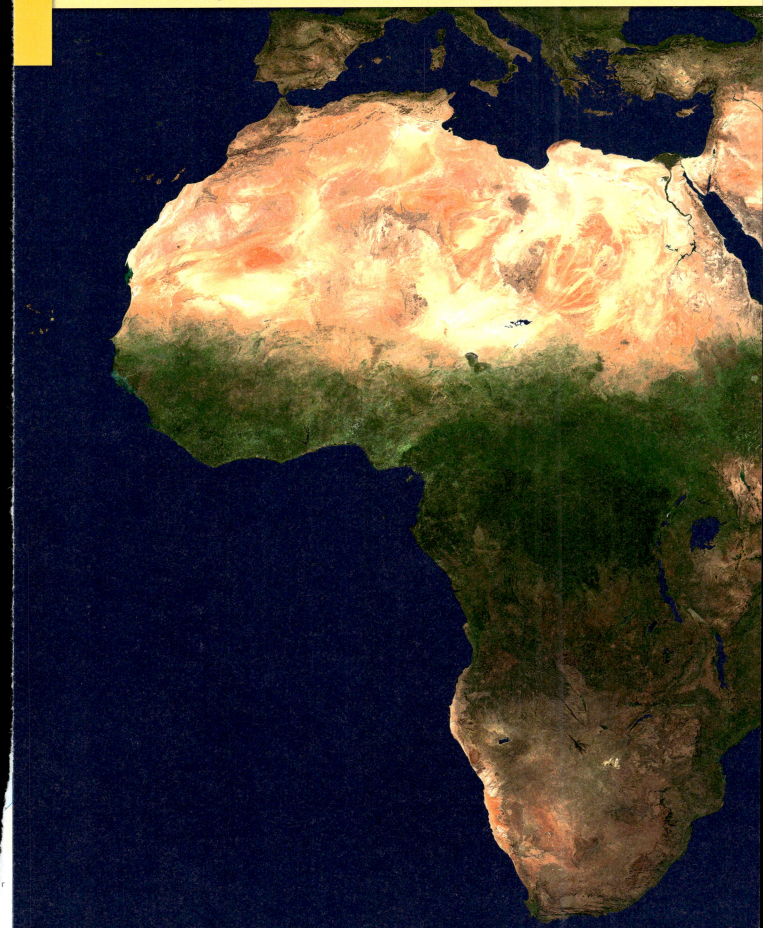

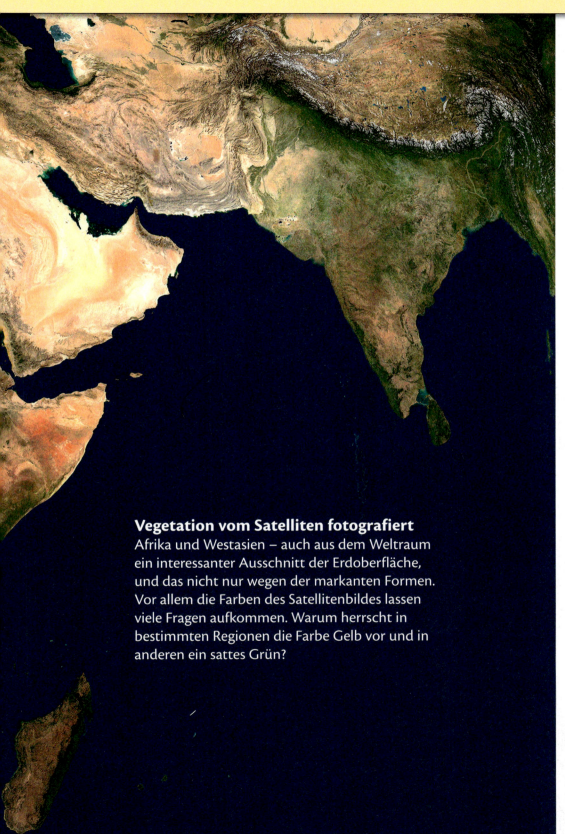

Vegetation vom Satelliten fotografiert

Afrika und Westasien – auch aus dem Weltraum ein interessanter Ausschnitt der Erdoberfläche, und das nicht nur wegen der markanten Formen. Vor allem die Farben des Satellitenbildes lassen viele Fragen aufkommen. Warum herrscht in bestimmten Regionen die Farbe Gelb vor und in anderen ein sattes Grün?

In diesem Kapitel lernst du
- die Lage und Ausdehnung der Klima- und Vegetationszonen zu beschreiben,
- die Folgen der Erdrotation zu erklären,
- die Entstehung von Ortszeiten zu erläutern,
- die Entstehung von Polartag und Polarnacht zu erklären,
- den Umlauf der Erde um die Sonne zu beschreiben und Folgen darzulegen,
- die Entstehung von Temperaturzonen zu erklären,
- Zusammenhänge zwischen Klima und Pflanzenwelt zu erkennen und zu erläutern,
- Entstehung von Hoch- und Tiefdruckgebieten zu beschreiben,
- Luftmassen und Wetterlagen in Mitteleuropa zu charakterisieren,
- Klima- und Vegetationszonen zuzuordnen,
- Zusammenhänge zwischen Klima und Vegetation zu erkennen und zu erläutern,
- Klimadiagramme zu zeichnen und auszuwerten.

Dazu nutzt du
- Karten,
- Klimadiagramme,
- Grafiken,
- Schemaskizzen und
- Versuche.

Du beurteilst
- den Einfluss der Breitenlage auf Klima und Vegetation,
- die Notwendigkeit von Zeitzonen.

Satellitenbild von Afrika (mit Teilen Europas und Asiens)

Der Lauf der Zeit – Tag und Nacht

check-it
- Verlauf eines Tages beschreiben
- Merkmale der Begriffe Ortszeit und Zeitzone benennen
- Entstehung der Ortszeiten erläutern
- Notwendigkeit von Zeitzonen begründen

Im Osten geht die Sonne auf,
im Süden nimmt sie ihren Lauf,
im Westen wird sie untergehen,
im Norden ist sie nie zu sehen.

M 1 *Merkspruch*

Orte	Sonnenaufgang	Sonnenuntergang
Görlitz	05.34 Uhr	20.22 Uhr
München	05.56 Uhr	20.27 Uhr
Stuttgart	06.04 Uhr	20.38 Uhr
Aachen	06.11 Uhr	20.56 Uhr

M 2 *Sonnenaufgang und Sonnenuntergang am 1. Mai*

Wie Tag und Nacht entstehen

So wie in dem Merkspruch in **M 1** beschrieben, erleben wir den Tag. In Wirklichkeit bewegt sich jedoch die Sonne nicht um die Erde, sondern sie strahlt immer von der gleichen Stelle aus. Aber die Erde dreht sich im Laufe eines Tages einmal um die Erdachse, und zwar von Westen nach Osten.

Durch die **Erdrotation** wandert die Sonne scheinbar innerhalb von 24 Stunden über alle 360 Meridiane des Gradnetzes von Osten nach Westen hinweg. In den Gebieten, die von der Sonne beschienen werden, ist es Tag. In den Gebieten, die der Sonne abgewandt sind, ist es Nacht.

Die Ortszeit

Wenn du zum Mittagessen gehst, tut dies Miranda in Jaunde, der Hauptstadt Kameruns in Afrika, vielleicht ebenfalls. Miko in Tokio ist dagegen gerade mit dem Abendessen fertig, während John in New York die Nachtruhe beendet. Die Tageszeit eines Ortes hängt immer mit seiner Lage im Gradnetz zusammen. Der Stand der Sonne bestimmt dabei die Zeit eines Ortes auf der Erde. Es gilt: Alle Orte auf dem gleichen Me-

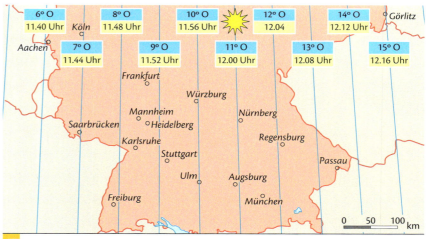

M 3 *Wahre Ortszeit nach Sonnenstand*

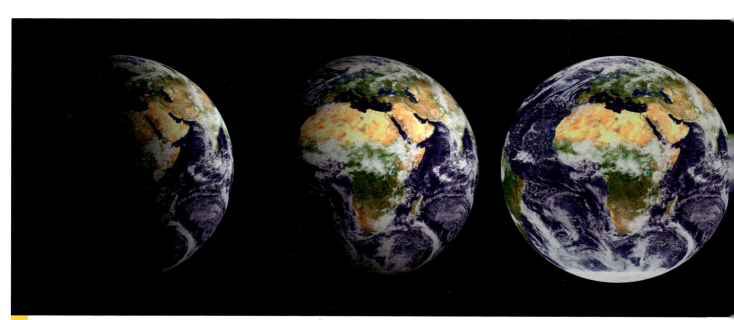

M 4 *Europa und Afrika – aus dem Weltraum beobachtet*

DIE ENTSTEHUNG VON KLIMA- UND VEGETATIONSZONEN ERKLÄREN 15

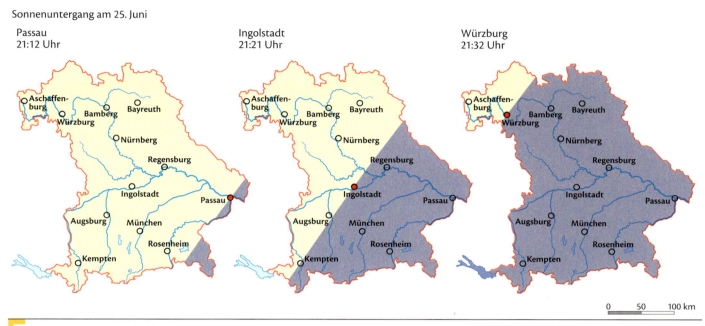

M 5 *Sonnenuntergang in Bayern*

ridian haben die gleiche Zeit. Sie wird **Ortszeit** genannt.
Die Mittagszeit wird durch den höchsten Stand der Sonne am Himmel bestimmt. Wenn die Sonne über einem Meridian ihren Höchststand erreicht hat, ist es in allen Orten, die auf diesem Meridian liegen, 12.00 Uhr mittags. Die Meridiane werden deshalb auch Mittagslinien genannt.

Die Zeitzonen
Die Wanderung des Höchststandes der Sonne von einem Meridian zum nächsten dauert 4 Minuten. Durch die Rotation der Erde dauert es eine Stunde, um den Ort mit dem Höchststand der Sonne um 15 Meridiane zu verschieben. Früher mussten die Reisenden ständig die Uhrzeit umstellen. Dies war sehr aufwändig. Heute wäre es gar nicht auszudenken, wenn für jeden Ort eine eigene Ortszeit gelten würde.
Um diesen Zeitwirrwarr zu vermeiden, wurde im 19. Jahrhundert die Erde in 24 **Zeitzonen** eingeteilt. In jeder Zeitzone gilt die gleiche Zeit, die Zonenzeit. Zwischen benachbarten Zeitzonen besteht immer eine Stunde Zeitunterschied. Deutschland liegt in der Mitteleuropäischen Zeitzone (MEZ).

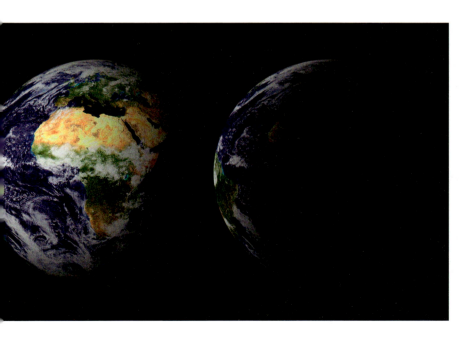

1 Erläutere die Erdrotation und ihre Folgen (**M 1, M 4,** Globus).
2 Beschreibe den Verlauf eines Tages. Wo herrscht Tag, wo Nacht (**M 4,** Globus)?
3 Erkläre, warum in Passau die Sonne früher aufgeht und früher untergeht als in Ulm (**M 3**).
4 Der Stand der Sonne bestimmt die wahre Ortszeit. Erläutere diese Aussage (**M 2, M 3, M 5**).
5 Du fährst mit dem Zug von Würzburg nach Görlitz. Wie oft musst du die Uhr verstellen, wenn du immer Ortszeit haben möchtest (**M 3**)?
6 Begründe die Notwendigkeit der Zeitzonen (**M 5,** Karte S. 178/179).
7 Nenne Staaten in Europa, die in gleichen Zeitzonen liegen (Atlas).

Von heiß bis kalt – die Temperaturzonen der Erde

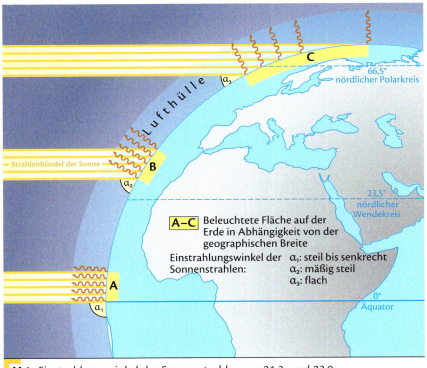

M 1 Einstrahlungswinkel der Sonnenstrahlen am 21.3. und 23.9.

check-it
- Temperaturzonen abgrenzen
- Temperaturzonen und ihre Merkmale beschreiben und vergleichen
- Ursachen der Entstehung von Temperaturzonen erläutern
- Karten und Grafiken auswerten

Temperaturzonen

Die Erwärmung der Erde durch die Sonne lässt parallele Streifen oder Zonen auf der Erdoberfläche entstehen – die **Temperaturzonen**. In diesen Zonen herrschen gleiche oder ähnliche Temperaturmerkmale.

Die Temperaturen haben Auswirkungen auf die Pflanzen- und Tierwelt und auf das Klima.

Die Temperaturzonen werden auch als **Beleuchtungszonen** bezeichnet. Sie umspannen die ganze Erdkugel. Ihre Grenzen sind die Polarkreise und die Wendekreise.

Durch die Neigung der Erdachse verschieben sich die Beleuchtungszonen im Jahresverlauf. Damit ändern sich auch die Temperaturen, die in den jeweiligen Gebieten gemessen werden.

Beeinflusst werden die Temperaturen auch durch die Lage und Höhe von Gebirgen, durch kalte und warme Meeresströmungen und die unterschiedliche Verteilung von Land- und Wassermassen auf der Erde.

Die Kugelgestalt der Erde

Hätte die Erde die Gestalt einer Scheibe, so wäre es überall auf der Erde gleich warm oder kalt. An jedem Punkt der Erdoberfläche würde die gleiche Menge Sonnenlicht einstrahlen und in Wärmeenergie umgewandelt werden. Da die Erde aber die Gestalt einer Kugel hat, fallen die Sonnenstrahlen unterschiedlich steil auf die Erde ein. Der Winkel, in dem die Sonnenstrahlen auf die Erdoberfläche treffen, wird **Einstrahlungswinkel** (α_1 bis α_3 in M 1) genannt. Die Luft erwärmt sich dort am stärksten, wo die Sonnenstrahlen sehr steil oder gar senkrecht auf die Erde einstrahlen. Am Äquator gelangt dreimal mehr Sonnenenergie auf einen Quadratmeter Boden als an den Polen. Die von der Sonne ausgehende Strahlungsmenge, die auf die Lufthülle der Erde trifft, ist nahezu konstant. Nur ein Viertel der Sonnenstrahlen trifft direkt auf den Erdboden. Die restlichen Strahlen werden von den Wolken und der Lufthülle aufgenommen und zurückgeworfen.

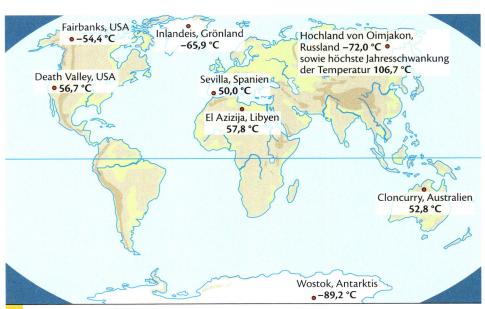

M 2 Temperaturrekorde der Erde

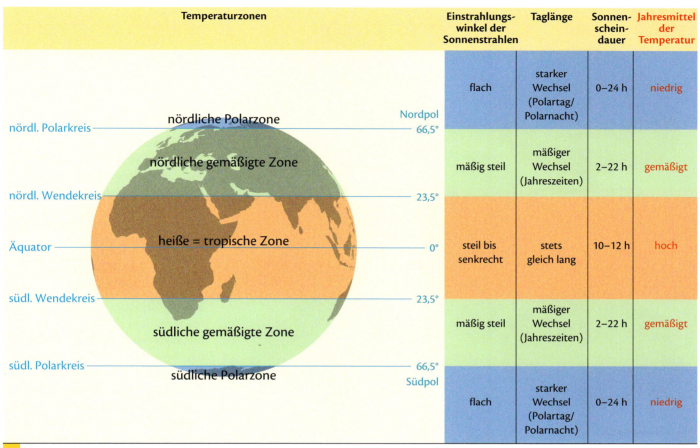

M 3 *Temperaturzonen der Erde und ihre Merkmale*

1. Beschreibe die Merkmale der Temperaturzonen. Benenne Veränderungen vom Äquator aus (M 3).
2. Drei gleich große Strahlenbündel (A, B, C) bescheinen auf der Erdoberfläche unterschiedliche Flächen. Erkläre, wo die Erwärmung am stärksten ist (M 1).
3. Erläutere die Ursachen für die Entstehung der Temperaturzonen (M 1, M 3).
4. Erstelle eine Tabelle der Temperaturrekorde der Erde mit den dazu gehörenden Staaten und Kontinenten (M 2).
5. Benenne die Namen und die Grenzen der Temperaturzonen (M 3).

Versuch
Einstrahlungswinkel der Sonne

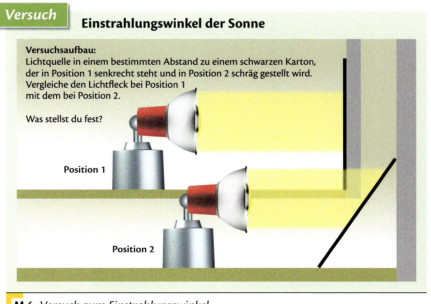

Versuchsaufbau:
Lichtquelle in einem bestimmten Abstand zu einem schwarzen Karton, der in Position 1 senkrecht steht und in Position 2 schräg gestellt wird. Vergleiche den Lichtfleck bei Position 1 mit dem bei Position 2.

Was stellst du fest?

M 4 *Versuch zum Einstrahlungswinkel*

Die Entstehung der Jahreszeiten

M 1 *Kastanienbaum im Frühjahr, Sommer, Herbst und Winter*

check-it
- den Umlauf der Erde um die Sonne beschreiben
- die Entstehung der Jahreszeiten erläutern
- Folgen der Schrägstellung der Erdachse erklären

Die Erde dreht sich um die Sonne

Durch den Umlauf der Erde um die Sonne und die Schrägstellung der Erdachse entstehen die Jahreszeiten. Die Erde umläuft die Sonne auf der elliptischen Erdumlaufbahn. Diese Bewegung der Erde wird als **Revolution** bezeichnet. Dabei ist die Erdachse um 23,5 Grad gegenüber der Erdumlaufbahn geneigt. Deshalb wird beim Umlauf der Erde um die Sonne mal die nördliche und mal die südliche Erdhalbkugel mehr von der Sonne beschienen.

Wenn auf der Nordhalbkugel Sommer ist, ist auf der Südhalbkugel Winter. Am 21. Juni ist die Nordhalbkugel der Sonne zugeneigt und wird somit stärker von der Sonne beleuchtet und erwärmt. Auf der Nordhalbkugel beginnt der Sommer. Am 21. Dezember ist es genau umgekehrt.

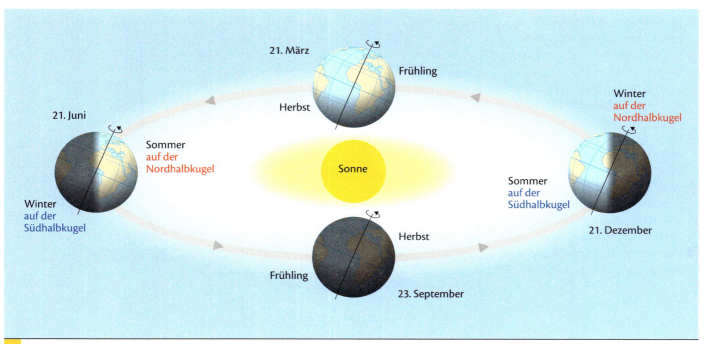

M 2 *Umlauf der Erde um die Sonne – Entstehung der Jahreszeiten*

DIE ENTSTEHUNG VON KLIMA- UND VEGETATIONSZONEN ERKLÄREN

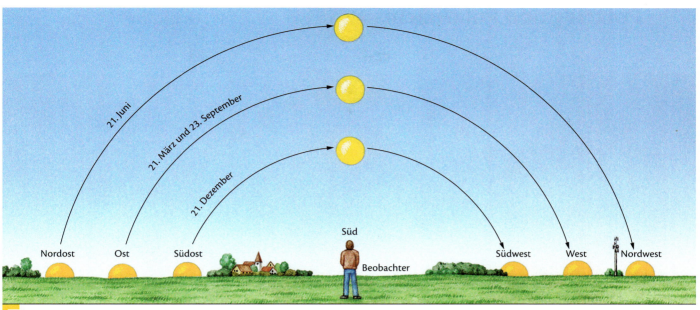

M 3 Der Tagbogen der Sonne während verschiedener Jahreszeiten in Deutschland

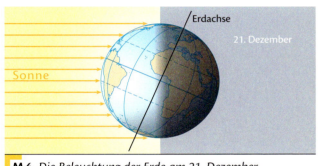

M 4 Die Beleuchtung der Erde am 21. Dezember

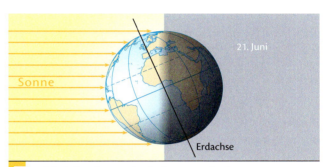

M 5 Die Beleuchtung der Erde am 21. Juni

1. Vergleiche den Kastanienbaum zu unterschiedlichen Jahreszeiten (M 1).
2. Beschreibe die Bewegung der Erde um die Sonne während eines Jahres (M 2, Globus).
3. Beschreibe den Tagbogen der Sonne im Sommer und im Winter (M 3).
4. Erläutere, warum es in Deutschland vier Jahreszeiten gibt (M 1 bis M 5).
5. Erstelle eine Tabelle und vergleiche für den 21. Juni und den 21. Dezember in Deutschland die Neigung der Erdachse zur Sonne, Jahreszeit und Tageslänge.
6. Vergleiche Weihnachten auf der Nord- und auf der Südhalbkugel (M 6).
7. Erkläre, welche Folgen es hätte, wenn die Erdachse nicht geneigt wäre.

Wenn bei uns im Dezember auf der Nordhalbkugel Winter (Nordwinter) ist, dann ist auf der Südhalbkugel (Süd-)Sommer. Manchen würde die große Hitze die Weihnachtsstimmung verderben, nicht aber den Australiern. Sie feiern das Fest oft im Freien.

M 6 Weihnachten

Polartag und Polarnacht

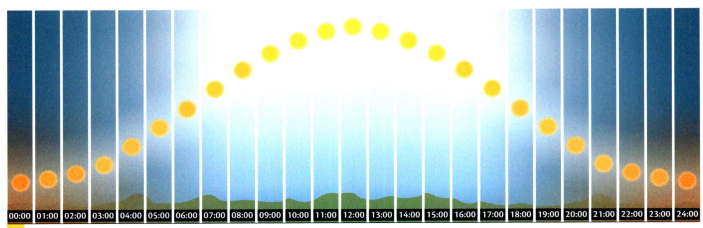

M 1 Der Stand der Sonne am Polarkreis während des Polartages

check-it
- Polargebiete lokalisieren
- Beleuchtungsverhältnisse am und nördlich des nördlichen Polarkreises beschreiben
- Entstehung von Polartag und Polarnacht erklären

Polartag

In der Zeit vom 21. März bis 23. September geht am Nordpol die Sonne nicht unter. Diese Erscheinung heißt **Polartag**. Die Erde wird dort 24 Stunden lang von der Sonne beleuchtet, sodass es ganztägig hell ist. Je weiter man nach Süden kommt, desto weniger Tage dauert der Polartag. Am nördlichen Polarkreis scheint die Sonne nur am 21. Juni ununterbrochen.

Da die Sonne zu dieser Zeit auch um Mitternacht noch über dem Horizont steht, spricht man auch von **Mitternachtssonne**.

Polarnacht

Im Winterhalbjahr erleben die Menschen nördlich des nördlichen Polarkreises die **Polarnacht**.
Am 21. Dezember steigt die Sonne am nördlichen Polarkreis nicht über den Horizont. In Richtung Nordpol nehmen die Tage zu, an denen die Sonne nicht aufgeht. Am Nordpol dauert die Polarnacht ein halbes Jahr. Nur um die Mittagszeit gibt es ein wenig Licht wie bei uns in der Dämmerung.

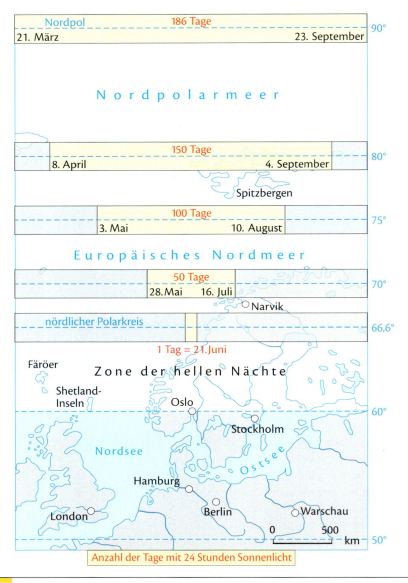

M 2 Die Länge des Polartages

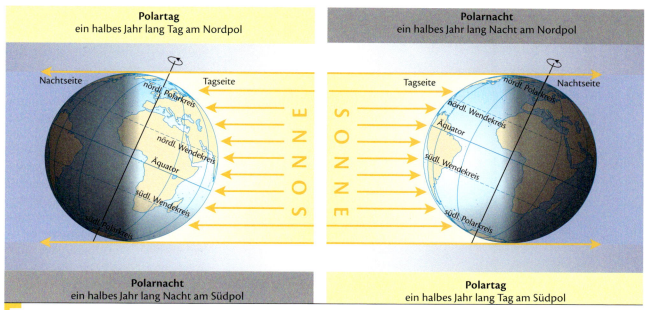

M 3 Die Beleuchtung der Polargebiete im Sommer und Winter

Die Entstehung von Polartag und Polarnacht

Die Entstehung von Polartag und Polarnacht hängt mit der Schrägstellung der Erdachse während des Umlaufs der Erde um die Sonne zusammen. Durch die gleichbleibende Schrägstellung der Erdachse ändert sich beim Umlauf um die Sonne die Beleuchtung der Erde. Von Mitte März bis Mitte September ist die Nordhalbkugel mehr der Sonne zugewandt, von Mitte September bis Mitte März mehr die Südhalbkugel. Am 21. Juni, dem Sommeranfang auf der Nordhalbkugel, steht die Sonne mittags senkrecht über dem nördlichen Wendekreis. Das nördliche Polargebiet erhält auch dann noch Sonnenlicht, wenn es südlich des nördlichen Polarkreises bereits Nacht ist.

Auch auf der Südhalbkugel gibt es Polartag und Polarnacht. Immer, wenn am nördlichen Polarkreis Polarnacht ist, herrscht am südlichen Polarkreis Polartag – und umgekehrt.

M 4 Das Nordkap im Juni um 23.45 Uhr

1 Beschreibe die geographische Lage der Polargebiete und nenne fünf Staaten auf der Nordhalbkugel, die Anteil am Polargebiet haben (Karte S. 178/179).

2 Beschreibe den Verlauf des Sonnenbogens während des Polartages (M 1 und S. 18 M 2).

3 Beschreibe die Beleuchtungsverhältnisse in Oslo, Narvik, auf Spitzbergen und am Nordpol während eines Jahres (M 2, M 3).

4 Erkläre die Entstehung von Polartag und Polarnacht auf der Nordhalbkugel (M 3).

5 Überprüfe, wo Menschen am 21. Juni den ganzen Tag ohne Sonnenlicht auskommen müssen (M 3 und Karte S. 178/179, Atlas).

6 Vergleiche mithilfe einer Tabelle die Beleuchtungsverhältnisse im südlichen und nördlichen Polargebiet (M 3).

DIE ENTSTEHUNG VON KLIMA- UND VEGETATIONSZONEN ERKLÄREN

Luftfeuchtigkeit und Niederschlag

M 1 Regenwetter bei uns

check-it
- Unterschiede zwischen absoluter und relativer Luftfeuchtigkeit benennen
- Zusammenhang zwischen Temperatur und Luftfeuchtigkeit erläutern
- Entstehung von Niederschlägen erklären
- Funktionsweise eines Hygrometers beschreiben
- Schemaskizze auswerten

Luftfeuchtigkeit – Wasserdampf in der Atmosphäre

Bei der Erwärmung feuchter Oberflächen wird Wasser zu unsichtbarem Wasserdampf. Dieser Vorgang heißt **Verdunstung.** Umgekehrt entsteht bei Abkühlung aus Wasserdampf wieder Wasser. Dieser Vorgang wird Kondensation genannt. Die dabei gebildeten Wassertröpfchen können so klein sein, dass sie in der Luft schweben.

Das Wasser in der Atmosphäre ist für das Klima und das Wetter von großer Bedeutung. Wer in der Nähe des Äquators aus dem Flugzeug steigt, den empfängt sehr schwüle, feuchtwarme Luft. Wie kommt es dazu, dass es in sehr warmen Gebieten oftmals feuchter ist als in unseren Breiten?

Die Aufnahmefähigkeit der Luft hängt von ihrer Temperatur ab. Je wärmer die Luft ist, desto mehr Wasserdampf kann sie aufnehmen. Wenn sich die Luft abkühlt, verringert sich ihre Aufnahmefähigkeit für Wasserdampf.

Absolute und relative Luftfeuchtigkeit

Den in der Luft tatsächlich vorhandenen Wasserdampf bezeichnet man als **absolute Luftfeuchtigkeit.** Diese wird in Gramm je Kubikmeter (g/m³) angegeben. Das Verhältnis der in der Luft vorhandenen Wasserdampfmenge zu der Wassermenge, die die Luft maximal aufnehmen könnte, heißt **relative Luftfeuchtigkeit.** Diese wird mit dem Hygrometer gemessen. Ein Beispiel: Ein Kubikmeter Luft enthält bei 20 °C 13,84 g Wasserdampf. Die relative Luftfeuchtigkeit beträgt 80 Prozent.

Wusstest du schon, dass
- etwa 15 Billionen Tonnen Wasser in der Atmosphäre zirkulieren?
- das Wasser in der Atmosphäre nur 0,001 % des gesamten Wassers der Erde entspricht?
- auf dem Atlantischen und Pazifischen Ozean je Quadratmeter jährlich 1200 bis 1300 Liter Wasser verdunsten?

Das Hygrometer

Gebräuchliche Hygrometer enthalten ein Wasser anziehendes Material, dessen Eigenschaften sich durch die Feuchtigkeit ändern. Am bekanntesten ist das Haarhygrometer. Seine Funktionsweise beruht darauf, dass sich Haare bei höherer Luftfeuchte ausdehnen und bei niedrigerer Luftfeuchte wieder zusammenziehen. Die Messung erfolgt über ein Haarbündel, dessen Dehnung durch ein Hebelwerk auf eine Anzeigeskala umgesetzt wird. Früher kamen aufgrund ihrer dünnen Struktur vor allem blonde Frauenhaare, aber auch Schaf- und Pferdehaare zum Einsatz. Heutzutage werden hingegen vor allem Kunstfasern verwendet. Die traditionellen Wetterhäuschen sind im Prinzip Haarhygrometer.

Wolkenbildung und Niederschläge

Wenn Luft aufsteigt, bleibt zwar die absolute Luftfeuchtigkeit gleich, die relative Luftfeuchtigkeit nimmt jedoch wegen der Abkühlung zu. Wenn die Luft mit Wasserdampf gesättigt ist, wird der Taupunkt erreicht. Es kommt zur Kondensation und Wolkenbildung. Wolken bestehen aus Wassertröpfchen

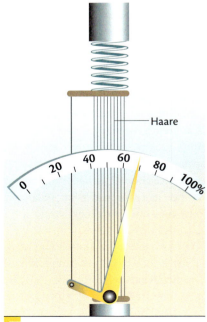

M 2 Aufbau eines Hygrometers

DIE ENTSTEHUNG VON KLIMA- UND VEGETATIONSZONEN ERKLÄREN 23

Einstrahlung erwärmt die Bodenoberfläche, diese erwärmt die Luft, → erwärmte Luft steigt auf, → aufsteigende Luft kühlt ab, es kommt zur → Kondensation des Wasserdampfs in der Luft, damit zur → Wolkenbildung und zu → Niederschlägen.

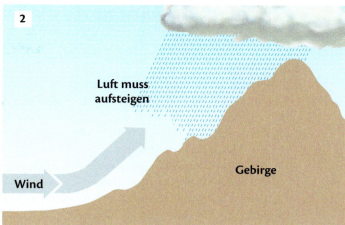

Luftmassen müssen am Gebirge aufsteigen. Es kommt zur → Abkühlung der Luft, zur → Kondensation des Wasserdampfs in der Luft, damit zur → Wolkenbildung und zu → Niederschlägen.

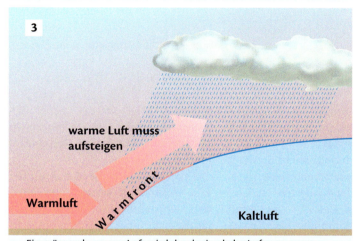

Einströmende warme Luft wird durch eine kalte Luftmasse zum Aufgleiten gezwungen, es kommt zur → Abkühlung der Luft und → Kondensation des Wasserdampfs in der Luft, → Wolken bilden sich, → Niederschläge fallen in der Regel als Nieselregen.

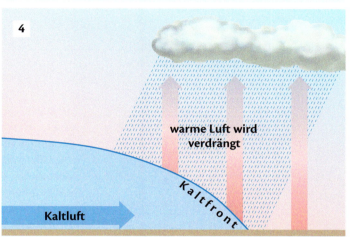

Einströmende kalte Luft verdrängt warme Luft nach oben, es kommt zur → Abkühlung der Luft und → Kondensation des Wasserdampfs in der Luft und in der Regel zu → starken Niederschlägen.

M 3 Entstehung von Niederschlägen

Temperatur der Luft in °C	−20	−10	0	10	15	20	25	30
Maximale Wasserdampfmenge in g/m³ (Sättigungswert)	0,89	2,16	4,85	9,40	12,83	17,30	23,05	30,37

M 4 Zusammenhänge zwischen Lufttemperatur und maximaler Wasserdampfmenge in der Luft

oder Eiskristallen. Nicht aus jeder Wolke fallen Niederschläge. Kleinste Wassertröpfchen, die sich an winzigen Kondensationskeimen wie Ruß- und Eisteilchen anlagern, sind leicht und schweben. Erst wenn die Tröpfchen bzw. Eiskristalle zusammenwachsen, entstehen schwere Tropfen, die als Niederschlag fallen.

1 Erkläre, weshalb die Brille beschlägt, wenn man aus der Kälte kommt und ein Haus betritt.
2 Benenne Unterschiede zwischen absoluter und relativer Luftfeuchtigkeit.
3 Erläutere den Zusammenhang zwischen der Temperatur und dem in der Luft enthaltenen Wasserdampf und Niederschlag (M 4).
4 Beschreibe die Funktionsweise eines Hygrometers (M 2).
5 Erkläre Möglichkeiten der Entstehung von Niederschlägen (M 3).
6 Begründe, warum es in den Gebirgen häufiger und ergiebiger regnet (M 3).

DIE ENTSTEHUNG VON KLIMA- UND VEGETATIONSZONEN ERKLÄREN

Luftdruck – Motor des Windes

Versuch — **Versuche zum Luftdruck**
Du benötigst: drei Luftballons, Bindfaden oder Zwirn, einen Kleiderbügel.
1. Blase einen Luftballon auf und befestige diesen an der einen Seite des Kleiderbügels.
2. Befestige den zweiten Luftballon unaufgeblasen an der anderen Seite des Kleiderbügels.
3. Beschreibe deine Beobachtungen und erkläre diese.
4. Blase nun den dritten Luftballon auf. Erkläre, warum es immer schwerer wird, den Ballon aufzublasen, je mehr Luft im Luftballon ist. Erläutere, warum die Luft wieder entweicht, wenn du den Luftballon nicht richtig zuhältst oder zubindest.

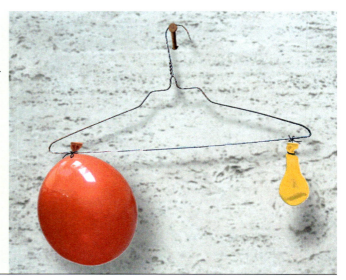

M 1 *Versuche zum Luftdruck*

check-it
- Merkmale der Begriffe Luftdruck, Hochdruck- und Tiefdruckgebiete benennen
- Entstehung von Hoch- und Tiefdruckgebieten erläutern
- Wind als Ausgleichsströmung beschreiben und erklären
- Versuche durchführen und auswerten

Luft hat ein Gewicht

Unsere Erde ist von einer Lufthülle umgeben. Dadurch wird Leben auf unserem Planeten überhaupt erst möglich. Luft ist für uns etwas Selbstverständliches. Da die Luft gasförmig ist, sehen wir sie nicht, nehmen sie aber wahr. Das geschieht zum Beispiel, wenn Luft aus einem Wasserball entweicht oder wir im Winter ausatmen.
Die Luft hat auch ein Gewicht. Sie wiegt über einem Quadratzentimeter (cm²) der Erdoberfläche mindestens ein Kilogramm. Dieses Gewicht übt einen Druck aus, der mithilfe eines **Barometers** gemessen werden kann. Die Einheit des Luftdruckes lautet **Hektopascal** (hPa).

Luftdruck – mal hoch, mal tief

Der durchschnittliche Luftdruck auf Meeresspiegelniveau beträgt 1013 Hektopascal. Gebiete mit einem Luftdruck unter 1013 Hektopascal nennt man **Tiefdruckgebiete**, Gebiete mit einem Luftdruck über 1013 Hektopascal **Hochdruckgebiete**.
Der Luftdruck ist nicht überall auf der Erde gleichmäßig verteilt und verändert sich ständig. Die Ursachen dafür liegen in der unterschiedlichen Erwärmung der Erde durch die Sonne sowie im Wechsel zwischen Tag und Nacht.
Wird Luft erwärmt, so dehnt sie sich aus und steigt auf. Am Boden bildet sich tiefer Luftdruck, da die Anzahl der Luftteilchen abnimmt. Kalte Luft hingegen ist schwerer als warme Luft und sinkt nach unten. Dadurch nimmt die Anzahl der Luftteilchen am Boden zu und der Luftdruck steigt. Die Luft ist bestrebt, die so entstandenen Luftdruckunterschiede auszugleichen. Deshalb strömt sie aus den Gebieten mit hohem Luftdruck in Gebiete mit tiefem Luftdruck. Tiefdruckgebiete ziehen also Luft aus den Hochdruckgebieten an.

Druckausgleich durch Wind

Den Luftausgleich zwischen Hoch- und Tiefdruckgebieten nehmen wir als Wind wahr. Wind weht immer vom Hochdruckgebiet zum Tiefdruckgebiet. Durch die Rotation der Erde um ihre Achse wird der Wind abgelenkt. Auf der Nordhalbkugel erfolgt dies nach rechts, auf der Südhalbkugel

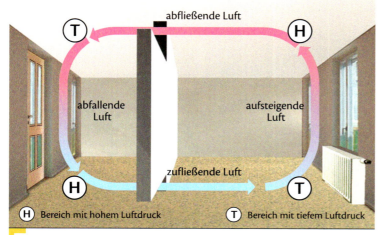

M 2 *Luftströmung zwischen kaltem und warmem Raum*

DIE ENTSTEHUNG VON KLIMA- UND VEGETATIONSZONEN ERKLÄREN

Windstärke (Beaufort)	Wirkung
0	Windstille
1	am Rauch erkennbar
2	Blätter bewegen sich
3	dünne Zweige bewegen sich
4	dünne Äste bewegen sich
5	kleine Laubbäume schwanken
6	starke Äste bewegen sich
7	große Bäume bewegen sich
8	stürmischer Wind
9	Sturm mit Schäden an Häusern
10	Bäume werden entwurzelt
11	orkanartiger Sturm
12	Orkan mit sehr starken Zerstörungen

M 3 Windstärken

M 4 Windflüchter an der Ostseeküste

nach links. Aus dem Hoch strömt die Luft auf der Nordhalbkugel im Uhrzeigersinn heraus und gegen den Uhrzeigersinn in das Tief hinein. Auf der Südhalbkugel passiert dies genau andersherum. Deutschland und Westeuropa liegen im Einflussbereich der Westwindzone.

1. Erläutere die Entstehung von Hochdruckgebieten und Tiefdruckgebieten (**M 2, M 5**).
2. Beweise durch Versuche folgende Aussagen: Luft hat ein Gewicht. Es gibt einen Druckausgleich zwischen hohem und tiefem Luftdruck (**M 1**).
3. Miss mit einem Barometer den Luftdruck im zweiten Stockwerk der Schule und dann im Erdgeschoss. Erkläre die gemessenen Werte.
4. Erkläre, wie Wind entsteht (**M 2, M 5, M 6**).
5. Halte vorsichtig eine brennende Kerze oben und unten in die geöffnete Tür des Klassenzimmers. Erkläre die Richtung der Flamme mithilfe von **M 2**.
6. Erläutere, warum die Bäume, die Windflüchter genannt werden, sich in Deutschland nach Südosten neigen (**M 3, M 4**).

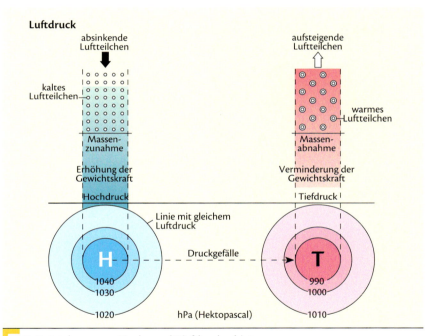

M 5 Entstehung von Hoch- und Tiefdruckgebieten

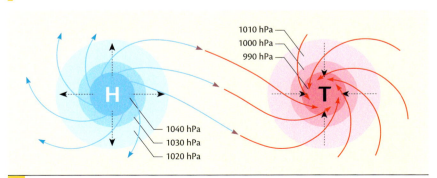

M 6 Ausgleichsströmungen zwischen Hoch- und Tiefdruckgebieten auf der Nordhalbkugel

26 DIE ENTSTEHUNG VON KLIMA- UND VEGETATIONSZONEN ERKLÄREN

Austausch von Luftmassen in der Atmosphäre

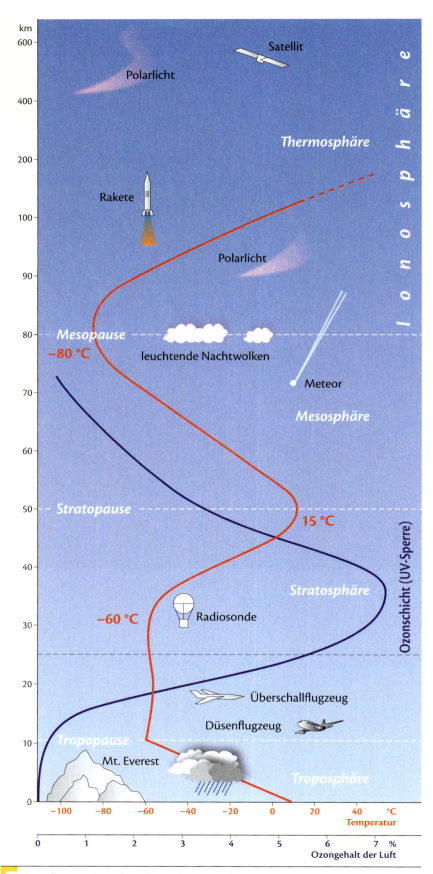

M 1 Aufbau und Stockwerkeinteilung der Atmosphäre

check-it
- Aufbau der Atmosphäre beschreiben
- Bedeutung der Atmosphäre erläutern
- Troposphäre charakterisieren
- Anordnung der Hoch- und Tiefdruckgebiete beschreiben
- atmosphärische Zirkulation erklären
- Grafiken auswerten

Der Aufbau der Atmosphäre

Der Begriff **Atmosphäre** stammt aus dem Griechischen und besteht aus atmos (Dunst) und sphaira (Kugel). Atmosphäre bedeutet also Dunst- oder Lufthülle der Erde. Wie ein Schutzschild umgibt sie die Erde mit einem Gemisch von Gasen, vor allem Stickstoff und Sauerstoff. Meteoriten verglühen in ihr und die Ozonschicht schützt vor den gefährlichen UV-Strahlen der Sonne.
Wie ein Glashaus lässt die Atmosphäre das Sonnenlicht herein, das die Luft erwärmt. Aber sie lässt nur einen geringen Teil der Wärme entweichen. Darum hat die Erde an ihrer Oberfläche eine mittlere Temperatur von 15 °C. Ohne die Atmosphäre wäre sie eine Kältewüste.
Die Atmosphäre besteht aus mehreren Stockwerken, die von Sperrschichten getrennt sind, die als Pausen bezeichnet werden. Für das Klima auf der Erde und das Wetter sind die Stratosphäre und insbesondere die Troposphäre von großer Bedeutung. Wir Menschen und andere Lebewesen leben in der Troposphäre. Dort spielen sich das gesamte Wettergeschehen sowie der Kreislauf des Wassers zwischen Ozeanen und Kontinenten ab. Die relativ dünne Troposphäre enthält drei Viertel aller Gase. Besonders wichtig ist dabei der Sauerstoff, ohne den es kein Leben auf der Erde geben würde.

Die Zirkulation der Atmosphäre

Als Zirkulation der Atmosphäre wird die großräumige Austauschbewegung von Luftmassen zwischen den Hoch- und Tiefdruckgebieten bezeichnet. Dadurch, dass die Erde zwischen den Polen und dem Äquator unterschiedlich erwärmt wird, entstehen auf der Erde

DIE ENTSTEHUNG VON KLIMA- UND VEGETATIONSZONEN ERKLÄREN

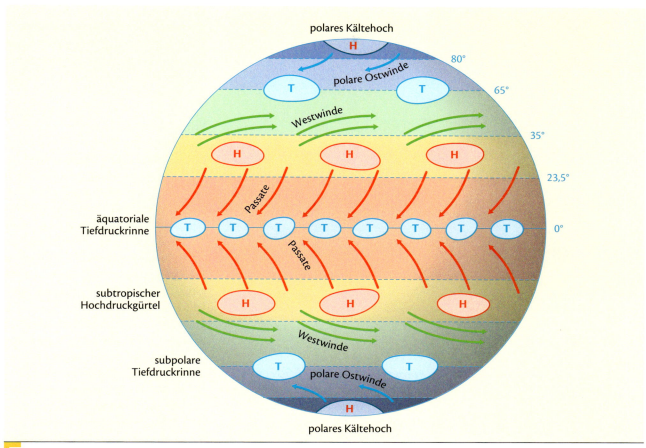

M 2 *Luftdruck und Windgürtel (bis 3 km Höhe) in der bodennahen Schicht*

Gebiete mit einem Energieüberschuss und Gebiete mit einem Energiedefizit. Die tropischen Gebiete haben einen Temperaturüberschuss mit hohen Temperaturen an der Erdoberfläche. Rein rechnerisch existiert ein Temperaturunterschied zwischen 39 °C am Äquator und −44 °C an den Polen. Die Temperaturunterschiede zwischen dem Äquator und den Polen sind aber in der Wirklichkeit geringer, weil durch Meeresströmungen und großräumige Luftmassenströmungen ein Wärmeaustausch erfolgt.

Die Druck- und Windgürtel der Erde

Durch die starke Erwärmung und das Aufsteigen der erwärmten Luft am Äquator kommt es am Boden zur Ausbildung von Tiefdruckgebieten rund um den Äquator. Die aufgestiegene Luft fließt in der Höhe nach Norden und Süden ab. In der Nähe der Wendekreise sinkt ein Teil der Luftmasse zu Boden. Es entsteht eine Zone hohen Luftdrucks mit trockener und heißer Luft, der subtropische Hochdruckgürtel. An den Polen bildet sich am Boden durch das Absinken der sehr kalten Luft ein Hochdruckgebiet.

Die subpolare Tiefdruckrinne entsteht vor allem als Druckausgleich zwischen subtropischem Hochdruckgürtel und dem polaren Kältehoch.

Die Windgürtel und die Windrichtungen in den bodennahen Luftschichten sind das Ergebnis der Verteilung der Luftdruckgebiete sowie der unterschiedlichen Ablenkung von Wind. Auf der Nordhalbkugel wird der Wind in der Bewegungsrichtung des Windes nach rechts und auf der Südhalbkugel der Erde nach links abgelenkt.

1 Beschreibe den Stockwerkaufbau der Atmosphäre (**M 1**).

2 Die Atmosphäre ist der Schutzschild der Erde. Erläutere diese Aussage (**M 1**).

3 Zeichne eine Skizze, in der die Merkmale der Troposphäre charakterisiert werden (**M 1**).

4 Erkläre die Zirkulation der Atmosphäre und benenne Unterschiede zwischen der Nord- und Südhalbkugel (**M 2**).

5 Ordne Deutschland in das Modell der Zirkulation ein. Beachte dabei, dass die subtropischen Hochdruckgebiete (zum Beispiel das Azorenhoch) und die subäquatorialen Tiefdruckgebiete (zum Beispiel das Islandtief) ihre Lage verändern (**M 2**, Karte S. 178/179, Atlas).

Luftmassen beeinflussen das Wetter

M 1 Föhnwolken im Allgäu

check-it
- Unterschiede zwischen Wetter und Klima benennen
- Wetterelemente benennen
- Entstehung von Luftmassen und Fronten erklären
- Eigenschaften von Luftmassen erklären
- Großwetterlagen beschreiben

Klima ist das durchschnittliche Wettergeschehen mit all seinen Extremwerten an einem bestimmten Ort über einen längeren Zeitraum. Das Wettergeschehen wird dafür über mindestens 30 Jahre beobachtet.

Luftmassen
Luftmassen sind große Massen an Luft. Eine Luftmasse kann einige hundert Kilometer lang und breit sein. Sie bilden sich, wenn Luft bei Windstille oder wenig Wind mehrere Tage und Wochen über einem Gebiet liegt. Die Luft nimmt dann die Temperatur des darunter liegenden Gebietes an. Luftmassen unterscheiden sich durch Temperatur, Feuchtigkeit, Bewölkung und Luftdruck.

Besonders deutlich ist der Unterschied zwischen Luftmassen, die längere Zeit über Kontinenten oder über dem Meer liegen. Über einem Kontinent verdunstet kaum Wasser. Deshalb sind **kontinentale Luftmassen** trocken. Über dem Meer verdunstet viel Wasser und die Luftmasse kann viel Feuchtigkeit aufnehmen. Deshalb sind **maritime Luftmassen** feucht. Luftmassen können ihre Eigenschaften auch verändern. So kann eine maritime Luftmasse auf dem Weg über einen Kontinent an Feuchtigkeit verlieren und trockener werden.

Wetter und Klima
Wetter ist der Zustand der Atmosphäre zu einem bestimmten Zeitpunkt an einem bestimmten Ort. Wenn von Wetter gesprochen wird, dann ist das ein kurzfristiges Ereignis: Es regnet oder schneit. Es ist windig oder windstill, kalt oder warm, feucht oder trocken. Die Wetterelemente Temperatur, Luftdruck, Wind, Wolken und Niederschlag und ihr Zusammenwirken bestimmen den Zustand der Atmosphäre und damit das Wetter.

M 2 Wie der Föhn entsteht

DIE ENTSTEHUNG VON KLIMA- UND VEGETATIONSZONEN ERKLÄREN

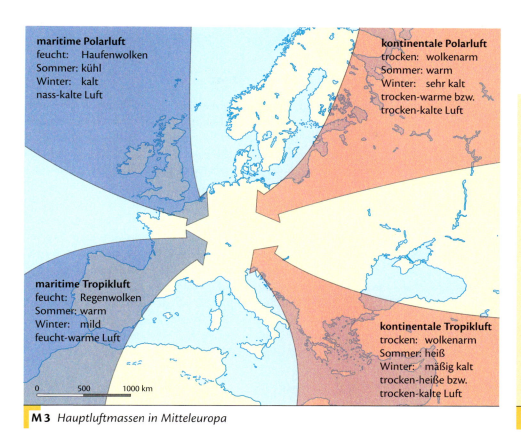

M 3 Hauptluftmassen in Mitteleuropa

Heute ist es stark bewölkt bis bedeckt. Dabei verlagert sich der Schwerpunkt der Niederschläge im Tagesverlauf zunehmend in den Norden und Osten des Landes, wobei es im Mittelgebirgsraum bis in die Gipfellagen durchweg regnet. Im Südwesten und Süden lockern die Wolken gebietsweise auf. Die Höchsttemperaturen liegen zwischen 7 Grad an der vorpommerschen Küste und örtlich 17 Grad am Oberrhein. Der Südwestwind weht in Böen stark bis stürmisch, im Bergland und an der Nordsee sind Sturmböen, in exponierten Höhenlagen schwere Sturmböen, teils auch Orkanböen zu erwarten.

M 4 Wetterbericht für Deutschland vom 1. Februar 2016

Großwetterlagen

Großwetterlagen verursachen immer wieder ähnliches Wetter. Eine typische Großwetterlage entsteht, wenn beispielsweise kalte trockene Luftmassen aus dem Norden oder warme feuchte Luftmassen aus dem Süden nach Mitteleuropa strömen. Hoch- und Tiefdruckgebiete haben dann eine bestimmte immer wiederkehrende Lage. In Mitteleuropa kommt es selten zu länger anhaltenden Wetterlagen.

Hoch- und Tiefdruckgebiete wechseln sich in oft schneller Folge ab. Dadurch werden aus unterschiedlichen Richtungen Luftmassen herbeigeführt und das Wetter ändert sich.

So kommen zum Beispiel meist milde und feuchte Meeresluftmassen vom Atlantik, also von Westen nach Mitteleuropa. Diese Wetterlage heißt Westwindlage.

Die Westwindlage ist die häufigste Wetterlage in Mitteleuropa. An etwa 100 Tagen im Jahr werden in rascher Folge Tiefdruckgebiete vom Atlantik herangeführt.

Föhn im Alpenraum

Wenn auf der einen Seite der Alpen ein Hochdruckgebiet und auf der anderen Seite ein Tiefdruckgebiet liegt, entsteht ein trockener warmer Fallwind, der **Föhn**. Die Luft aus dem Hochdruckgebiet fließt dann über die Alpen hinweg in das Tiefdruckgebiet. So wird der Luftdruck ausgeglichen. Da sich dabei die Wolken auflösen, ist die Fernsicht ausgezeichnet. Die Menschen reagieren unterschiedlich auf den Föhn. Während ihn einige Menschen gar nicht spüren, haben andere Kopfschmerzen oder sind gereizt und nervös.

1. Vergleiche die Begriffe „Wetter" und „Klima" und benenne Unterschiede.
2. Benenne die Wetterelemente, die im Wetterbericht dargestellt sind (M 4).
3. Erkläre, wie Luftmassen entstehen (M 3).
4. Fertige eine Tabelle mit den Hauptluftmassen in Mitteleuropa und deren Eigenschaften an (M 3).
5. Beschreibe die Auswirkungen der Westwindlage auf das Wetter in Deutschland (M 3).
6. Erkläre die Entstehung des Föhns im Alpenraum (M 1, M 2).
7. Diskutiert folgende Aussagen:
   - Der Föhn wird in manchen Alpentälern „Schneefresser" genannt.
   - Föhn kann nur auf der Alpennordseite auftreten.

GEO-METHODE

Wir zeichnen Klimadiagramme und werten sie aus

check-it
- Aufbau eines Klimadiagramms erklären
- Klimadiagramme zeichnen
- Klimadiagramme auswerten

Das Klimadiagramm
Das Klimadiagramm eines Ortes wird durch langfristiges Messen der Tages-, Monats- und Jahresmitteltemperaturen und Niederschlagsmengen ermittelt. Klimadiagramme geben Auskunft über die Höhe von Temperaturen und Niederschlägen, Wachstumszeiten von Pflanzen, ob das Klima feucht oder trocken ist und in welcher Klimazone die Klimastation liegt.

Ein Klimadiagramm zeichnen
Die Klimawerte einer Klimastation sollen in einem Klimadiagramm veranschaulicht werden. Wir wählen dazu die Klimawerte von Palermo auf Sizilien. Zum Zeichnen von Klimadiagrammen benötigst du folgende Materialien: Millimeterpapier, Lineal, Bleistift, roter, hellblauer, dunkelblauer und gelber Buntstift.

Checkliste zum Zeichnen eines Klimadiagramms
1. Schritt: Erstellen des Diagrammrahmens
Zeichne mit dem Bleistift eine 6 cm lange Grundachse. Trage alle 5 mm die zwölf Monate mit den Anfangsbuchstaben ein.

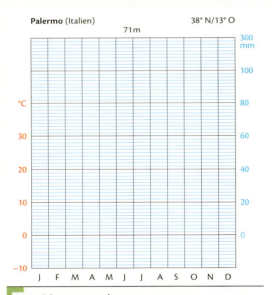

M1 *Diagrammrahmen*

Zeichne zwei 7 cm hohe Hochachsen. Beschrifte die linke Hochachse mit den Temperaturwerten in Zehnerschritten von –10 bis 30 °C (Maßstab: 10 Grad entspricht 10 Millimeter.) und die rechte Hochachse mit Niederschlagswerten in Zwanzigerschritten (Maßstab: 20 Millimeter Niederschlag entspricht 10 Millimeter.). Beachte, dass sich null Grad und null Millimeter Niederschlag auf einer Linie befinden und dass der Maßstab ab 100 mm Niederschlag verkürzt wird (Maßstab: 200 mm Niederschlag entsprechen dann 10 Millimeter). Beschrifte das Diagramm mit dem Namen der Klimastation, den Angaben zum Gradnetz und zur Höhe.

2. Schritt: Zeichnen des Temperaturdiagramms
Beschrifte das Diagramm mit der Jahresmitteltemperatur. Markiere die Höhe der Monatsmitteltemperatur im jeweiligen Monat mit einem Punkt. Verbinde alle Punkte zu einer Kurve. Markiere die Temperaturkurve mit dem roten Stift.

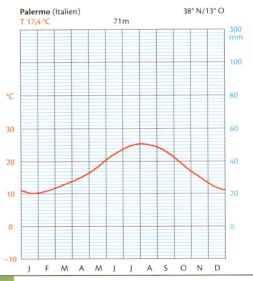

M2 *Temperaturdiagramm*

3. Schritt: Zeichnen des Niederschlagsdiagramms
Beschrifte das Diagramm mit den Jahresniederschlägen. Markiere die Monatsniederschlagssummen durch einen Strich über dem jeweiligen Monat. Verbinde die Striche durch eine senkrechte Linie mit der Nulllinie. Male die entstandenen Niederschlagssäulen mit dem dunkelblauen Stift oberhalb und mit dem hellblauen Stift unterhalb der Temperaturkurve an. Verdeutliche mit dem gelben Stift den Bereich, wo die Niederschlagssäulen unter der Temperaturkurve liegen.

Palermo (Sizilien), Italien 38° 07' N/13° 21' O, 71 m	Monat												Jahr
	J	F	M	A	M	J	J	A	S	O	N	D	
Monatsmitteltemperaturen (°C)	10,2	10,8	12,8	15,1	18,3	22,2	24,8	25,1	23,1	19,1	15,3	11,9	17,4
Monatsniederschläge (mm)	71	43	50	49	19	9	2	18	41	77	71	62	512

M3 *Klimawerte für Palermo*

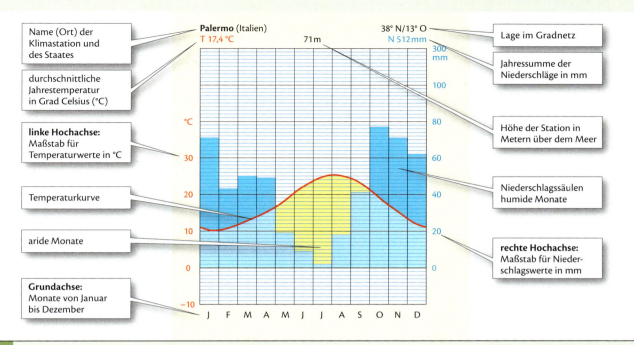

M 4 Schritte 1 bis 3 zum Erstellen eines Klimadiagramms

Klima und Wachstumszeiten

Liegen die Niederschlagssäulen über der Temperaturkurve, spricht man von feuchtem Klima (**humid**), dann fällt mehr Niederschlag als verdunstet. Verläuft die Temperaturkurve über den Niederschlagssäulen, spricht man von trockenem Klima (arid), dann verdunstet mehr Feuchtigkeit, als durch die Niederschlagsmenge eines Monats gegeben ist. Es handelt sich dann um Trockenmonate oder Trockenzeiten.
Die Wachstumszeiten von Pflanzen sind aber auch abhängig von der Temperatur. Pflanzen können dann wachsen, wenn die Monatsmitteltemperatur über 5 °C liegen.

Beispiel für das Auswerten eines Klimadiagramms

1. Schritt: Angaben zur Klimastation
Nenne den Namen der Station und das Land.
→ *Die Klimastation Palermo liegt in Italien.*
Gib die Höhenlage und die Lage im Gradnetz an.
→ *Die Station befindet sich 71 Meter über dem Meeresspiegel auf 38 Grad nördlicher Breite und 13 Grad östlicher Länge.*
2. Schritt: Temperatur (T)
Lies die Jahresmitteltemperatur ab.
→ *Die jährliche Durchschnittstemperatur beträgt 17,4 °C.*
Ermittle den wärmsten Monat des Jahres (Monat, T in °C).
→ *Der wärmste Monat ist der August mit einer Durchschnittstemperatur von 25,1 °C.*
Ermittle den kältesten Monat des Jahres (Monat, T in °C).
→ *Der kälteste Monat ist der Januar mit einer Durchschnittstemperatur von 10,2 °C.*
Berechne die Jahresschwankung der Temperatur.
→ *Die Jahresschwankung der Temperatur beträgt 14,9 °C.*
Beschreibe den Verlauf der Temperaturkurve.
→ *Die wärmsten Monate sind Juli und August mit rund 25 °C, der kälteste Monat ist der Januar mit rund 10 °C.*

3. Schritt: Niederschläge (N)
Lies die Jahresniederschlagssumme ab.
→ *Die Summe der Jahresniederschläge beträgt 512 Millimeter.*
Ermittle den niederschlagsreichsten Monat (N in mm).
→ *Der niederschlagsreichste Monat ist der Oktober (77 mm).*
Ermittle den niederschlagsärmsten Monat (N in mm).
→ *Am wenigsten Niederschlag fällt im Juli mit 2 mm.*
Beschreibe die Verteilung der Niederschläge über das Jahr.
→ *Die Niederschläge sind im Winter am höchsten und im Sommer am geringsten.*
4. Schritt: Verlauf von Temperatur und Niederschlägen
Vergleiche den Verlauf der Temperaturkurve mit der Niederschlagskurve und benenne Monate mit trockenem oder feuchtem Klima.
→ *Das Klima ist winterfeucht und sommertrocken.*
5. Schritt: Humide und aride Monate
Ermittle die Monate, in denen die Niederschlagssäulen bis über die Temperaturkurve reichen.
→ *Humide Monate sind Oktober bis April.*
Ermittle die Monate, in denen die Niederschlagssäulen unter der Temperaturkurve liegen.
→ *Aride Monate sind Mai bis September.*
6. Schritt: Klimazone
Ordne das Klimadiagramm einer Klimazone zu (Übersicht S. 32/33).
→ *Palermo liegt in der subtropischen Klimazone.*

1 Zeichne mithilfe der Checkliste ein Klimadiagramm von Nürnberg. Die Klimatabelle findest du auf Seite 154.
2 Werte das Klimadiagramm von Nürnberg aus.

Klima- und Vegetationszonen der Erde

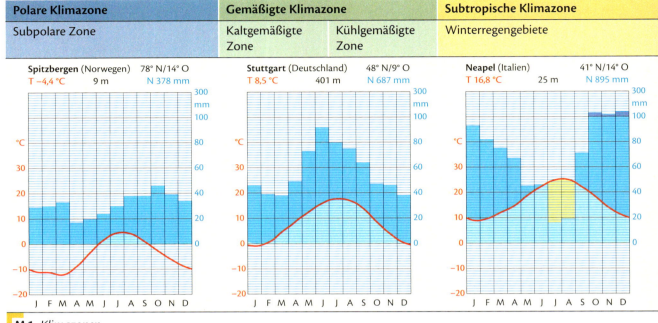

Polare Klimazone	Gemäßigte Klimazone		Subtropische Klimazone
Subpolare Zone	Kaltgemäßigte Zone	Kühlgemäßigte Zone	Winterregengebiete

Spitzbergen (Norwegen) 78° N/14° O — T −4,4 °C — 9 m — N 378 mm

Stuttgart (Deutschland) 48° N/9° O — T 8,5 °C — 401 m — N 687 mm

Neapel (Italien) 41° N/14° O — T 16,8 °C — 25 m — N 895 mm

M 1 *Klimazonen*

Tundra	Nördlicher (borealer) Nadelwald	Laub-/Mischwald	Hartlaubgehölze
Gräser, Moose, Zwergsträucher	Lärchen, Fichten	Buchen, Eichen, Ahornbäume	Mittelmeervegetation, z. B. Steineichen, Olivenbäume

M 2 *Vegetationszonen*

check-it
- Klimazonen und Vegetationszonen voneinander abgrenzen
- Merkmale der Klimazonen und Vegetationszonen benennen
- Zusammenhänge zwischen Klima und Vegetation erläutern
- Klimadiagramme und Bilder auswerten

Klimazonen

Wie bei den Temperaturzonen gibt es auch bei den Klimazonen eine Abfolge von warm nach kalt zwischen dem Äquator und den Polen. Für die Ausprägung der Klimazonen sind neben der Sonneneinstrahlung auch folgende Faktoren ausschlaggebend:

- Meeresströmungen und Winde transportieren Wärme;
- Verteilung von Land und Meer;
- Höhenlage;
- Menge und Verteilung der Niederschläge über das Jahr.

DIE ENTSTEHUNG VON KLIMA- UND VEGETATIONSZONEN ERKLÄREN

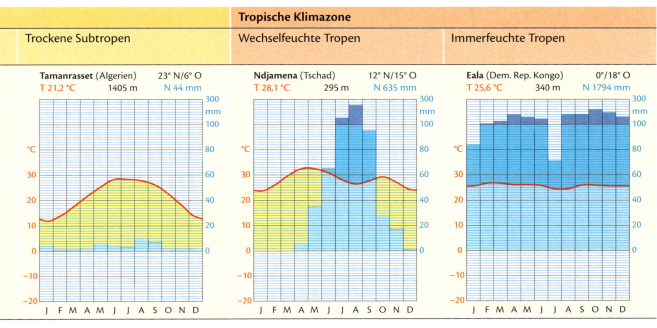

Trockene Subtropen	Tropische Klimazone	
	Wechselfeuchte Tropen	Immerfeuchte Tropen
Tamanrasset (Algerien) 23° N/6° O T 21,2 °C 1405 m N 44 mm	Ndjamena (Tschad) 12° N/15° O T 28,1 °C 295 m N 635 mm	Eala (Dem. Rep. Kongo) 0°/18° O T 25,6 °C 340 m N 1794 mm
Wüsten und Halbwüsten	**Dornsavannen, Trockensavannen, Feuchtsavannen**	**Tropischer Regenwald**
Vegetationslos oder vereinzelt Zwergsträucher, Gräser	Übermannshohes Gras, Baumgruppen, Wälder	Immergrüner artenreicher Wald, Sträucher, Riesenfarne

Vegetationszonen
Temperatur, Bodenbeschaffenheit und Niederschläge an einem Ort bewirken, dass sich typische Pflanzengesellschaften entwickeln. Für jede Klimazone sind „typische" Pflanzengesellschaften kennzeichnend. Sie stellen die Vegetationszone dar.

1 Grenze die großen Klimazonen räumlich voneinander ab. Verwende dazu die Breitenkreise (**M 1**, Karte S. 11 oben, Atlas).

2 Erläutere, wie sich das Klima vom Äquator nach Norden und nach Süden verändert (**M 1**).

3 Erläutere die Zusammenhänge zwischen Klima und Vegetation (**M 1, M 2**).

4 Bildet Gruppen und wählt pro Gruppe eine Klimazone aus. Beschreibt die Merkmale von Klima und Vegetation. Präsentiert die Ergebnisse der Klasse (**M 1, M 2**).

GEO-AKTIV

Wir gestalten ein Memo-Spiel zu Klima und Vegetation

Vorbereitung
Das Memo-Spiel zu den Klima- und Vegetationszonen kann mit der ganzen Klasse oder in Gruppen gestaltet und anschließend gespielt werden. Im Gegensatz zum üblichen Memo-Spiel braucht ihr allerdings für jeden Begriff vier Karten. Jeweils eine der Karten enthält Informationen zu folgenden Kategorien:

1 **Kategorie: Klima**
 Diese Karte beinhaltet ein ausgewähltes Klimadiagramm der Vegetationszone.
2 **Kategorie: Typische Vegetation**
 Diese Karte beschreibt die Merkmale der Vegetation. Hier können auch charakteristische Tierarten aufgezählt werden.
3 **Kategorie: Klimamerkmale**
 Hier können Aussagen über den Verlauf von Niederschlägen und Temperatur, Wachstumszeiten sowie Zeiten der Vegetationsruhe oder Ähnliches aufgeführt werden.
4 **Kategorie: Klima- und Vegetationszone**
 Diese Karte gibt Informationen darüber, welche Vegetationszone beschrieben wurde und welche Klimazone ihr zugeordnet werden kann.

Die Inhalte der einzelnen Kategorien können je nach Interessen- und Materiallage leicht abgeändert werden. Ihr überlegt euch in eurer Gruppe, welche Informationen zu den jeweiligen Vegetationszonen wichtig sind und auf den Karten vorhanden sein sollten. Sucht dann die Informationen und fertigt zu den jeweiligen Vegetationszonen die vier Kategorienkarten wie im Beispiel an. Klebt sie auf einen passenden Karton.

Durchführung
Wenn ihr das Memo-Spiel in verschiedenen Gruppen erarbeitet habt, tauscht ihr untereinander eure Kartensätze. Sortiert die Karten nach den vier Kategorien. Legt für jede Kategorie ein Feld von sieben Karten mit der Rückseite nach oben aus. Der erste Spieler darf von jeder Kategorie eine Karte aufdecken. Passen die vier Karten zusammen, so darf er sie behalten und die nächsten vier Karten aufdecken. Ansonsten ist der nächste Spieler dran. Wer am Ende die meisten Kartensätze besitzt, hat gewonnen. Diskutiert anschließend in eurer Gruppe, wie gut die Karten ausgearbeitet wurden. Alternativ könnt ihr in eurer Klasse einen der erstellten Kartensätze auswählen und in vier Gruppen gegeneinander antreten.

M1 *Beispiele für die Spielkarten*

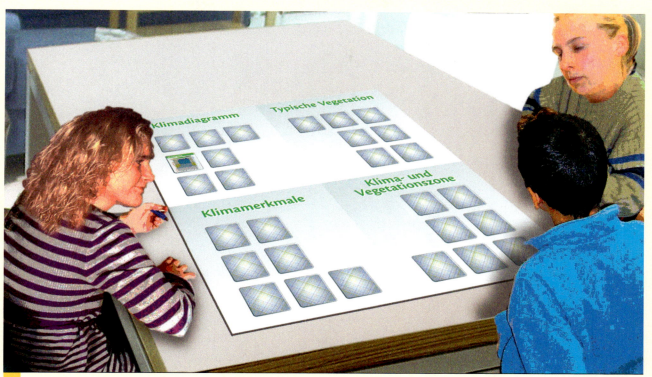

M 2 *Aufbau des Spielfeldes*

Vegetationszone	Merkmale
Tundra 9 Monate kühl bis sehr kalt 3 Monate kühl bis warm	Wachstumsruhe etwa 270 Tage Wachstumszeit etwa 90 Tage
Borealer Nadelwald 7 bis 8 Monate kühl bis extrem kalt 4 bis 5 Monate mild und warm	Wachstumsruhe etwa 240 Tage Wachstumszeit etwa 120 Tage
Laub- und Laubmischwald 6 bis 7 Monate kühl bis sehr kalt 5 bis 6 Monate mild bis warm	Wachstumsruhe etwa 200 Tage Wachstumszeit etwa 160 Tage
Hartlaubwald 1 bis 4 Monate mild bis kühl 2 bis 5 Monate sehr warm und trocken 5 bis 6 Monate warm und feucht	Wachstumsruhe etwa 180 Tage Wachstumszeit etwa 180 Tage

Vegetationszone	Merkmale
Wüste und Halbwüste 12 Monate sehr warm und trocken selten Niederschläge	lange Wachstumsruhe in Trockenzeiten kurze Wachstumszeit nach Niederschlägen
Savanne Wechsel von Trocken- und Regenzeiten Trockenzeit 2½ bis 10 Monate	Wachstumsruhe 75 bis 310 Tage Wachstumszeit 60 bis 290 Tage
Tropischer Regenwald 12 Monate sehr warm und feucht	Wachstumszeit 365 Tage

M 3 *Ausgewählte Merkmale der Vegetationszonen*

Geo-Check: Die Entstehung von Klima- und Vegetationszonen erklären

Sich orientieren

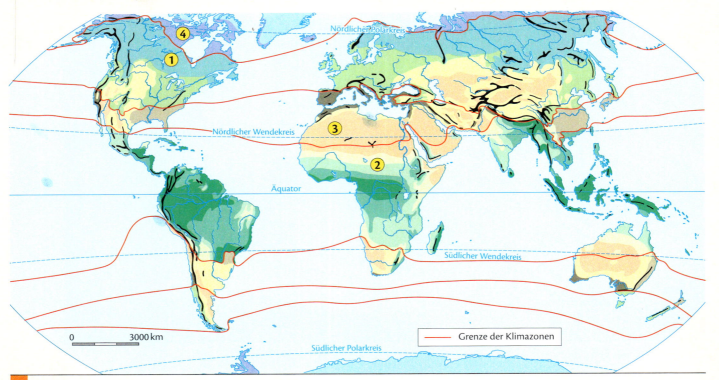

M 1 *Vegetationszonen*

1. Arbeite mit der Karte. Benenne für die dargestellten Orte 1 bis 4 die Klima- und Vegetationszone und beschreibe deren Merkmale (M 1, Karte S. 11 unten, Atlas).
2. Ordne die Bilder der entsprechenden Klima- und Vegetationszone zu. Begründe deine Wahl (M 2).
3. Benenne die Vegetationszonen, in denen die Städte liegen: New York – Lagos – Teheran – Rio de Janeiro – Irkutsk – Peking – Dakar – Tromsö – Erfurt (M 1, Karte S. 11 unten, Atlas).

M 2 *In den Vegetationszonen*

Physische Karte Afrika südlich der Sahara

GEO-CHECK 38

Können und anwenden

7 Nimm begründet Stellung zu den Aussagen in **M 5**. Erläutere die tatsächlichen Zusammenhänge.

Die Monatsniederschlagssummen werden durch 12 dividiert und die Monatstemperaturen addiert? Dann wäre es in Deutschland ja 125 °C warm!

M 5 Korrekte Berechnung der Jahresmitteltemperatur und der Jahresniederschlagssummen?

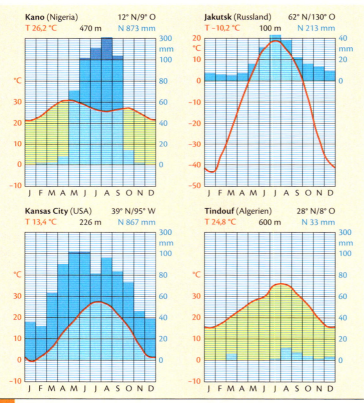

M 6 Klimadiagramme

8 Ordne nebenstehende Klimadiagramme den entsprechenden Klimazonen zu. Berücksichtige die jeweilige Lage auf der Nord- oder Südhalbkugel (**M 6**).

9 Zeichne das Klimadiagramm von München und werte es entsprechend den Vorgaben aus (**M 7**, Seiten 30/31).

Das Rätsel **M 4** findest du als Arbeitsblatt unter:

cornelsen.de/codes
Code: rijecu

München (Flughafen) (Deutschland) 48° 8' N 11° 35' O 527 m													
Monat	J	F	M	A	M	J	J	A	S	O	N	D	Jahr
Temp	−2,2	0	3,4	7,6	12,2	15,4	17,3	16,6	13,4	8,2	2,8	−0,9	7,8 °C
NS	45	42	47	55	88	109	100	98	68	49	55	49	805 mm

M 7 Klimawerte von München

GEO-CHECK 37

Wissen und verstehen

4 Sortiere die Aussagen in richtige und falsche Aussagen. Verbessere die falschen Aussagen und schreibe sie richtig auf.

Richtig oder falsch?
- Die Savannen sind eine Vegetationszone in der subtropischen Klimazone.
- Je höher der Breitengrad ist, desto steiler ist der Einstrahlungswinkel der Sonne.
- Wind ist eine Ausgleichsströmung zwischen Hoch- und Tiefdruckgebieten. Er weht immer vom Tiefdruckgebiet zum Hochdruckgebiet.
- Ein Gebiet mit gleichartigem Klima, das sich in einem Gürtel um die Erde erstreckt, wird als Klimazone bezeichnet.
- Durch die Kugelgestalt der Erde sind die Einfallswinkel der Sonnenstrahlen überall gleich.
- Je kälter die Luftmasse ist, desto mehr Feuchtigkeit kann sie aufnehmen.
- Die Sonne dreht sich um die Erde.
- Der Tropische Regenwald ist eine Vegetationszone in der gemäßigten Klimazone.

5 Ordne jedem der Begriffe (M 3) mindestens zwei Merkmale zu.

M 3 Geo-Begriffestapel

6 Löse das Rätsel (M 4). Die Buchstaben in den farbigen Feldern ergeben das Lösungswort. Es benennt die Voraussetzung allen Lebens auf der Erde.

Rätsel
Waagerecht:
1. Ort auf der Nordhalbkugel, an dem die Polarnacht ein halbes Jahr dauert
2. Druckgebiet, aus dem der Wind herausströmt
3. Verwandlung von flüssigem Wasser in Wasserdampf
4. Darstellung der Klimawerte eines Ortes
5. Vegetationszone im polaren und subpolaren Klima
6. Drehung der Erde von West nach Ost

Senkrecht:
7. Gerät zur Messung der Luftfeuchtigkeit
8. Warmer, trockener Wind im Alpenraum
9. Zone mit gleicher Zeit
10. Bewegung der Erde um die Sonne

Die roten Buchstaben ergeben das Lösungswort. Umlaute bitte ausschreiben, zum Beispiel ö=oe

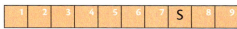

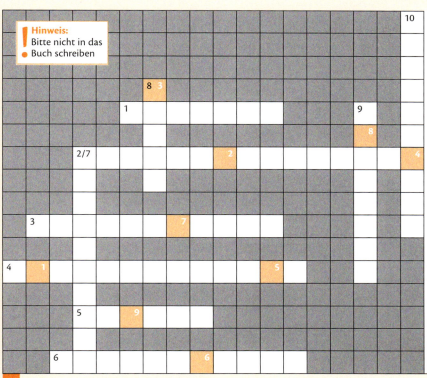

M 4 Rätsel zu Klima- und Vegetationszonen

2 Leben und Wirtschaften im tropischen Afrika untersuchen

Entdeckungen am Äquator
Das Gebrüll von Affen, kreischende Papageien, unzählige unbekannte Insekten und andere Tiere – die dichten Wälder beiderseits des Äquators bieten viele Eindrücke beim Hören, Fühlen und Sehen. Was unterscheidet diese Wälder von unseren heimischen Laub- und Mischwäldern?

In diesem Kapitel lernst du
- dich in Afrika südlich der Sahara zu orientieren,
- Merkmale des Klimas und der Vegetation in den Tropen zu charakterisieren,
- Zusammenhänge zwischen Klima, Vegetation und Nährstoffkreislauf im tropischen Regenwald zu erklären,
- den tropischen Regenwald mit dem europäischen Mischwald zu vergleichen,
- die landwirtschaftliche Nutzung der Tropen zu erläutern,
- Entwicklungsstand und Lebensqualität zweier Staaten zu vergleichen und
- Möglichkeiten der Entwicklungszusammenarbeit kennen.

Dazu nutzt du
- Klimadiagramme,
- Bilder und Luftbilder,
- Blockbilder und Profile,
- Karten und
- Diagramme.

Du beurteilst
- die Lebens- und Wirtschaftsformen der Menschen in den Tropen,
- die Auswirkungen der Nutzung für den tropischen Regenwald und die Savannen.

Im tropischen Regenwald von Liberia

LEBEN UND WIRTSCHAFTEN IM TROPISCHEN AFRIKA UNTERSUCHEN

Wir orientieren uns in Afrika südlich der Sahara

check-it
- Flüsse, Seen und Meere, Inseln und Halbinseln, Gebirge, Großräume und Städte verorten
- Oberflächenformen beschreiben
- stumme Karte auswerten
- Bilder beschreiben und zuordnen

Abgrenzung

Afrika ist mit einer Fläche von 30 Millionen Quadratkilometern der zweitgrößte Kontinent und etwa dreimal so groß wie Europa. Der Kontinent erstreckt sich beiderseits des Äquators etwa gleich weit nach Norden und nach Süden und liegt damit zum größten Teil in den Tropen. Die Straße von Gibraltar trennt Afrika von Europa. Mit Asien ist Afrika durch eine schmale Landzunge verbunden, durch die der Suezkanal verläuft.

Oberflächengestalt

Das Innere Afrikas südlich der Sahara wurde erst relativ spät erforscht, da es nur schwer zugänglich ist. Es ist gekennzeichnet durch weite Hochflächen und schüsselförmige Beckenlandschaften. Die langsam ansteigenden Aufwölbungen an den Beckenrändern werden als Schwellen bezeichnet. Sie umrahmen die tiefer gelegenen großflächigen Beckenlandschaften. Das Kongobecken beispielsweise ist neun Mal größerer als Deutschland.

Den Osten Afrikas kennzeichnen Gebirge, die durch Grabenbrüche gegliedert sind, die von Nord nach Süd verlaufen. Sie sind dadurch entstanden, dass sich hier Teile der Erdkruste auseinander bewegen. An den tiefsten Stellen der Gräben haben sich Seen gebildet. Entlang der Bruchzonen ragen zahlreiche Berge empor, die vulkanischen Ursprungs sind. Zum Teil sind sie noch aktiv, wie der Kilimandscharo und der Mount Kenia.

Gewässer

Die in den Hochgebirgen entspringenden Flüsse vereinigen sich in den Becken zu Strömen. Aber nur wenige große Ströme erreichen das Meer. Das Tschadbecken mit dem Tschadsee ist abflusslos. Für Ostafrika sind die großen Seen charakteristisch. Der Victoriasee füllt eine flache Mulde aus und bedeckt eine Fläche, die fast so groß ist wie Bayern.

Name	Länge in km
Nil	6 852
Kongo	4 835
Niger	4 184
Sambesi	2 574
Oranje	2 160
Senegal	1 430
zum Vergleich:	
Donau	2 850
Main	527

M 2 Die längsten Flüsse Afrikas

Staat	Bevölkerung in Mio. Einw.
Nigeria	195,9
Äthiopien	107,5
Kongo (Demokrat. Rep.)	84,3
Tansania	59,1
Südafrika	57,5
Kenia	51,0
Uganda	44,1
Sudan	41,7
Mosambik	30,5
Ghana	29,5

M 3 Die bevölkerungsreichsten Staaten Afrikas südlich der Sahara (2018)

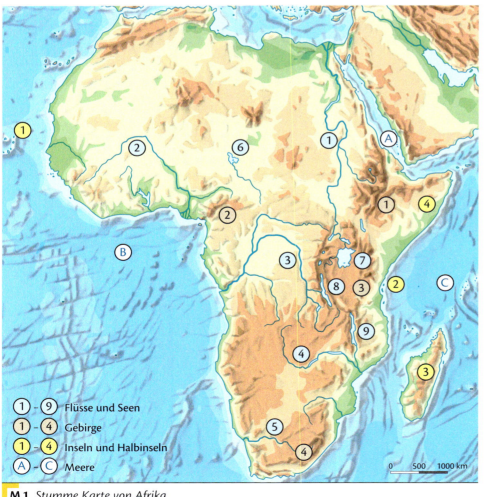

① – ⑨ Flüsse und Seen
① – ④ Gebirge
① – ④ Inseln und Halbinseln
Ⓐ – Ⓒ Meere

M 1 Stumme Karte von Afrika

LEBEN UND WIRTSCHAFTEN IM TROPISCHEN AFRIKA UNTERSUCHEN

M 4 *Großer Fluss am Äquator*

M 5 *Höchster Berg Afrikas*

M 6 *Fluss, der den größten Wasserfall Afrikas bildet*

M 7 *Größter See Afrikas*

1 Benenne die Flüsse und Seen, Gebirge, Inseln und Halbinseln sowie die Meere (M 1, Karten S. 39 und 174, Atlas).

2 Benenne die auf den Fotos dargestellten Objekte und ordne sie in die Karte ein (M 4 bis M 8).

3 Benenne die Großräume Afrikas (M 8).

4 Trage in eine Tabelle die zehn bevölkerungsreichsten Staaten ein. Ordne diese den Großräumen zu und nenne jeweils ihre Hauptstadt (M 3, M 8, Karten S. 39 und 174, Atlas).

5 Benenne die bevölkerungsreichsten Städte. Trage sie in eine Tabelle ein und füge in einer zweiten Spalte das jeweilige Land hinzu (M 8, Karten S. 39 und 174, Atlas).

6 Einige Küstenabschnitte im Westen Afrikas haben Namen, die auf eine frühere Nutzung schließen lassen. Liste die Namen auf und erläutere die Herkunft dieser Namen (Karte S. 174).

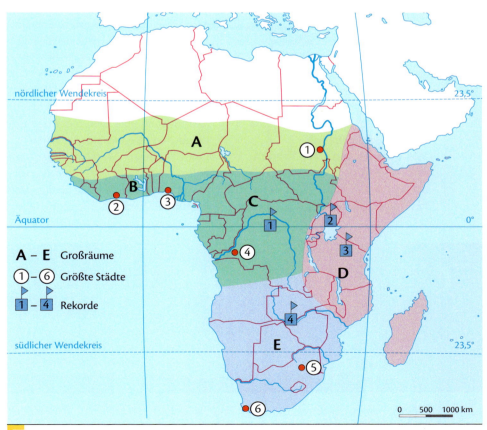

M 8 *Großräume Afrikas südlich der Sahara, bevölkerungsreichste Städte und Rekorde*

44 LEBEN UND WIRTSCHAFTEN IM TROPISCHEN AFRIKA UNTERSUCHEN

Die Tropen – unterschiedlich feucht, aber immer warm

M 1 Nebel steigt auf im Regenwald des Kongobeckens

Wir wandern im tropischen Regenwald durch ein Gewirr von Lianen und Sträuchern. Nur vereinzelt treffen wir auf gewaltige Baumriesen mit weit ausladenden Brettwurzeln. Wir können uns nur schlecht an die mittäglichen Wolkenbrüche sowie die feuchte und schwüle Luft, die auch in der Nacht nur wenig abkühlt, gewöhnen. Nur kurz nach Sonnenaufgang ist es etwas angenehmer, denn dann ist die Luft mit etwa 22 °C angenehm kühl und klar, bevor das Thermometer im Laufe des Tages wieder auf über 35 °C im Schatten ansteigt. Das dichte Kronendach und die Wolken lassen kaum Licht durch, sodass wir in ständigem Dämmerlicht unterwegs sind.

M 2 Unterwegs im Regenwald

check-it
– Passatkreislauf erläutern
– klimatische Bedingungen in der tropischen Zone vergleichen
– Verlagerung der innertropischen Konvergenzzone und ihre Auswirkungen erklären
– Unterschiede zwischen Tages- und Jahreszeitenklima erklären
– Klimadiagramme auswerten und vergleichen

Der Passatkreislauf – Wettermaschine der Tropen

Das Klima in der tropischen Zone beiderseits des Äquators wird durch den Passatkreislauf bestimmt. Der Passatkreislauf ist ein gewaltiger Transport von Luftmassen zwischen 30° nördlicher Breite und 30° südlicher Breite. Motor des Passatkreislaufes ist die starke Erwärmung der Erdoberfläche in Äquatornähe. Diese entsteht durch den **Zenitstand** der Sonne. Die Luft wird am Erdboden erwärmt, dehnt sich aus und steigt in die Höhe. Durch die Verdunstung über dem Meer und den tropischen Regenwäldern entstehen große Mengen Wasserdampfes. Die aufsteigende Luft ist deshalb sehr feucht und es bilden sich riesige Wolkentürme. Durch die mit der Höhe zunehmende Abkühlung kondensiert der Wasserdampf, es bilden sich Wassertröpfchen und aus den Gewitterwolken fällt kräftiger **Zenitalregen**. In großer Höhe strömt die Luft nach Norden und Süden und lässt einen tiefen Luftdruck am Boden entstehen, die äquatoriale Tiefdruckrinne oder **innertropische Konvergenzzone (ITC)**.
An den Wendekreisen sinkt die Luft ab und bildet im Bereich der Wendekreise am Boden Hochdruckgebiete. Beim Absinken der Luft lösen sich die Wolken mehr und mehr auf. Aufsteigende warme Luft unterstützt diesen Prozess. Die bodennahen Ausgleichsströmungen zwischen dem hohen Luftdruck an den Wendekreisen und dem niedrigen Luftdruck am Äquator werden Passate genannt.

Immerfeuchte und wechselfeuchte Tropen

Aufgrund der Neigung der Erdachse verlagert sich im Laufe eines Jahres der Zenitstand der Sonne und damit auch die innertropische Konvergenzzone. Am 21. März und am 23. September befindet sich die Zone mit der höchs-

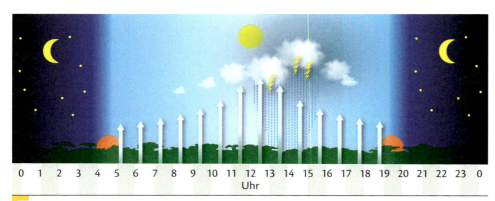

M 3 Ein Tag im tropischen Regenwald

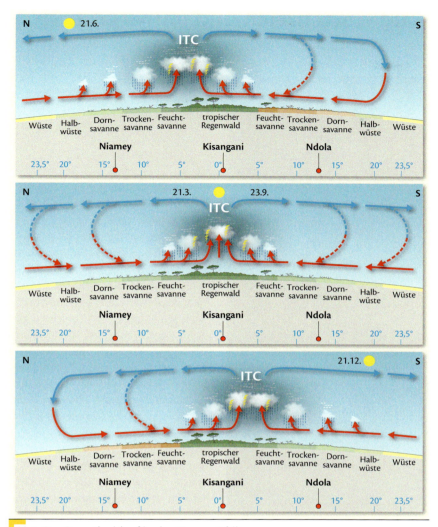

M4 Der Passatkreislauf in den Tropen Afrikas

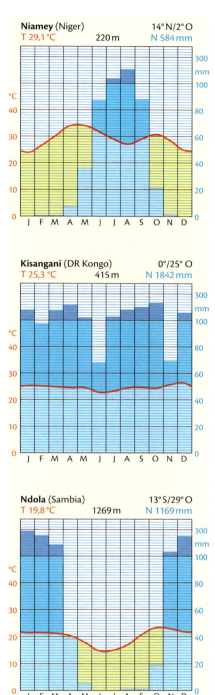

M5 Klimadiagramme aus den Tropen

ten Sonneneinstrahlung in Höhe des Äquators. Am 21. Juni, im Nordsommer, sind die ITC und damit die Zone starker Niederschläge nach Norden verlagert. Am 21. Dezember verlagert sich die ITC mit dem höchsten Sonnenstand auf die Südhalbkugel.
Durch die Verlagerung der ITC erhalten die äquatornahen, immerfeuchten Tropen zwei Regenzeiten, die wechselfeuchten Tropen weisen hingegen jeweils nur eine Regenzeit auf.

Tageszeitenklima

In den Tropen fallen die Sonnenstrahlen das ganze Jahr über sehr steil bis senkrecht ein. Deshalb ist es in den immerfeuchten Tropen das ganze Jahr über warm und feucht. Es gibt keine Jahreszeiten wie bei uns in den gemäßigten Breiten. Der Unterschied zwischen den Durchschnittstemperaturen des kältesten und des wärmsten Monats ist kleiner als der Unterschied zwischen der Tages- und der Nachttemperatur. Deshalb bezeichnet man dieses Klima als **Tageszeitenklima**. Unser Klima hingegen ist ein **Jahreszeitenklima**, das vom jahreszeitlichen Wechsel der Temperatur gekennzeichnet ist.

1 Erkläre, warum die Luft im Bereich des Äquators aufsteigt (M4).
2 Erläutere den Passatkreislauf (M4).
3 Erkläre, welche Auswirkungen die Verlagerung der innertropischen Konvergenzzone für die Tropen hat (M4).
4 Werte die Klimadiagramme aus und erkläre die Unterschiede mithilfe des Passatkreislaufs (M4 und M5).
5 Beschreibe die regionalen klimatischen Unterschiede in der tropischen Zone im Jahresverlauf (M4 und M5).
6 Beschreibe das Wetter an einem Tag im tropischen Regenwald (M1 bis M3).
7 Erkläre den Unterschied zwischen einem Tages- und einem Jahreszeitenklima (M3 und M5).

Im tropischen Regenwald – artenreich und immergrün

check-it
- Merkmale der Vegetation beschreiben
- Nährstoff- und Wasserkreislauf erklären
- Ursachen für die Nährstoffarmut der Böden benennen
- Grafiken auswerten

In diesem Treibhaus zu arbeiten, reicht ja schon – aber auf Bäumen voller giftiger Spinnen, Schlangen, Frösche, Tausendfüßler und Skorpione herumzuklettern – auf solche Ideen kommen nur wir Regenwaldforscher!
Heute bringen uns Kräne, an denen eine Art Gondel hängt, in die Gipfel der Urwaldriesen. Früher mussten wir hinaufklettern – auf die schmutzigsten Bäume, die ich kenne. An den Stämmen und Ästen wachsen Moose, Farne und Orchideen. Ihre Wurzeln bilden ein dichtes Geflecht, in dem sich Laub, Exkremente sowie tote Kleintiere sammeln und verrotten. Daraus entsteht eine dünne, nährstoffreiche Humusschicht. Einige Baumarten treiben Wurzeln aus den Ästen in diese Schicht vor. Zwei Drittel aller Pflanzen und Tiere des Regenwaldes leben im Bereich der Baumkronen in 30 bis 40 Metern Höhe. Deshalb ist dieser Kronenraum für uns Forscher von großer Bedeutung. Hier können wir immer noch neue Arten entdecken, aber auch die Bedeutung der Regenwälder für das Klima der Erde erforschen.

M 1 *Forscher im Regenwald*

Artenreichtum im tropischen Regenwald

In keiner Region der Erde gibt es so viele Pflanzen und Tiere wie im tropischen Regenwald und täglich werden neue Arten entdeckt. Rund 90 Prozent der Tiere des Regenwaldes sind Insekten. Nach Schätzungen von Forschern gibt es im Regenwald über 10 000 Baumarten. Im Vergleich dazu sind in Deutschland nur etwa 50 Baumarten bekannt. Wasser und Wärme bewirken ein ganzjährig kräftiges Pflanzenwachstum. Der tropische Regenwald ist immergrün.

Der Kampf ums Licht

Auf der Suche nach ausreichend Licht hat sich der **Stockwerkbau** des tropischen Regenwaldes entwickelt. Die bis zu 40 Meter hohen Bäume, deren Kronen ein dichtes Dach bilden, nehmen einen Großteil des Sonnenlichtes auf. Dieses Kronendach ist ein wichtiger Lebensraum für Säugetiere und Vögel. Die Baumschicht wird nur vereinzelt von bis zu 70 Meter hohen Baumriesen überragt, die jedoch nicht überall anzutreffen sind. Unter der Baumschicht befindet sich die Strauchschicht mit Sträuchern und jungen Bäumen.
Die am Boden wachsenden Kräuter und Kriechpflanzen müssen mit sehr wenig Licht auskommen. Bei ihrem Kampf um das wenige Licht, das durch die Baumkronen fällt, haben die Pflanzen ganz spezielle Blätter entwickelt. Einige, die ganz unten wachsen, haben eine Oberfläche von mehr als einem Quadratmeter.

Der Boden

Im warmen und immerfeuchten tropischen Klima verwittern Gesteine wesentlich schneller als im gemäßigten Klima Europas. In dem Klima am Äqua-

LEBEN UND WIRTSCHAFTEN IM TROPISCHEN AFRIKA UNTERSUCHEN   47

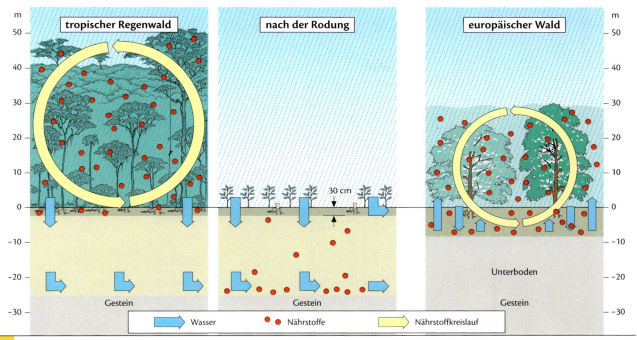

M 2 Nährstoffkreislauf im tropischen Regenwald vor und nach der Rodung und im europäischen Wald

tor hat sich ein sehr tiefgründiger Boden entwickelt. Die täglichen Regengüsse waschen die Mineralien im Boden bis in tiefe Schichten aus, sodass ein harter, weitgehend unfruchtbarer Boden entsteht.

Die „Nährstofffalle"
Auf den Boden fallende Blätter und Zweige, abgestorbene Äste und Stämme sowie Tiere werden von Ameisen, Termiten sowie Würmern zernagt und zersetzt. Diese Zersetzung und Umwandlung in Nährstoffe läuft sehr schnell ab, sodass sich kaum **Humus** bilden kann. Die Bäume haben deshalb nur flache Wurzeln, die direkt unter der Oberfläche bleiben. Ihre Standfestigkeit erhalten sie durch meterhohe, verzweigte Brettwurzeln über der Erde. Die Wurzeln der Pflanzen sind von Pilzen umkleidet, welche die Nährstoffe abfangen und langsam an die Pflanzen abgeben.

Der Wasserkreislauf
Im tropischen Regenwald steigt die feuchtwarme Luft auf, kühlt sich mit zunehmender Höhe ab und der in ihr enthaltene Wasserdampf kondensiert zu Wolken. Es kommt beinahe täglich zu starken Niederschlägen. Nur ein Viertel des Wassers versickert im Boden und verlässt den Regenwald über Flüsse. Drei Viertel des Wassers zirkulieren innerhalb des tropischen Regenwaldes. So entsteht ein eigener Wasserkreislauf.

1 Beschreibe den Stockwerkbau im tropischen Regenwald (**M 1**, Blockbild S. 48/49).

2 Erkläre den Nährstoffkreislauf im tropischen Regenwald vor und nach der Rodung (**M 2**).

3 Benenne Ursachen für die Nährstoffarmut der Böden (**M 2** und **M 3**).

4 Zeichne ein Fließdiagramm zum Wasserkreislauf im tropischen Regenwald und erkläre ihn damit (**M 2** und **M 3**).

5 Vergleiche Aussehen und Nährstoffkreislauf des tropischen Regenwaldes mit einem europäischen Wald (**M 3**).

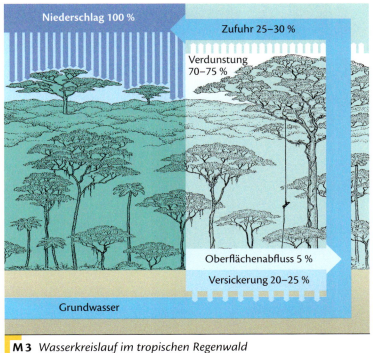

M 3 Wasserkreislauf im tropischen Regenwald

Aufbau des tropischen Regenwaldes

Der Blue-Morpho-Schmetterling kann eine Flügelspannweite von 17 Zentimetern erreichen. Infolge seiner blau schillernden Färbung sieht man ihn noch in einem Kilometer Entfernung. Im Regenwald gibt es Millionen von Insektenarten.

Junge Kapuzineraffen spielen im tropischen Regenwald. Im Gegensatz zu diesen bekannten Gesichtern sind die meisten Tierarten weder benannt, beschrieben noch analysiert.

über 100 Baumarten pro Hektar

Der Arakanga ist eine von über 5000 Vogelarten im tropischen Regenwald.

Eine Anakonda – sie kann bis zu 9 Meter lang und 230 Kilogramm schwer werden.

50 LEBEN UND WIRTSCHAFTEN IM TROPISCHEN AFRIKA UNTERSUCHEN

Landnutzung – vom Wanderfeldbau zum Dauerfeldbau

M 1 Brandrodung im tropischen Regenwald

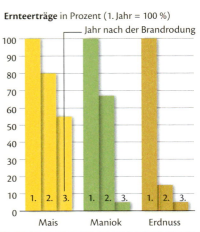

M 2 Entwicklung der Ernteerträge

check-it
- Landnutzung im tropischen Regenwald erläutern
- Entwicklung der Ernteerträge erklären
- Wanderfeldbau, Dauerfeldbau und Plantagenwirtschaft vergleichen
- Kartenskizzen auswerten
- Auswirkungen der Nutzungsformen beurteilen

Brandrodung für den Anbau

Um Felder anlegen zu können, muss der Wald zunächst gerodet werden. Sträucher und kleinere Bäume werden umgeschlagen. Bei größeren Bäumen wird die Rinde eingekerbt, damit der Baum abstirbt. Die Urwaldriesen lässt man häufig stehen, damit sie die empfindlichen Jungpflanzen vor der Sonne schützen. Die abgehackten Büsche und Bäume werden in Brand gesetzt. Durch die **Brandrodung** entstehen freie Flächen im Regenwald, die anschließend als Felder genutzt werden. Die Asche düngt den Boden der Rodungsflächen. Bei der Feldarbeit wird die Erde zunächst mit Grabstöcken und Hacken gelockert und für die Saat vorbereitet.

Wanderfeldbau

Knollenfrüchte können bis zu zwei Jahre lang geerntet werden. Dann sinkt die Bodenfruchtbarkeit rasch ab. Nach drei bis fünf Jahren reichen die Erträge nicht mehr aus, um die Dorfbevölkerung zu ernähren. Die Rodungsinsel muss aufgegeben werden und es wird eine neue Brandrodungsfläche vorbereitet.
Wenn in Dorfnähe keine neuen Brandrodungsflächen mehr angelegt werden können, muss auch die Siedlung verlegt werden. Man nennt diese Wirtschaftsform deshalb **Wanderfeldbau**.
Die nicht mehr genutzten Rodungsflächen werden in kurzer Zeit von Büschen und Kräutern überwuchert und vom Wald zurückerobert. Nach etwa 20 Jahren ist ein **Sekundärwald** nachgewachsen, der jedoch nicht die Üppigkeit und den Artenreichtum des ursprünglichen Regenwalds erreicht.

Übergang zum Dauerfeldbau

In den tropischen Regenwäldern ist die Bevölkerungszahl stark angestiegen. Gleichzeitig werden in den Industrie-

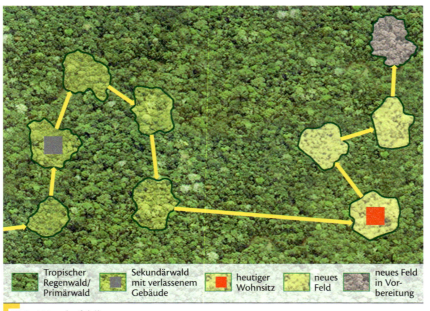

M 3 Wanderfeldbau

ländern Anbauprodukte aus den Tropen immer beliebter. Dadurch wurde das Rodungsland knapp. Die Felder konnten nicht mehr so oft gewechselt werden. Die Erträge gingen zurück und die Ernährung der einheimischen Bevölkerung war nicht mehr gesichert.
Heute werden häufig nur noch die Felder verlegt, während die Dörfer dauerhaft bewohnt werden. Viele Dorfgemeinschaften sind ganz zum Dauerfeldbau übergegangen. In der Nähe des Dorfes liegen die Hausgärten, wo alles für den täglichen Bedarf angebaut wird. In größerer Entfernung werden Produkte angebaut, die auf den Märkten der Städte verkauft oder in kleinen Betrieben weiterverarbeitet werden. So werden aus den faserigen Schalen von Kokosnüssen feste Gewebe hergestellt, die für die Innenausstattung von Autos verwendet werden.
Dauerfeldbau ist nur möglich, wenn die Bodenfruchtbarkeit zum Beispiel durch Düngen oder längere Brache erhalten bleibt.

Plantagenwirtschaft

Im 19. Jahrhundert wurden von den Europäern in den Tropen **Plantagen** angelegt und geleitet, landwirtschaftliche Großbetriebe von mindestens 100 Hektar Größe (etwa 140 Fußballfelder). Als billige Arbeitskräfte beschäftigten sie Einheimische oder Sklaven.
Inzwischen sind die meisten Plantagen im Besitz einheimischer Unternehmer oder sie gehören internationalen Konzernen. Sie beschäftigen Landarbeiter oder Saisonarbeiter, die aber häufig sehr schlecht bezahlt werden. Auf den Plantagen werden mehrjährige Nutzpflanzen oder Dauerkulturen wie Bananen, Tee oder Kakao in **Monokultur** angebaut. Da Monokulturen den Boden schnell auslaugen und anfällig für Krankheiten sowie Schädlinge sind, ist der Einsatz von künstlichen Dünge- und Pflanzenschutzmitteln hoch.
Für die Anlage der Plantagen wurden riesige Flächen des tropischen Regenwaldes abgeholzt und in landwirtschaftliche Nutzflächen umgewandelt. Dennoch reichen die Nahrungsmittel nicht aus für die Bevölkerung, denn dort, wo Plantagenfrüchte für den Export angebaut werden, können keine Grundnahrungsmittel wie Hirse, Mais, Maniok und Gemüse mehr angebaut werden. Die Arbeitskräfte auf den Plantagen verdienen so wenig, dass ihr Verdienst oft nicht ausreicht, um Nahrungsmittel zu kaufen.

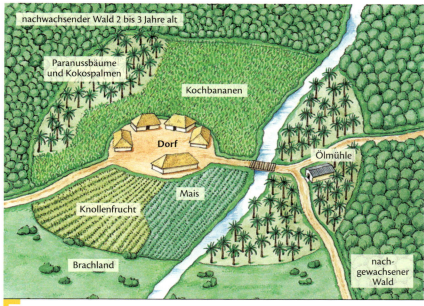

M 4 Dorf mit Dauerfeldbau

1 Erläutere mithilfe eines Fließdiagramms die Landnutzung durch Wanderfeldbau im tropischen Regenwald (**M 1** bis **M 3**,).

2 Erkläre die Entwicklung der Ernteerträge (**M 2**).

3 Erläutere, was sich beim Dauerfeldbau gegenüber dem Wanderfeldbau verändert (**M 3** und **M 4**).

4 Vergleiche Wanderfeldbau, Dauerfeldbau und Plantagenwirtschaft (**M 1** bis **M 5**).

5 Beurteile die Auswirkungen der Landnutzungsformen für den tropischen Regenwald und die Bewohner (**M 1** bis **M 5**).

6 Sammelt Rezepte mit Früchten aus dem tropischen Regenwald und plant ein Regenwald-Essen in der Schule (Kochbücher, *Eine Internetrecherche durchführen*).

M 5 Teeplantage in Ruanda

Geo-Methode: Wir erstellen eine Präsentation

M 1 *Präsentation mit Overheadprojektor*

check-it
- Aufbau einer Präsentation kennen
- Präsentation erstellen

Ein Bild sagt mehr als tausend Worte

Im Unterricht wird immer wieder gefordert, dass du Arbeitsergebnisse vortragen sollst – meist in Form eines Referats oder Kurzreferats.
Besonders im Geographieunterricht wird jedes Referat sehr viel anschaulicher, wenn zur Verdeutlichung Bilder, Karten, Diagramme oder Grafiken eingesetzt werden. Einen solchen medienunterstützten Vortrag bezeichnet man als Präsentation. Der Einsatz von Medien macht den Vortrag unterhaltsam und abwechslungsreich. Welches Medium am besten geeignet ist, richtet sich nach dem Thema, aber auch nach den technischen Möglichkeiten.

Checkliste zum Erstellen einer Präsentation

1. Schritt: Lege das Thema deiner Präsentation fest. Manchmal ist es sinnvoll, mit der genauen Formulierung des Themas zu warten, bis die Informationsbeschaffung abgeschlossen ist. Eventuell ergibt sich das Thema aus den Materialien.
2. Schritt: Besorge dir Informationen zu deinem Thema zum Beispiel aus Zeitungen und Zeitschriften, Büchern oder aus dem Internet. Achtung: Wenn du Materialien in deine Präsentation übernimmst, musst du die Quelle angeben.
3. Schritt: Erstelle eine Gliederung deiner Präsentation. Achte dabei darauf, dass sie sinnvoll aufgebaut ist und der Raum auf einer Karte lokalisiert werden kann. Überlege dir einen Einstieg, der neugierig auf das Thema macht und das Interesse der Zuschauer/Zuhörer weckt.
4. Schritt: Lege fest, welches Präsentationsmedium du einsetzen willst, und stelle sicher, dass die erforderlichen Geräte zur Verfügung stehen.
5. Schritt: Stelle die Präsentation zusammen. Ordne die Materialien in der richtigen Reihenfolge deinem Vortragstext zu. Achte darauf, dass Abbildungen gut erkennbar sowie Text und Zahlen in Grafiken und Diagrammen lesbar sind.
6. Schritt: Übe deine Präsentation, denn sie sollte möglichst frei vorgetragen und nicht abgelesen werden. Beachte, dass die Medien deinen Vortrag nur unterstützen sollen. Setze sie sparsam an den Stellen ein, an denen es sinnvoll ist.
7. Schritt: Sorge vor der Präsentation dafür, dass alle Materialien und Medien vorhanden und einsatzbereit sind.

Plakat/Wandzeitung
- Überschrift/Thema
- klare Gliederung und klarer Aufbau
- keine Sätze, nur Schlagworte
- deutliche und große Schrift
- Bilder und Zeichnungen, Farben gezielt einsetzen
- Beim Vortrag nicht verdecken!
- Nicht zum Plakat sprechen!

Overheadprojektor
- Schriftgröße mindestens 16 pt
- keine langen Sätze, nur Stichworte
- große Bilder und Abbildungen
- keine Abbildungen mit niedriger Auflösung
- Folien sortiert einheften
- mit Folie arbeiten (z. B. teilweise abdecken, mit Stift zeigen/markieren/eintragen, …)

Für jedes Präsentationsmedium gilt:
- weniger ist oft mehr
- Medium muss bei der Präsentation noch aus der letzten Reihe gut zu sehen sein!

Präsentationsmedien

PowerPoint-Präsentation
- große Schrift (mind. 24 pt)
- klare Gliederung
- Farben vorsichtig einsetzen (z. B. kein greller Hintergrund)
- wenige, dafür sinnvolle Effekte (Folienübergang, …)
- Unbedingt vorher proben und mit der Technik vertraut machen!

Video-Dokumentation
- sinnvoll schneiden, klarer Ablauf
- passende Vertonung (Kommentare, O-Ton, Musik, …)
- Einblendungen (Text, Bilder, …)
- angemessene Länge
- Zusammenspiel von Beamer und Abspielgerät vorher testen

M 2 *Tipps zum Einsatz verschiedener Medien*

GEO-METHODE

M 3 *Titelfolie mit Thema und Karte zur Orientierung*

M 4 *Gliederung der Präsentation*

Tipps zum richtigen Präsentieren
- Schaue in Richtung der Zuschauer/Zuhörer. Achte darauf, dass du nicht nur auf den Bildschirm oder die Präsentationswand schaust.
- Versuche frei zu sprechen und nicht abzulesen. Das gelingt besser, wenn du dir Stichpunkte auf Merkzetteln notierst.
- Unterstütze deine Präsentation durch sinnvolle Gestik und Bewegung. Dadurch wirkt das Vorgetragene lebendiger und interessanter.
- Rede laut, deutlich und nicht zu schnell. Bedenke, dass die Zuhörer deine Präsentation zum ersten Mal hören/sehen und alles verstehen wollen.
- Fasse am Ende die Ergebnisse noch einmal kurz zusammen.
- Gib dem Publikum die Möglichkeit, am Schluss Fragen zu stellen.

1 Erstelle eine Tabelle zu den Präsentationsmedien, in der du die jeweils erforderlichen Geräte/Materialien sowie mögliche Einsatzmöglichkeiten auflistest.

2 Bildet Gruppen und wählt ein Thema zum tropischen Regenwald aus. Mögliche Themen könnten sein: Leben im tropischen Regenwald – Tiere und Pflanzen des tropischen Regenwalds – Veränderung des Klimas durch Abholzung der Regenwälder? – Schatzkammer tropischer Regenwald – Erforschung der Regenwälder.

3 Sammelt Material zu eurem Thema und wählt ein geeignetes Präsentationsmedium aus.

4 Stellt eure Präsentation zusammen und führt sie der Klasse vor.

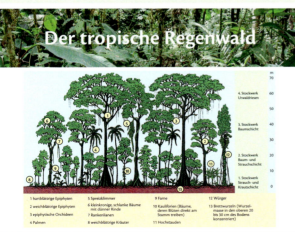

M 5 *Grafik zur Veranschaulichung*

M 6 *Schatzkammer Regenwald*

LEBEN UND WIRTSCHAFTEN IM TROPISCHEN AFRIKA UNTERSUCHEN

Savannen – Grasländer der wechselfeuchten Tropen

M 1 *Affenbrotbaum (Baobab) während der Trockenzeit*

check-it
- Merkmale der Savannen benennen
- Zusammenhänge zwischen Klima und Vegetation erklären
- Klimadiagramme und Blockbilder auswerten

Die wechselfeuchten Savannen

Savannen sind weite Grasländer, die mit Bäumen und Sträuchern durchsetzt sind. Die Grasländer sind an das Klima der wechselfeuchten Tropen angepasst. Dieses Klima ist durch den Wechsel von Regenzeiten und Trockenzeiten gekennzeichnet, sodass es aride und humide Monate gibt. Je weiter ein Gebiet vom Äquator entfernt liegt, desto kürzer ist die Regenzeit und umso länger die Trockenzeit. Die Dauer der Regenzeit bestimmt die Art der Savannenvegetation.

Die Dornsavanne

In der Dornsavanne kommt Gras nur büschelweise vor und wird höchstens 25 Zentimeter hoch. Ganz vereinzelt stehen mal Bäume in der Dornsavanne, die meiste Zeit des Jahres ohne Blätter. Vorherrschend sind Kakteen, die Wasser speichern können, und Dornbüsche. Diese bieten mit ihren kleinen Blättern kaum Oberfläche für die Verdunstung. Die Flüsse führen nur während der Regenzeit Wasser.

Die Trockensavanne

In der Trockensavanne kann das Gras bis zu 1,50 Meter hoch wachsen. Aber auch Bäume kommen vor, die in der Trockenzeit ihre meist kleinen und harten Blätter abwerfen. Ein typischer Baum der Trockensavanne ist die Schirmakazie, die mit ihren langen Pfahlwurzeln auch noch Wasser aus großer Tiefe nutzen kann. Der Affenbrotbaum übersteht die Trockenzeit, weil er in seinem Stamm über Monate Wasser speichern kann.
Auch die Flüsse der Trockensavanne führen nicht ganzjährig Wasser. Dennoch hat sich an den Flussufern ein dichter, ganzjährig grüner Baumstreifen herausgebildet.

Die Feuchtsavanne

Die Feuchtsavanne ist eine parkartige Landschaft mit bis zu drei Meter hohem Gras und dichtem Baumbewuchs. Die Bäume sind immergrün, nur einige werfen in der Trockenzeit ihr Laub ab. Die Flüsse führen ganzjährig Wasser. An ihren Ufern wächst ein dichter Wald mit vielen Pflanzen. Diese sogenannten „Galeriewälder" nutzen das flach liegende Grundwasser in der Flussnähe und sind immergrün.

M 2 *Affenbrotbaum in der Regenzeit*

1 Vergleiche die Profile und die Fotos. Beschreibe die Veränderungen der Vegetation mit zunehmender Entfernung vom Äquator (**M 1, M 2, M 6** bis **M 8,** Karte S. 11 unten, Atlas).

2 Erkläre die unterschiedlichen Anpassungsformen der Vegetation an die Trockenzeit (**M 1** bis **M 8**).

3 Stelle die Merkmale der drei Savannenarten in einer Tabelle zusammen: Dauer der Regen- und Trockenzeit, Vegetation (**M 3** bis **M 8**).

LEBEN UND WIRTSCHAFTEN IM TROPISCHEN AFRIKA UNTERSUCHEN 55

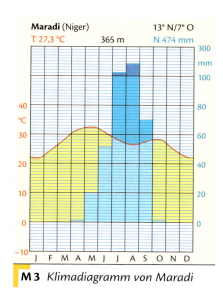

M3 Klimadiagramm von Maradi

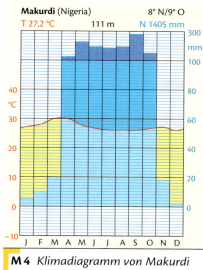

M4 Klimadiagramm von Makurdi

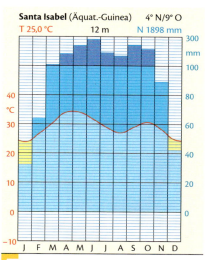

M5 Klimadiagramm von Santa Isabel

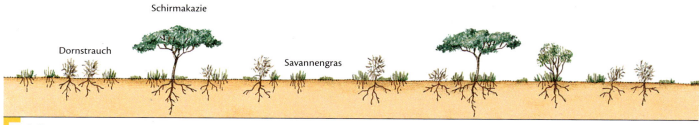

M6 Dornsavanne

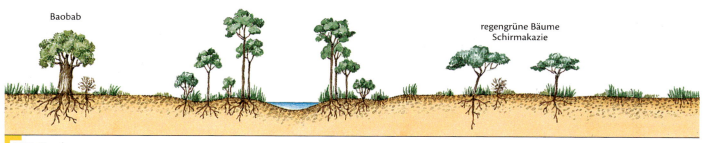

M7 Trockensavanne

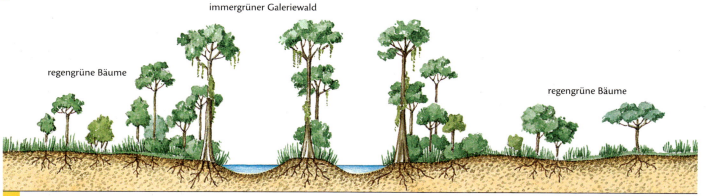

M8 Feuchtsavanne

Ackerbau im Kampf mit der Trockenheit

M 1 Ackerbau in Mali

Ohne Wasser kein Pflanzenwachstum

In den Savannen muss sich der Ackerbau an den Wechsel von Regen- und Trockenzeiten anpassen. Ackerbau ist überall dort möglich, wo 250 Millimeter Niederschlag im Jahr fallen. Diese Niederschlagsmenge markiert die Trockengrenze des Anbaus. Werden diese Niederschlagsmengen nicht erreicht, ist nur noch Viehhaltung möglich.

Regenfeldbau zur Selbstversorgung

Die Bauern leben in festen Siedlungen und bestellen ihre Felder ohne Bewässerung. Diese Form des Anbaus nennt man **Regenfeldbau**.
Am Ende der Trockenzeit beginnen die Bauern mit dem Bestellen ihrer Felder. Mit einfachen Hacken lockern sie die oberste Bodenschicht etwa zehn Zentimeter tief auf. Dieser **Hackbau** ist sehr mühsam, da der Boden ausgetrocknet und dadurch sehr hart ist.
Nach den ersten Regenfällen muss schnell gesät werden, damit die Pflanzen die ohnehin geringen Niederschläge voll nutzen können.

check-it
- natürliche Voraussetzungen für Regenfeldbau beschreiben
- Kulturpflanzen der Savannen benennen
- Anbaumethoden in den Savannen erklären
- Risiken des Regenfeldbaus beurteilen

Dornsavanne	Trockensavanne		Feuchtsavanne

Hirse anspruchsloses Getreide - ab 180 mm Jahresniederschlag, - sehr gut lagerbar	**Batate** Süßkartoffel - ab zwei bis drei humiden Monaten, - nicht lange lagerbar	**Maniok** mehrjährige Pflanze - ab 1000 mm Niederschlag, - reife Wurzelknollen können bis zu zwei Jahren im Boden bleiben, nach der Ernte nicht lagerbar	**Yams** hoher Nährstoffbedarf - benötigt elf Monate mit ausreichender Feuchtigkeit, - bei Lagerung Schrumpfungs- und Fäulnisprozesse

M 2 Kulturpflanzen zur Selbstversorgung in der Savanne

LEBEN UND WIRTSCHAFTEN IM TROPISCHEN AFRIKA UNTERSUCHEN 57

M 3 Hirseernte in Mali

M 4 Frauen beim Hirsestampfen

Der Regenfeldbau ist abhängig von den Niederschlagsmengen. Bleiben die Niederschläge aus oder fallen nicht ausreichend in der Wachstumsperiode der Pflanzen, kommt es zu Ernteverlusten und Hungersnöten.

Hirse – das Getreide der Savanne

Hirse ist ein anspruchsloses Getreide, dessen Körner aber einen hohen Nährwert haben. Die Pflanze braucht viel Wärme, aber nur wenig Feuchtigkeit. Deshalb kann Hirse selbst in der Dornsavanne noch angebaut werden. Die Pflanze erreicht trotz einer kurzen Wachstumszeit bis zu fünf Meter Höhe. Die Hirsebauern in der Dorn- und Trockensavanne besitzen meistens nur Felder von maximal drei bis fünf Hektar, die mithilfe aller Familienmitglieder bestellt werden. Die Feldarbeit ist mühsam, da keine Maschinen vorhanden sind. Es gibt nur eine Ernte pro Jahr gegen Ende der Regenzeit. Von den geringen Erträgen müssen ausreichend Körner als Saatgut für das kommende Jahr zurückgelegt und gleichzeitig die Ernährung der Familie gesichert werden.

Einjähriger Anbaukalender für zwei Felder

Monat	Temp. (in °C)	Niederschlag (N in mm)	Tage mit N	Anbaufeld Hirse		Brachfeld
Januar	21	2	0	Hacken		Weide für Rinder, Schafe, Ziegen
Februar	23	4	1	Hacken		
März	26	24	3			
April	25	93	11	Aussaat	Jäten	
Mai	24	205	16	Aussaat		
Juni	23	229	17			
Juli	21	318	23	Blüte		
August	21	274	22	Ernte		
September	22	219	21	Ernte		
Oktober	23	39	11	Hacken		
November	23	5	1	Hacken		
Dezember	21	2	0			

M 5 Anbaukalender für Hirse

1 Beschreibe die natürlichen Anbaubedingungen in den Savannen (M 1 und M 3, S. 55 M 3 bis M 8).
2 Ordne die Kulturpflanzen den Savannenarten zu (M 2).
3 Informiere dich in Supermärkten und Bioläden, welche Produkte mit diesen Pflanzen es auch bei uns zu kaufen gibt.
4 Erkläre, warum sich die Hirse besonders gut für den Anbau in der Savanne eignet und wie dieses Getreide angebaut bzw. verwendet wird (M 2 bis M 5).
5 Beurteile die Risiken des Regenfeldbaus in den Savannen. Informiere dich dazu über aktuelle Hungersnöte in Savannenländern.

LEBEN UND WIRTSCHAFTEN IM TROPISCHEN AFRIKA UNTERSUCHEN

Demokratische Republik Kongo – reich an Bodenschätzen, aber trotzdem arm

M1 Demokratische Republik Kongo – Bodenschätze

check-it
- geographische Lage der Demokratischen Republik Kongo beschreiben
- Bodenschätze benennen
- Lebens- und Arbeitsbedingungen erläutern
- thematische Karte auswerten
- Zukunftschancen beurteilen

Coltan – selten, aber begehrt
Die Demokratische Republik Kongo (DR Kongo) ist der zweitgrößte Staat Afrikas. Er ist etwa sechseinhalbmal so groß wie Deutschland und hat ungefähr genauso viele Einwohner.

Das Kongobecken mit seinen tropischen Regenwäldern dehnt sich über weite Teile des Landes aus. Das Land ist reich an Bodenschätzen.

Schätzungen nach lagert das weltweit größte Coltanvorkommen in der DR Kongo. Dieses Erz ist sehr selten und für die moderne Hightech-Industrie unverzichtbar. Das Erz befindet sich direkt unterhalb des Bodens, sodass es mithilfe einer Schaufel abgebaut werden kann.

Wegen der großen Nachfrage und des damit verbundenen Preisanstiegs auf dem Weltmarkt kommt es im Abbaugebiet immer wieder zu kriegerischen Auseinandersetzungen zwischen einzelnen Bevölkerungsgruppen, Rebellenführern, Militär und Staat um den Besitz der Minen. Coltan wird deshalb auch als Konfliktrohstoff bezeichnet.

Reicher Boden – armes Land
Bis in die 1960er-Jahre waren die Förderung und der Export von Bodenschätzen das wichtigste Standbein der Wirtschaft in der DR Kongo. Bergbauunternehmen ließen in den Arbeitersiedlungen Schulen, Krankenhäuser sowie Straßen errichten. Es entstanden ganze Städte mit Anschluss an eine Stromversorgung.

Nach einem Bürgerkrieg und Regierungswechsel kam es in den 1960er-Jahren zur Verstaatlichung aller Bergbauunternehmen. Das hatte weitreichende Folgen für das gesamte Land und seine Bevölkerung. Viele Menschen arbeiten weiterhin im Bergbau, die Besitzer der Minen sowie die Regierung fördern mit den Gewinnen aus dem Bergbau und aus dem damit verbundenen Wirtschaftswachstum jedoch nicht das Land. Die Sicherheitsvorkehrungen in den Bergwerken sind schlecht, sodass es häufig zu Unfällen kommt. Vor allem in den ländlichen Gebieten lebt auch heute noch ein Großteil der Bevölkerung in bitterer Armut.

Bildung – aber nicht für alle
In der DR Kongo wird zwischen dem 6. und 12. Lebensjahr eine staatliche Schulbildung garantiert. Die Realität

M2 Coltanabbau

LEBEN UND WIRTSCHAFTEN IM TROPISCHEN AFRIKA UNTERSUCHEN

schaut jedoch anders aus: Öffentliche Schulen erhalten meist keine staatliche Unterstützung. Besonders in den ländlichen Regionen fehlt es an Unterrichtsmaterialien wie beispielsweise Schulbüchern. Auch gut ausgebildete Lehrkräfte gibt es kaum. Bereits für den Besuch der Grundschule müssen Schulgebühren bezahlt werden, die viele Familien nicht aufbringen können. So bleibt vielen, vor allem Mädchen, eine angemessene Schulbildung verwehrt. Große Teile der Bevölkerung können deshalb nur unzureichend lesen und schreiben.

Medizinische Versorgung

In der DR Kongo gibt es ein Gesundheitssystem, das eigentlich eine gute medizinische Versorgung der Bevölkerung garantieren könnte. Die meisten Gesundheitseinrichtungen sind jedoch unzureichend ausgestattet. Es fehlen Medikamente und medizinisches Fachpersonal. Eine gute medizinische Versorgung können sich nur Wohlhabende leisten. Vor allem im Landesinneren sterben zahlreiche Menschen an behandelbaren Krankheiten wie Malaria. Sie ist immer noch die Haupttodesursache in der DR Kongo.

Auch in der DR Kongo ist wie überall in Afrika südlich der Sahara die durch das HI-Virus verursachte tödliche Infektionskrankheit AIDS weit verbreitet. Viele Kinder müssen als Waise aufwachsen, weil ihre Eltern gestorben sind, oder sie werden bereits krank geboren. Der frühe Tod vieler Fachkräfte behindert die Entwicklung.

M 3 Klassenzimmer in der DR Kongo

„Ich lebe gemeinsam mit meiner Mutter und meinen jüngeren Geschwistern in einer einfachen Hütte nahe Kindu. Mein Vater und mein älterer Bruder arbeiten in Likasi im Bergbau. Wegen der großen Entfernung kommen sie nur selten nach Hause. Dort verdienen sie genug Geld, um meine beiden jüngeren Brüder zur Schule schicken zu können. Auch ich würde gerne lesen und schreiben lernen. Doch anstatt eine Schule zu besuchen, kümmere ich mich gemeinsam mit meiner Mutter um den Haushalt. Wir bestellen das kleine Feld hinter dem Haus und versorgen die Hühner. Nach dem Aufstehen hole ich als Erstes Wasser aus dem Brunnen am Rand unserer Siedlung. Einmal in der Woche machen wir uns auf den Weg nach Kindu. Nach etwa einer Stunde Fußmarsch erreichen wir den Markt. Frauen aus der ganzen Umgebung bieten hier ihre Waren an. Wir verkaufen geflochtene Körbe, die wir abends bei Kerzenschein fertigen."

M 4 Rehema, 13 Jahre, berichtet

M 5 Coltan und seine Verwendung

1. Beschreibe die geographische Lage der DR Kongo (Karten S. 39 und 174, Atlas).
2. Liste die in der DR Kongo vorkommenden Bodenschätze auf und beschreibe, wo sie hauptsächlich zu finden sind (M 1).
3. Werte den Kastentext aus und erstelle eine Tabelle zu den Lebensbedingungen der einzelnen Familienmitglieder (M 4).
4. Erläutere die Lebens- und Arbeitsbedingungen der Menschen (M 2 bis M 4; S. 61 M 5).
5. Beurteile, welche Zukunftschancen Kinder und Jugendliche in der DR Kongo haben. Vergleiche mit deinen Möglichkeiten (M 2 bis M 4, S. 61 M 5).

Ruanda – ein Musterstaat Afrikas?

M 1 *Ackerbau auf Steilhängen*

check-it
- geographische Lage Ruandas beschreiben
- Veränderungen beschreiben und Ursachen erläutern
- Fotos, Karten und Tabellen auswerten
- Pro-und-Kontra-Diskussion führen
- Entwicklungen beurteilen

Traditionell landwirtschaftlich geprägt

Die Republik Ruanda wird wegen ihrer Oberflächengestalt als „Land der 1000 Hügel" bezeichnet, denn den größten Teil des Landes bildet eine hügelige Hochebene. Da das Land fast am Äquator liegt, ist das Klima trotz der Höhenlage sehr mild. So kann auf den zahlreichen Hügeln intensiv Landwirtschaft betrieben werden. Von ihr lebt der überwiegende Teil der Bevölkerung. Kaffee, Tee und Kakao sind wichtige landwirtschaftliche Exportgüter.

Boom-Land

Seit Ende der 1990er-Jahre zeichnet sich die Wirtschaft Ruandas durch ein stetiges Wachstum aus. Die Regierung hat es sich zum Ziel gesetzt, das bisher landwirtschaftlich geprägte Ruanda in ein Land zu verwandeln, in dem hohe Löhne gezahlt werden können. Die Armut soll langfristig bekämpft und somit die Lebensbedingungen der gesamten Bevölkerung verbessert werden. Mithilfe finanzieller Unterstützung aus dem Ausland investiert die Regierung hohe Geldsummen, um dieses ehrgeizige Ziel zu erreichen. Bereits heute besuchen über 90 Prozent aller Kinder eine Schule. Die Berufsausbildung wurde verbessert und praxisnäher gestaltet. Es gibt eine flächendeckende staatlich finanzierte Krankenversicherung sowie eine sehr gute medizinische Versorgung. Zudem wird die Ansiedlung von Industrie gefördert und die Landwirtschaft modernisiert. Hinzu kommen hohe Investitionen im Bereich der **Infrastruktur** und des Tourismus. Er ist die größte Einnahmequelle des Landes.

Die Rolle der Frauen

Da während des Bürgerkrieges in den 1990er-Jahren vor allem Männer starben, machen die Frauen nun den Großteil der erwachsenen Bevölkerung aus. Der Wiederaufbau des Landes lag somit in ihren Händen: Sie bestellten Felder, bauten Häuser wieder auf und machten politisch Karriere. Der Frauenanteil im Parlament ist weltweit der größte, denn die ruandische Verfassung schreibt vor, dass 30 Prozent der Abgeordneten im Parlament weiblich sein müssen. Tatsächlich liegt der Frauenanteil seit Jahren bei über 60 Prozent (zum Vergleich: Deutscher Bundestag Oktober 2017 = Frauenanteil 30,9 Prozent). Männer und Frauen sind vor dem Gesetz gleichgestellt, auch wenn traditionsbedingt Frauen auf dem Land noch benachteiligt sind.

M 2 *Moderne Textilfabrik in Kigali*

LEBEN UND WIRTSCHAFTEN IM TROPISCHEN AFRIKA UNTERSUCHEN

Hodali, ein ruandischer Reiseleiter, berichtet: „Jeden letzten Samstag im Monat von 8.00 bis 12.00 Uhr muss jeder ab 18 Jahren ehrenamtlich Arbeit für die Gemeinde leisten. Dadurch soll der Fortschritt und das wirtschaftliche Wachstum unseres Landes gefördert werden. Wir kehren dann zum Beispiel gemeinsam Straßen, säubern und bepflanzen Grünflächen, legen Bewässerungsgräben an oder unterstützen hilfsbedürftige Nachbarn. Es ist schön zu sehen, wie viel man gemeinsam schaffen kann."

M 3 *Umuganda – Gemeinschaftsarbeit*

1. Beschreibe die geographische Lage Ruandas (Karten S. 39 und S. 174, Atlas).
2. Erläutere, wie sich die Lebensbedingungen in Ruanda verändern (**M 1** bis **M 3**).
3. Erläutere die Bedeutung der Gemeinschaftsarbeit. Führt eine Pro- und-Kontra-Diskussion durch, ob ein solches Modell auch für Deutschland denkbar ist (**M 3**, *Eine Pro-und-Kontra-Diskussion führen*).
4. Ruanda – ein Musterstaat Afrikas? Begründe deine Meinung (**M 1** bis **M 5**).
5. Vergleiche die DR Kongo mit Ruanda (**M 4** und **M 5**; S. 58 bis 61; Karten S. 174 und 175).

Lebensbedingungen in der Welt

Der Index der menschlichen Entwicklung (HDI) 2017 bewertet den durchschnittlichen Stand von 189 Ländern in grundlegenden Bereichen der menschlichen Entwicklung. Dazu zählen unter anderem die Lebenserwartung bei der Geburt, die durchschnittliche Schuldauer und das Pro-Kopf-Einkommen.

Hier ist die menschliche Entwicklung ... ■ sehr hoch ■ hoch ■ mittel ■ niedrig ■ keine Angaben

Die Länder mit der höchsten bzw. niedrigsten menschlichen Entwicklung

sehr hoch	niedrig
1 Norwegen	184 Sierra Leone
2 Schweiz	185 Burundi
3 Australien	186 Tschad
4 Irland	187 Südsudan
5 Deutschland	188 Zentralafr. Rep.
6 Island	189 Niger

Quelle: UNDP 2018 © Globus 10767

M 4 *Weltkarte der menschlichen Entwicklung (Stand 2017)*

	DR Kongo	Ruanda	Deutschland
Fläche in km²	2 344 860	26 340	357 580
Einwohner in Mio.	81,3	12,2	82,7
Bevölkerungsdichte (Einwohner pro km²)	35	456	231
Geburten pro Frau	6,0	3,8	1,5
HIV/AIDS-Quote Erwachsene (15–49 Jahre) in %	0,7	3,1	–
Lebenserwartung bei Geburt in Jahren	60,0	67,5	81,2
erwartete Schul- und Ausbildungsjahre	9,8	11,2	17,0
tatsächliche Schul- und Ausbildungsjahre	6,8	4,1	14,1
jährliches Bruttonationaleinkommen pro Kopf in US-$	796	1811	46 136
Bevölkerung, die unterhalb der Armutsgrenze lebt (weniger als 1,9 US-$/Tag) in Prozent	77,1	59,5	–
HDI-Ranglistenplatz	176	158	5

Quelle: UNDP: Human Development Indices and Indicators: 2018 Statistical Update

M 5 *Strukturdaten im Vergleich (Stand 2017)*

Wir engagieren uns für ein Entwicklungsprojekt

M 1 Spendenaktion für Afrika

Wohin entwickeln sich Länder?

Hast du dir schon einmal überlegt, wie eine ideale Welt der Zukunft aussehen sollte? Die Vereinten Nationen haben ihre Vorstellungen einmal aufgeschrieben: die sogenannten nachhaltigen Entwicklungsziele (englisch: Sustainable Development Goals, kurz SDGs) oder auch UN-Entwicklungsziele werden unsere Zukunft prägen. Diese Ziele sind sehr ehrgeizig und sollen weltweit bis 2030 umgesetzt werden. Sie gelten für jeden Menschen überall auf der Welt. Es sollen unter anderem Armut und Hunger besiegt werden, alle Kinder sollen zur Schule gehen können, Erde und Umwelt sollen geschützt werden, Ungleichheiten sollen bekämpft werden und friedliche und gerechte Gesellschaften entstehen. Einer der Schlüsselsätze lautet: „No one will be left behind – keiner wird zurückgelassen." Die Ziele gelten sowohl für die Entwicklungs- als auch für die Industrieländer. Es geht um alle Menschen und um die Erde. Jeder muss im Rahmen einer globalen Partnerschaft seinen Beitrag leisten.

Ziel 1 – Kampf gegen die Armut: Spätestens im Jahr 2030 soll niemand auf der Welt mehr von weniger als 1,25 Dollar pro Tag leben müssen. 836 Millionen Menschen haben derzeit weniger Geld zur Verfügung und gelten damit als extrem arm. Besonders von Armut betroffen sind die Länder in Afrika südlich der Sahara.

Ziel 2 – Kampf gegen Hunger: Zehn Prozent aller Menschen auf der Welt sind unterernährt. Um dieses Problem zu bekämpfen, sieht die Agenda 2030 vor, die Produktivität der Kleinbauern zu erhöhen und so das Einkommen zu verdoppeln.

Ziel 3 – Gesundheit: Infektionskrankheiten wie Malaria sollen bis 2030 bekämpft werden. Auch die Geburten- und Kindersterblichkeit soll gesenkt werden. Heute sterben jährlich noch sechs Millionen Kinder vor ihrem fünften Geburtstag.

Ziel 4 – Bildung: Alle Jungen und Mädchen sollen eine Grundschule sowie eine weiterführende Schule besuchen. Insgesamt gehen weltweit 91 Prozent aller Kinder im Schulalter zur Grundschule.

Ziel 5 – Geschlechtergleichstellung: Die Diskriminierung von Frauen und Mädchen soll, ebenso wie Gewalt gegen das weibliche Geschlecht, ein Ende haben.

Ziel 6 – Zugang zu Trinkwasser und sanitären Anlagen: 663 Millionen Menschen haben derzeit keinen Zugang zu sauberem Trinkwasser. Bis 2030 soll sich das ändern. Außerdem soll die Qualität von Wasser weiter verbessert werden.

M 2 Ausgewählte Entwicklungsziele der Vereinten Nationen

Wie geht ihr vor?
Einigt euch auf ein Entwicklungsprojekt, das ihr unterstützen wollt:

Viele Entwicklungshilfeorganisationen bieten Möglichkeiten, Projekte überall auf der Welt zu unterstützen. Sicherlich gibt es auch in deinem Schulort Organisationen, die sich für Entwicklung vor Ort oder auch in anderen Ländern einsetzen. Vielleicht hat eure Schule ja bereits eine Patenschaft. Informiert euch darüber und präsentiert verschiedene Organisationen und Projekte in der Klasse. Wenn ihr euch für ein Projekt entschieden habt, geht es an die Planung. Schreibt einen Arbeitsplan zu eurem weiteren Vorgehen: Wer tut was bis wann? Wollt ihr die Leute informieren oder Geld sammeln? Beides ist sinnvoll.

Durchführung der Aktion
Ihr könnt:
- mit einem Infostand informieren

Mit einem kreativen Infostand könnt ihr andere Menschen für eure Themen interessieren. Überlegt euch vorher, welche Botschaft ihr rüberbringen wollt. Ist es nur Wissensvermittlung oder gibt es Handlungsmöglichkeiten, die ihr empfehlen wollt? Versucht, den Stand so zu gestalten, dass die Leute neugierig werden. Ein Spiel, ein Quiz oder eine Verkleidung verschaffen euch die nötige Aufmerksamkeit. Es ist wichtig, dass ihr eure Botschaft gut erklären könnt.
- einen Spendenlauf durchführen
- einen Flohmarkt veranstalten
- Snacks in der Pause verkaufen
- einen Afrika-Tag veranstalten
- eure ganz speziellen eigenen Ideen umsetzen

M 4 *Plakat der Aktion Tagwerk*

Information und Präsentation
Permanente Berichterstattung erhöht die Aussicht auf langfristige Spendenbereitschaft. Informiert über euer Projekt
- in der Zeitung,
- im Jahresbericht der Schule oder
- auf der Schulhomepage.

M 3 *Informationsmaterial zu Afrika*

M 5 *Kinder laufen für Kinder in München*

Geo-Check: Leben und Wirtschaften im tropischen Afrika untersuchen

Sich orientieren

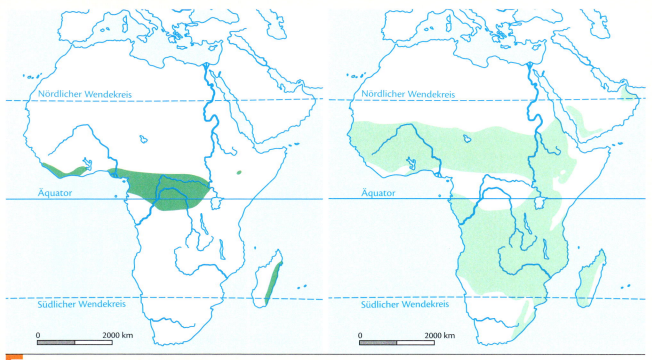

M 1 Tropischer Regenwald und Savannen in Afrika

1. Nenne jeweils mindestens fünf Staaten und ihre Hauptstädte in Afrika, die Anteil am tropischen Regenwald und den Savannen haben (**M 1**).

2. Beschreibe die Fotos und ordne sie dem tropischen Regenwald oder den Savannen zu. Begründe deine Zuordnung, indem du typische Merkmale benennst (**M 1** bis **M 3**).

M 2 ...

M 3 ...

67 LEBEN UND WIRTSCHAFTEN IM NÖRDLICHEN AFRIKA UND WESTLICHEN ASIEN ERLÄUTERN

Karte nördliches Afrika und westliches Asien
Stadtplan Marrakesch

GEO-CHECK 66

Können und anwenden

6 Erstelle ein Lernplakat zu einem Thema, das mit dem tropischen Regenwald im Zusammenhang steht.

7 Beurteile, ob das Lernplakat gut gelungen ist. Begründe und mache gegebenenfalls Verbesserungsvorschläge (M 6).

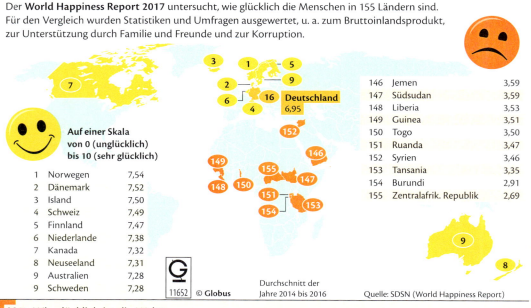

M 6 Lernplakat zum tropischen Regenwald

Sich verständigen, beurteilen und handeln

Der **World Happiness Report 2017** untersucht, wie glücklich die Menschen in 155 Ländern sind. Für den Vergleich wurden Statistiken und Umfragen ausgewertet, u. a. zum Bruttoinlandsprodukt, zur Unterstützung durch Familie und Freunde und zur Korruption.

Auf einer Skala von 0 (unglücklich) bis 10 (sehr glücklich)

Rang	Land	Wert
1	Norwegen	7,54
2	Dänemark	7,52
3	Island	7,50
4	Schweiz	7,49
5	Finnland	7,47
6	Niederlande	7,38
7	Kanada	7,32
8	Neuseeland	7,31
9	Australien	7,28
9	Schweden	7,28

16 Deutschland 6,95

Rang	Land	Wert
146	Jemen	3,59
147	Südsudan	3,59
148	Liberia	3,53
149	Guinea	3,51
150	Togo	3,50
151	Ruanda	3,47
152	Syrien	3,46
153	Tansania	3,35
154	Burundi	2,91
155	Zentralafrik. Republik	2,69

11652 © Globus   Durchschnitt der Jahre 2014 bis 2016   Quelle: SDSN (World Happiness Report)

M 7 Wie glücklich ist die Welt?

8 Liste die Länder Afrikas südlich der Sahara auf, deren Bevölkerung zu den unglücklichsten der Welt gehört (M 7).

9 Begründe, warum die Menschen dort kein glückliches Leben führen können. Vergleiche dabei auch mit den Ländern Europas mit einer glücklichen Bevölkerung (S. 61 M 4 und M 5).

10 Diskutiert in der Klasse, was ihr als Einzelne, Klasse oder Schule unternehmen könntet, um die Lebensbedingungen für die Menschen in Afrika südlich der Sahara zu verbessern.

Das Regenwaldrätsel findest du als Arbeitsblatt unter:

cornelsen.de/codes
Code: dakiho

GEO-CHECK

Wissen und verstehen

3 Sortiere die Aussagen in richtige und falsche Aussagen. Verbessere die falschen Aussagen und schreibe sie richtig in dein Heft.

Richtig oder falsch?
- Das Klima im tropischen Regenwald ist immerfeucht und kühl.
- Der Boden des tropischen Regenwaldes ist nährstoffreich.
- Der tropische Regenwald ist artenreich, immergrün und trocken.
- Wegen des fruchtbaren Bodens hat sich der Stockwerkbau des Regenwaldes entwickelt.
- Das Klima in den Savannen ist durch den Wechsel von Regen- und Trockenzeiten gekennzeichnet.
- Die wechselfeuchten Tropen haben zwei Regenzeiten.
- Je weiter ein Gebiet vom Äquator entfernt liegt, desto kürzer ist die Regenzeit und umso länger die Trockenzeit.
- Beim Wanderfeldbau werden nur die Felder verlegt.
- Der Regenfeldbau kommt nicht ohne künstliche Bewässerung aus.
- Coltan ist für die Automobilindustrie unverzichtbar.

4 Ordne jedem dieser Begriffe mindestens zwei Merkmale zu, die ihn erklären (M 3).

M 4 Geo-Begriffestapel

5 Löse das Regenwaldrätsel. Die Buchstaben in den farbigen Feldern ergeben – von links nach rechts gelesen – das Lösungswort (M 5, Webcode).

1. besonderer Kreislauf im tropischen Regenwald
2. landwirtschaftliche Großbetriebe im tropischen Regenwald
3. Abholzen von Bäumen
4. Suche nach neuen Medikamenten und Arten im Regenwald
5. ausschließlicher Anbau von nur einer Fruchtsorte
6. Wurzeln eines Urwaldbaumes
7. Kulturpflanze, die auf Plantagen angebaut wird
8. bevölkerungsreichster Staat Afrikas
9. Pflanze zur Selbstversorgung in den Tropen
10. Gewinnung von Anbauflächen durch Feuer
11. viele Tier- und Pflanzensorten
12. hohe Bäume im tropischen Regenwald

! **Hinweis:** Bitte nicht in das Buch schreiben

M 5 Regenwaldrätsel (Umlaut = 1 Buchstabe)

3 Leben und Wirtschaften im nördlichen Afrika und westlichen Asien erläutern

In diesem Kapitel lernst du
- dich im nördlichen Afrika und angrenzenden westlichen Asien zu orientieren,
- Merkmale und Entwicklung der orientalischen Stadt zu beschreiben,
- die Entstehung und Merkmale von Wüsten zu erläutern,
- die Bedeutung des Wassers zu erklären,
- die Bedeutung des Erdöls für einige Staaten zu analysieren und
- den Einfluss eines Energiegroßprojektes auf die Neugestaltung eines Staates zu erläutern.

Dazu nutzt du
- Klimadiagramme,
- Bilder,
- Luftbilder und Satellitenbilder,
- Blockbilder und Profile,
- Karten und
- Diagramme.

Du beurteilst
- wie sich Menschen, Pflanzen und Tiere an die Lebensbedingungen in Trockenräumen anpassen,
- die Auswirkungen der Erdölförderung auf die Staaten im westlichen Asien.

Wolkenkratzer in der Wüste – eine Fata Morgana, eine Sinnestäuschung?

Wüsten prägen den Norden Afrikas und das angrenzende westliche Asien. Doch unter dem Wüstensand lagern an vielen Stellen große Vorkommen eines sehr begehrten Rohstoffs, der vielen Staaten großen Reichtum gebracht hat. So entstanden moderne Großstädte in der Wüste, in der viele Menschen leben und arbeiten.

Dubai, Vereinigte Arabische Emirate

Wir orientieren uns in Nordafrika und Westasien

M 1 Moschee in Abu Dhabi

Nordafrika und Westasien – vom Islam geprägt

Das nördliche Afrika und westliche Asien nehmen insgesamt eine Fläche von 13,5 Millionen Quadratkilometern ein und sind somit etwa dreimal so groß wie die Europäische Union. Es leben aber dort nur ungefähr ebenso viele Menschen.

Die Römer gaben diesem Raum bereits vor 1500 Jahren den Namen Orient (lat.: oriens sol) – das Land der aufgehenden Sonne. Im Gegensatz dazu wurde Europa als Okzident (Abendland) bezeichnet.

Nordafrika und Westasien sind dadurch gekennzeichnet, dass dort etwa 90 Prozent der Bevölkerung der Religion des Islam angehören. Ebenso wie das Christentum zum Beispiel in Europa prägt der Islam nicht nur das Leben der Menschen, sondern auch die Bauweise und das Aussehen der Städte. Da der Koran, das heilige Buch des Islam, in arabischer Sprache verfasst wurde, verbreiteten sich mit der Religion auch die arabische Sprache und Schrift im gesamten nordafrikanischen und westasiatischen Raum. Die arabische Schrift wird von rechts nach links gelesen.

Fluss	Länge
Nil	6 671 km
Niger	4 168 km
Indus	2 897 km
Euphrat	2 736 km
Tigris	1 899 km

M 2 Die längsten Flüsse

check-it
- Staaten und Städte, Flüsse, Seen und Meere sowie Gebirge in Nordafrika und Westasien verorten
- Prägung durch den Islam erläutern
- Einfluss des Klimas auf den Lebensraum erklären
- Klimadiagramme auswerten
- stumme Karte auswerten

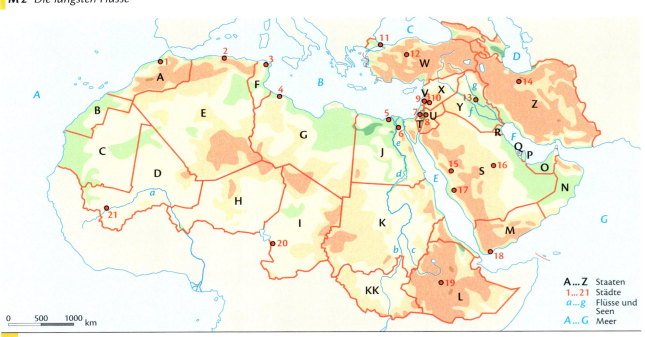

M 3 Stumme Karte Nordafrikas und Westasiens

LEBEN UND WIRTSCHAFTEN IM NÖRDLICHEN AFRIKA UND WESTLICHEN ASIEN ERLÄUTERN

M 4 Sahara in Algerien

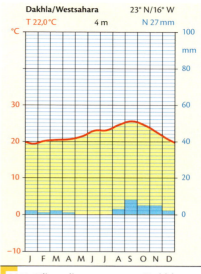

M 5 Klimadiagramm von Dakhla

Wasser – lebensnotwendig, aber rar

In Nordafrika und Westasien herrschen Tagestemperaturen von 40 Grad Celsius und mehr, extreme Schwankungen der Temperaturen zwischen Tag und Nacht und sehr geringe Niederschläge vor. Wüsten und Halbwüsten bestimmen den natürlichen Lebensraum, denn Wasser steht nur begrenzt zur Verfügung. Landwirtschaft kann nur mit Bewässerung betrieben werden. Bevorzugte Lebensräume der Menschen waren deshalb immer Gebiete, in denen Wasser zur Verfügung steht: an den Rändern der Gebirge, an den Küsten und in den Tälern der großen Flüsse wie Nil, Euphrat und Tigris, aber auch an Stellen mit Wasservorkommen in den Wüstengebieten.

1. Benenne die Staaten und Städte, Gebirge, Flüsse, Seen und Meere (M 3, M 7, Karte S. 67 oben S. 168 und S. 174, Atlas).
2. Erläutere, wie der Islam Nordafrika und Westasien prägt (M 1, M 7).
3. Liste die Staaten auf, in denen der Anteil der islamischen Bevölkerung über 95 Prozent liegt (M 7).
4. Werte die Klimadiagramme aus und erläutere die Auswirkungen des Klimas auf die Lebensbedingungen in diesem Raum (M 4 bis M 6, S. 30/31).

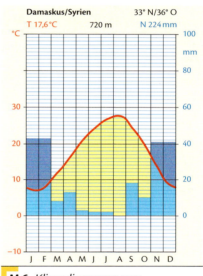

M 6 Klimadiagramm von Damaskus

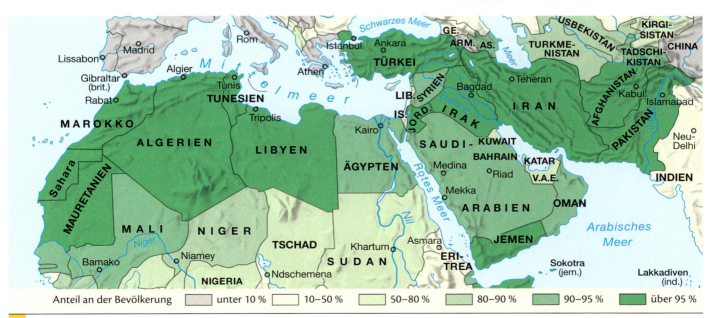

M 7 Anteil der islamischen Bevölkerung

Marrakesch – eine orientalische Stadt

M 1 *Medina von Marrakesch*

check-it
- geographische Lage von Marrakesch beschreiben
- Aufbau einer orientalischen Altstadt erklären
- Gebäude der Medina auf dem Stadtplan verorten
- Lage und Merkmale der Neustadt charakterisieren
- Bilder, Stadtplan und Stadtmodelle auswerten und vergleichen

Die Medina – geschäftiges Zentrum

Die Altstadt einer orientalischen Stadt nennt man Medina. Sie war ursprünglich von einer Stadtmauer umgeben, von der in Marrakesch noch einige Teile erhalten sind. Der Basar ist das Handels- und Handwerkerviertel der Medina. Dort herrscht bis in den späten Abend geschäftiges Treiben. Die Gassen sind oft überdacht, um die Waren in den offenen Läden vor der Sonne zu schützen. Im Basar ist jede Gasse einer bestimmten Berufsgruppe zugeordnet: Gold- und Silberschmiede arbeiten in einer Gasse, Schuhmacher und Schneider in einer anderen, Lebensmittel kann man wieder in einer anderen Gasse kaufen. Handwerksbetriebe, die viel Lärm machen oder unangenehm riechen wie zum Beispiel Schmieden, liegen am Rand des Basars. Kommt man in die Mitte des Basars, stößt man auf die Große Moschee. Sie liegt inmitten der Altstadt und überragt mit ihrem Minarett, dem Turm, von dem die Gläubigen zum Gebet gerufen werden, alle anderen Gebäude. Dort treffen sich die gläubigen Moslems zum Gebet. In der Moschee wird auch Koran-Unterricht für Kinder angeboten. Häufig schließen sich an die Moschee andere öffentliche Einrichtungen wie Schulen, Krankenhäuser oder Bäder an. So gilt die Moschee nicht nur als Mittelpunkt des religiösen, sondern auch des gesellschaftlichen Lebens.

Die Wohnviertel der Medina – ein Labyrinth aus Sackgassen

Ein typisches Merkmal der Altstadt einer orientalischen Stadt sind die vielen Sackgassen, die von den wenigen Hauptstraßen abzweigen. Sie dienen dem Schutz des Privatlebens, denn in den verästelten Gassen, die blind enden, fällt jeder Fremde sofort auf. Die ein- bis zweistöckigen Häuser sind rechtwinklig gebaut und besitzen einen ummauerten Innenhof, der gerade in den heißen Monaten Abkühlung bietet. Alle Häuser sind gleich hoch, sodass niemand seinem Nachbarn Wind „wegnehmen" kann. Außerdem sind die Häuser zur Gasse hin fensterlos, Licht bekommen die Wohnräume von der Innenhofseite. Hier haben manche Familien paradiesische Gärten mit Springbrunnen und Bänken angelegt, wo sich die Bewohner in den Abendstunden treffen. Den Wohlstand einer Familie sieht man nur im Inneren ihres Anwesens. Reichtum nach außen zu zeigen, wird nicht gern gesehen.

M 2 *Gasse in der Medina*

LEBEN UND WIRTSCHAFTEN IM NÖRDLICHEN AFRIKA UND WESTLICHEN ASIEN ERLÄUTERN 73

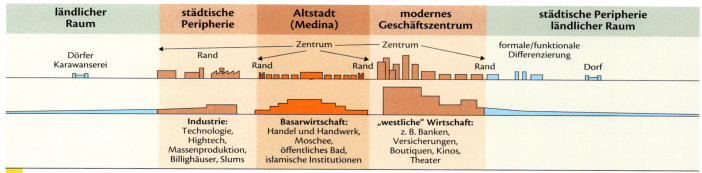

M 3 Gliederung und schematische Skyline der islamisch-orientalischen Stadt heute

Marrakesch – eine moderne orientalische Stadt

Die Zunahme der Bevölkerung im 19. und 20. Jahrhundert hat dazu geführt, dass Marrakesch stark gewachsen ist. Rund um die Altstadt entstanden moderne Stadtviertel. Einkaufszentren und Geschäftsviertel nach europäischem Vorbild außerhalb der Altstadt führen dazu, dass der Basar mehr und mehr an Bedeutung verliert. Auch Regierungs- und Verwaltungsgebäude sowie Krankenhäuser und höhere Schulen liegen heute außerhalb der Altstadt. Marrakesch wuchs ins Umland. Moderne mehrgeschossige Wohngebäude ermöglichen kaum eine Abschirmung von der Außenwelt und den Rückzug ins Privatleben wie in der Medina. Damit verändert sich auch die Lebensweise in der Stadt. Wie in Europa auch bestimmen Einkommen und Bildungsstand heute, wer in welchem Wohngebiet lebt.

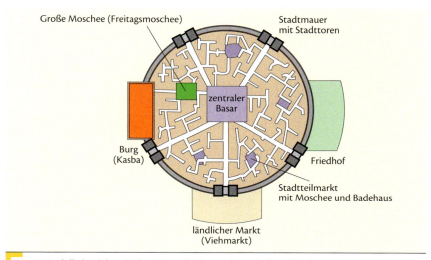

M 4 Modell der islamisch-orientalischen Altstadt (Medina)

1 Beschreibe die geographische Lage von Marrakesch (Karte S. 67 oben).
2 Erkläre den Aufbau einer orientalischen Altstadt am Beispiel von Marrakesch (M 1, M 3, M 4, Karte S. 67 unten).
3 Werte den Stadtplan von Marrakesch aus. Erstelle eine Tabelle mit Gebäuden und Einrichtungen, die in der Medina beziehungsweise in der Neustadt liegen (Karte S. 67 unten).
4 Charakterisiere die Veränderungen der orientalischen Stadt seit dem 19. Jahrhundert (M 3 bis M 5).

M 5 Modernes Wohn- und Geschäftsviertel in Marrakesch

GEO-METHODE

Wir werten Luftbilder aus und vergleichen sie

check-it
- Unterschiede von Schräg- und Senkrechtluftbildern benennen
- Schritte zum Auswerten von Luftbildern kennen und anwenden
- Luftbilder vergleichen

Luftbilder erfassen Städte oder Landschaften aus der Vogelperspektive. Sie ermöglichen den Überblick über einen Raum viel besser als ein Bild, das von der Erdoberfläche aufgenommen wurde.

Luftbilder werden je nach der Aufnahmeperspektive in **Schrägluftbilder und Senkrechtluftbilder** unterteilt. Schrägluftbilder werden von einem Flugzeug oder einem Hubschrauber aufgenommen. Sie können aber auch von einem Turm, einem Berg oder einem anderen erhöhten Ort aus entstehen. Senkrechtluftbilder werden aus einem Hubschrauber oder Flugzeug senkrecht zur Erdoberfläche aufgenommen. Ein Senkrechtluftbild hat schon sehr viel Ähnlichkeit mit der Karte, denn die Objekte sind im Grundriss und in ihrer Anordnung abgebildet: Von Häusern sind nur die Dächer erkennbar, ein Turm erscheint als Punkt, Wald als eine dunkle Fläche.

Checkliste zum Auswerten von Luftbildern

1. Schritt: Verorten des Luftbildes
- Stelle mithilfe des Titels fest, in welchem Raum das Bild aufgenommen wurde.
- Ermittle den Aufnahmezeitpunkt, zum Beispiel die Jahreszeit.

2. Schritt: Beschreiben des Bildinhaltes
- Beschreibe zuerst besonders auffällige Einzelobjekte des Bildes.
- Ermittle Linien, Punkte und Flächen im Bild.
- Beschreibe danach die Anordnung von Häusern, Straßen, Grünflächen und anderen Flächen.
- Fertige eine Skizze an. Lege dazu Transparentpapier auf das Bild und übertrage dann wichtige Linien, Punkte und Flächen.

3. Schritt: Erklären des Bildinhaltes
- Stelle Zusammenhänge zwischen den Elementen des Bildinhaltes her.
- Nenne Gründe für die Verteilung der Elemente des Bildes.
- Nutze zur Deutung auch andere Informationsquellen, zum Beispiel einen Text, eine Grafik oder das Internet.

4. Schritt: Darstellen der Ergebnisse
- Zeichne eine Skizze zum Bildinhalt.
- Schreibe einen kurzen Bericht zum Bildinhalt.

Beispiel Ansbach (Mittelfranken)

1. Schritt: Verorten des Luftbildes
Das Luftbild zeigt eine Aufnahme der Altstadt von Ansbach. Aufgrund der zu erkennenden grünen und blühenden Bäume wurde das Luftbild im Frühjahr oder Sommer aufgenommen.

2. Schritt: Beschreiben des Bildinhaltes
Auf den ersten Blick ist ein großes Gebäude im östlichen Teil des Bildes zu erkennen. Zudem bildet eine große Kirche mit umliegendem Marktplatz das Zentrum der Altstadt. Die Häuser sind um den Marktplatz herum gebaut. Innerhalb der Altstadt liegen die Häuser dicht beieinander und es sind viele schmale Straßen zu erkennen. Die Bauweise der einzelnen Gebäude ist mehrgeschossig. Die Häuser zeigen mit ihren Giebeln zu den Straßen und Plätzen. Die Altstadt wird außen durch breite Straßen und mehrere Grünstreifen zu anderen Wohnvierteln abgegrenzt.

3. Schritt: Erklären des Bildinhaltes
Früher bewegten sich Menschen ausschließlich zu Fuß und mit Lastkarren fort, deshalb wurden keine breiten Straßen benötigt. Ansbach muss also eine alte Stadt sein. Heute kann die Altstadt nur von Fußgängern oder Fahrradfahrern erreicht werden. Für den Autoverkehr sind die schmalen Straßen viel zu eng.
In früheren Zeiten müssen sich um Ansbach ein Stadtgraben und eine Stadtmauer gezogen haben. Dieser Graben und diese Mauer wurden beseitigt. Deswegen konnten breite Straßen und Grünflächen am Rand der Altstadt angelegt werden.

4. Schritt: Darstellen der Ergebnisse
Nach Gegenüberstellung aller Bildinhalte zeigt sich, dass Ansbach viele Merkmale einer mitteleuropäischen Stadt hat.

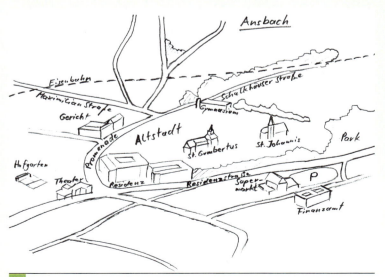

M 1 *Kartenskizze nach Luftbild*

M2 Altstadt von Ansbach (Mittelfranken)

M3 Medina von Kairouan (Tunesien)

1. Benenne Merkmale von Schrägluftbildern und Senkrechtluftbildern (**M2, M3**).
2. Werte das Luftbild von Kairouan mithilfe der Checkliste aus. Nutze dazu die Erläuterungen der Bildauswertung von Ansbach (**M2, M3**).
3. Zeichne eine Kartenskizze des Luftbildes von Kairouan (**M1, M3**).
4. Vergleiche die Luftbilder und die Kartenskizzen (**M1** bis **M3**).
5. Erläutere die Unterschiede zwischen der mitteleuropäischen Stadt Ansbach und der orientalischen Stadt Kairouan (**M1** bis **M3**).

LEBEN UND WIRTSCHAFTEN IM NÖRDLICHEN AFRIKA UND WESTLICHEN ASIEN ERLÄUTERN

Wüste ist nicht gleich Wüste

M 1 Pflanzenwachstum bei Wassermangel

check-it
- geographische Lage der Sahara beschreiben
- Merkmale von Wüsten benennen
- Entstehung verschiedener Wüstenarten erläutern
- Zusammenhänge zwischen Klima und Vegetation erläutern
- Blockbild auswerten

In der Wüste

Die größte Wüste der Erde ist die Sahara in Nordafrika. Sie ist mit neun Millionen Quadratkilometern fast so groß wie Europa. Am meist tiefblauen Himmel scheint die Sonne im Jahr bis zu 4300 Stunden lang (in Deutschland durchschnittlich 1700 Stunden). Temperaturen zwischen 50 und 60 Grad Celsius sind möglich. In der Wüste kann es aber auch bitterkalt werden. Die sehr trockene Luft bietet nachts dem Boden keinen Schutz vor Wärmeverlust. Starke Abkühlung auf null Grad Celsius und darunter ist keine Seltenheit. Die starken Temperaturunterschiede zwischen Tag und Nacht führen zur Bildung von Tau, oft die einzige Feuchtigkeit in der Wüste. Wer einmal in der Sahara war, hat gespürt: Die Sahara ist eine heiße Region, in der es schnell kalt wird. Der Wassermangel bestimmt das Leben von Pflanzen, Tieren und Menschen.

Gesichter einer Wüste

Die großen Temperaturunterschiede zwischen Tag und Nacht führen zu Spannungen im Gestein und schließlich zur **Verwitterung.** Tagsüber dehnt das Gestein sich in der Hitze aus. Wenn es sich abends abkühlt, zieht es sich wieder zusammen. Dabei entstehen Risse. Felsplatten zerspringen in scharfkantige Stücke. Manchmal klingt es wie ein Pistolenschuss, wenn ein Stein zerspringt. Auf diese Weise werden die Stein- und Felswüsten der Sahara gebildet. Diese **Hamadas** sind zum Teil gewaltige Erhebungen mit blankem Fels und groben Gesteinstrümmern. Trotz der extremen Trockenheit kann man dort Spuren von fließendem Wasser erkennen. Es regnet selten in den Hamadas, aber wenn, dann stürzen die Wassermassen sintflutartig nieder. Der ausgetrocknete Boden kann die riesigen Regenmengen nicht aufnehmen. In Tälern, die sonst trocken liegen, fließt das Wasser oberflächlich ab. Diese Trockentäler heißen **Wadis.** Nach Regenfällen fließen dort reißende Flüsse. Wehe dem, der jetzt hier sein Zelt aufgeschlagen hat oder mit dem Geländewagen auf dem Weg durch das Wadi ist. Wenn die Wadis Wasser führen, werden Geröll, Kies und auch Sand abgetragen und auf weiten ebenen Flächen abgelagert. So entstehen Kieswüsten, die im Arabischen **Serir** heißen. Der feine Sand wird vom Wind ausgeblasen und als Sandwüste, **Erg,** abgela-

M 2 Wüstenarten und ihr Anteil an der Fläche der Sahara

gert. Die **Dünen** können bis zu 300 Meter hoch werden.

Pflanzen in der Wüste

Pflanzen, die in der Wüste wachsen, haben sich dem extremen Klima angepasst. Manchen reicht schon der oft nachts gebildete Tau als Wasserquelle. Andere schränken die Verdunstung durch winzige Blätter oder Dornen ein. Andere speichern das wenige Wasser in ihren Blättern oder im Stamm. Manche Samen überleben jahrelang im Boden, bis es einmal wieder regnet. Dann keimen sie und die Pflanzen verwandeln die Wüste für kurze Zeit in ein Blütenmeer. Außerdem besitzen manche Pflanzen, wie Dattelpalmen, Pfahlwurzeln, die bis tief in die Grundwasserschichten reichen.

1. Beschreibe die geographische Lage der Sahara (Karten S. 67 oben und S. 174).
2. Benenne Länder, die Anteil an der Sahara haben (Karten S. 67 oben und S. 174).
3. Beschreibe die Merkmale des Klimas in der Sahara (S. 71 **M 5**).
4. Erläutere die Entstehung von Hamada, Serir und Erg (**M 2** bis **M 5**).
5. Erläutere, wie sich Pflanzen an die extremen Lebensbedingungen in der Wüste angepasst haben (**M 1**).

M 3 *Fels- und Gesteinswüste (Hamada)*

M 4 *Kieswüste (Serir)*

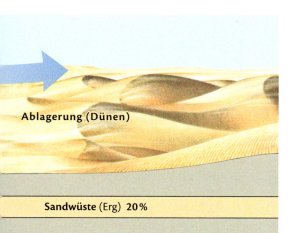

Ablagerung (Dünen)

Sandwüste (Erg) 20 %

M 5 *Sandwüste (Erg)*

Versuche zur Entstehung von Wüsten und Wüstenbildung

Frostverwitterung in der Wüste

Benötigtes Material:
eine Metallschüssel, drei Sandsteinstücke, Wasser, Wärmelampe, Kühlschrank mit Tiefkühlfach

Versuchsbeschreibung:
- Feuchtet die Sandsteinstücke in der Schüssel mit etwas Wasser gut an.
- Stellt die Schüssel mit den Sandsteinstücken in das Tiefkühlfach.
- Erwärmt die gefrorenen Steine mit einer Wärmelampe, bis das Wasser getaut ist.
- Befeuchtet dann wieder die Steine und stellt sie in das Tiefkühlfach.
- Wiederholt diesen Vorgang mehrmals.

1 Beschreibt die Veränderung der Sandsteine.
2 Übertragt eure Beobachtungen auf die Verwitterung in der Wüste.

Dünen entstehen

Benötigtes Material:
trockener Sand, ein starker Föhn, ein größerer Karton, Streichhölzer, kleine Zweige, Knetmasse

Versuchsbeschreibung:
- Bedeckt den Boden des Kartons mit etwa einem Zentimeter Sand.
- Legt in die Mitte des Kartons kleine Hindernisse, indem ihr in die Knetmasse kleine Zweige und Streichhölzer steckt.
- Blast mit dem Föhn den Sand flach über den Boden in Richtung Hindernis.

1 Beschreibt eure Beobachtungen.
2 Übertrage deine Beobachtungen auf die Entstehung von Dünen.

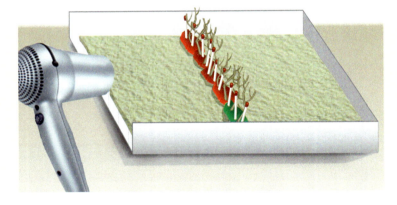

Temperaturverwitterung in der Wüste

Benötigtes Material:
ein Backblech, ein Heizstrahler, drei Steine von der Größe eines Eis, eine Metallschüssel, Wasser, Eiswürfel

Versuchsbeschreibung:
Vorsicht! Heiß! Führe diese Versuche gemeinsam mit einem Erwachsenen durch.
- Lege die Steine auf das Backblech und erhitze sie kräftig mit dem Heizstrahler.
- Gieße kaltes Wasser in die Metallschüssel und gib die Eiswürfel hinein.
- Schütte die erhitzten Steine in das Eiswasser.
- Wiederhole den Vorgang mehrfach.

1 Beschreibe, was mit den Steinen geschieht.
2 Übertrage deine Beobachtungen auf die Entstehung der Wüstenarten.

Wüstenpflanzen blühen auf

Benötigtes Material:
Rose von Jericho, Schale, Wasser

Versuchsbeschreibung:
Legt eine trockene Rose von Jericho in eine Schale.
Begießt sie mit etwas Wasser.
Lasst sie dann wieder einige Wochen ohne Wasser in der Sonne stehen.
- Beschreibt die Veränderungen der Pflanze.
- Übertragt eure Beobachtungen auf die Pflanzen in der Wüste.

Bodenversalzung in der Wüste

Benötigtes Material:
100 g Blumenerde, Salz, Wasser, zwei Gefäße, Waage, Messzylinder, Teelöffel, Folienschreiber, Kressesamen

Versuchsbeschreibung:
- Beschrifte ein Gefäß mit folgenden Angaben: Versuch mit Salz und Datum. Das zweite Gefäß erhält die Beschriftung: Versuch ohne Salz und Datum.
- Gib vier Teelöffel Salz auf den Boden des dafür vorgesehenen Gefäßes.
- Fülle nun beide Gefäße mit je 50 g Blumenerde auf und drücke die Kressesamen in die Erde.
- Gieße vorsichtig so viel Wasser hinzu, dass die Erde sichtbar feucht aussieht.
- Stelle beide Gefäße auf die Heizung oder auf eine Stelle, die möglichst lange sonnig ist.

1 Beschreibe das Keimen und das Wachstum der Kresse.
2 Erkläre deine Beobachtungen.
3 Übertrage deine Beobachtungen auf den Anbau durch Bewässerung in den Oasen.

LEBEN UND WIRTSCHAFTEN IM NÖRDLICHEN AFRIKA UND WESTLICHEN ASIEN ERLÄUTERN

Oasen – grüne Inseln in der Wüste

M 1 Dattelpalmenoase

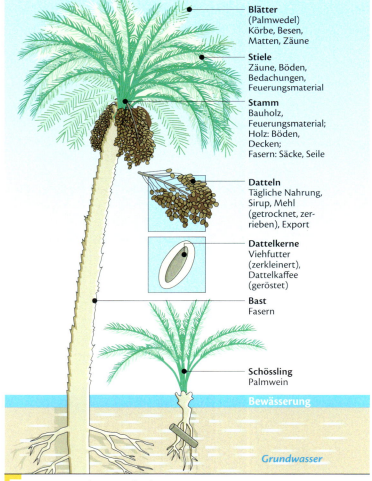

M 2 Nutzung der Dattelpalme

check-it
- Oasen lokalisieren
- Oasenarten vergleichen
- Bedeutung der Dattelpalme erklären
- Veränderungen in den Oasen erläutern
- Skizze einer Oase zeichnen

„Bahr bela ma" – Meer ohne Wasser – so nennen die Araber die Sahara. Doch tausende **Oasen** liegen wie grüne Inseln im gelbbraunen Wüstenmeer. Überall dort, wo es Wasser gibt, können sich in der Wüste Menschen ansiedeln. An manchen Stellen kommt das Grundwasser der Erdoberfläche so nahe, dass die Pflanzen es mit ihren Wurzeln erreichen können. An wenigen Stellen tritt Wasser sogar in Quellen aus oder Menschen haben Brunnen gegraben.
Das Wasser wird in kleinen Kanälen auf die Anbauflächen geleitet und zur Bewässerung der Pflanzen genutzt.

Landwirtschaft in der Wüste

In traditionellen Oasengärten werden die Pflanzen in drei Stockwerken angebaut. Die wichtigste Pflanze der Oasen ist die Dattelpalme, sie bildet das oberste und damit höchste Stockwerk. Für sie gibt es in der Oase ideale Wachs-

LEBEN UND WIRTSCHAFTEN IM NÖRDLICHEN AFRIKA UND WESTLICHEN ASIEN ERLÄUTERN

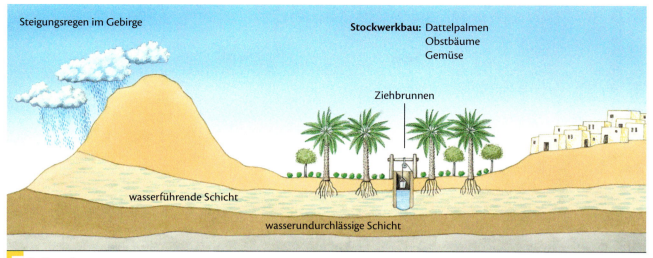

M 3 *Grundwasseroase*

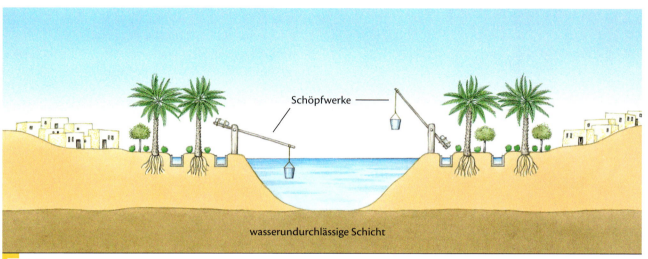

M 4 *Flussoase*

tumsbedingungen, denn ihre „Füße" stehen im Wasser und ihr „Kopf" ragt in die Sonnenglut. Im Schatten der Dattelpalmen gedeihen Obstbäume wie Orangen- und Pfirsichbäume und Olivenbäume. Das unterste Stockwerk bilden die Felder mit Hirse und Weizen, Bohnen, Zwiebeln und Melonen.

Oasen im Wandel

Der Fortschritt ist auch an den Oasen in der Sahara nicht spurlos vorübergegangen. Im Norden der Sahara wurden bei der Erdölsuche große Wasservorräte gefunden. Dies ermöglichte die Ausweitung der Flächen für die Bewässerungslandwirtschaft. Durch die verbesserte Verkehrsanbindung gelangen viele neue Güter in die Oasenstädte. Die Bewohner sind nicht mehr auf Selbstversorgung und Tauschhandel angewiesen. Damit änderten sich ihre Ernährungsgewohnheiten. Datteln werden kaum noch zur Selbstversorgung, sondern meist für den **Export** nach Europa erzeugt.

Seitdem es bessere Straßen gibt, kommen auch Touristen. Einige Oasenstädte sind stark gewachsen; die größten haben heute mehr als 100 000 Einwohner. Dort gibt es Händler und Handwerker, Ärzte und Apotheken, Gaststätten und Hotels.

Andere Oasen, insbesondere im Süden der Sahara, verfallen zunehmend. Junge Oasenbewohner fanden außerhalb der Oasen eine besser bezahlte Beschäftigung. Die Oasengärten und -felder können nicht mehr bewirtschaftet werden. Ohne Pflege versanden die Oasen.

1 Erkläre, wo in der Wüste Oasen zu finden sind, und vergleiche die Grundwasseroase mit der Flussoase (M 3, M 4).

2 Suche eine Flussoase und eine große Oasenstadt in der Sahara und beschreibe deren Lage (Karte S. 174, Atlas).

3 Erläutere Ursachen und Folgen für die Veränderungen in den Oasen der Sahara. Fertige dazu ein Fließdiagramm an.

4 Zeichne nach dem Bild die Skizze einer Oase. Beschrifte die Pflanzen in den einzelnen Stockwerken (M 1).

GEO-METHODE

Wir werten ein Satellitenbild aus

check-it
- Merkmale eines Satellitenbildes kennen
- Schritte zum Auswerten eines Satellitenbildes benennen und anwenden

Was ist ein Satellitenbild?
Die Satelliten zur Erkundung der Erde sind mit Abtastgeräten (Scannern) ausgerüstet. Diese empfangen auch Strahlen, die der Mensch nicht sehen kann. Dazu gehören die Infrarotstrahlen, die von den Pflanzen reflektiert werden. Die Scanner tasten die Erdoberfläche ab, zeichnen die Strahlen nach ihrer Stärke (Intensität) auf und senden die Signale zur Bodenstation. Hier werden die Signale zu Bildern zusammengesetzt.

Wie geht man bei der Auswertung eines Satellitenbildes vor?
1. **Verorte das Satellitenbild.** Suche in einer Karte die Stelle, die das Satellitenbild zeigt. Wichtige Orientierungshilfen können Städte, Berge, Flussbiegungen und Ähnliches sein.
2. **Stelle die Himmelsrichtungen fest,** denn auf Satellitenbildern ist nicht immer Norden oben.
3. **Bestimme die Größenverhältnisse und den Maßstab,** indem du das Satellitenbild mit einer Atlaskarte vergleichst.
4. **Stelle den Aufnahmezeitpunkt des Bildes fest:** Häufig ist es wichtig, die Tageszeit zu wissen, weil sich mit dem Sonnenstand zum Beispiel die Länge der Schatten verändert. Die Jahreszeit spielt eine Rolle, wenn das Bild ein Gebiet zeigt, in dem die Bäume in der kalten Jahreszeit oder in der Trockenzeit ihr Laub abwerfen.
5. **Beschreibe einzelne Objekte und deren Verteilung,** zum Beispiel Farben, Formen, Schattierungen, Gewässer, Orte und Ähnliches.
6. **Deute den Bildinhalt und versuche dadurch Zusammenhänge zu erkennen,** zum Beispiel zwischen der Lage von Orten und Oberflächenformen, zwischen Klima und Pflanzenwelt.
7. **Nutze weitere Medien zur Beurteilung der Bildinhalte,** zum Beispiel Atlaskarten.

Erläuterung des Beispiels:
1. Es ist die Nilschleife bei Kena wiedergegeben.
2. Das Satellitenbild des Niltales ist genordet.
3. Auf dem Satellitenbild beträgt die Nord-Süd-Erstreckung 120 Kilometer, die West-Ost-Erstreckung 90 Kilometer.
4. Dieses Bild ist am späten Vormittag aufgenommen worden. Die Jahreszeit spielt in diesem Raum, in dem das ganze Jahr über mehrere Ernten eingebracht werden, keine Rolle.
5. Den größten Teil des Bildausschnittes nehmen weiße und gelbliche Flächen ein, die keine Pflanzendecke tragen (= Wüste). Die Wüstenflächen sind durch wasserlose Täler (= Wadis) zerschnitten. Ein breites grün-bräunliches Band zieht sich in einer großen Schleife durch den rechten und oberen Teil des Bildes. Inmitten des Bandes ist als dunkelblaue Linie ein Fluss zu erkennen. Er teilt sich vielfach auf und umschließt Inseln. Die Flussoase ist von vielen Linien durchzogen. Es handelt sich dabei um Straßen und Bewässerungskanäle. Die grüne Fläche wirkt wie gesprenkelt durch rotbraune Flecken (= Siedlungen).
6. Auf dem Bild ist die Flussoase des Nils inmitten der Wüste dargestellt. Mit dem Nilwasser werden Flächen bewässert und damit Ackerbau ermöglicht. Bis zu 16 Kilometer breit ist das bewässerte, fruchtbare Tal, das an der engsten Stelle noch etwa zwei Kilometer misst. In Bewässerungskanälen wird das Nilwasser bis zu den entfernten Feldern geführt. Sehr viel kleinere und größere Siedlungen liegen in der Flussoase.
Die Wüste selbst ist keine einheitliche, sandige Fläche, sondern es ragen einzelne Gebirgszüge heraus. Diese zwingen den Strom dazu, die Schleife zu ziehen. Die höheren Wüstengebirge sind durch Wadis zerschnitten. Diese Wadis enden oft in weiten Sandflächen.
7. Die Atlaskarte zeigt, dass hier in der Flussoase vorwiegend Zuckerrohr angebaut wird, dass entlang dem Nil eine Eisenbahnlinie und mehrere Straßen verlaufen. Sie benennt auch die größten Städte: Kena und Luxor. Nahe Luxor liegen die antiken Ruinen von Theben. Lexika und Reiseführer enthalten dazu interessante Aussagen.

M1 *Satellitenaufnahme selbstgemacht*

GEO-METHODE **83**

M2 Die Nilschleife bei Kena im Satellitenbild

Kampf ums Wasser: Das Südost-Anatolien-Projekt

M 1 Atatürk-Staudamm

M 2 Euphrat (August 1983)

M 3 Atatürk-Stausee (Mai 2006)

check-it
- geographische Lage Anatoliens und den Verlauf von Euphrat und Tigris beschreiben
- Ziele und Maßnahmen des Südost-Anatolien-Projekts erläutern
- Auswirkungen des Projekts beurteilen
- Satellitenbilder und Karte auswerten

Wassernutzung an Euphrat und Tigris

Die meisten Staaten im Orient leiden unter Wassermangel. Nur wenige Flüsse führen ganzjährig Wasser. Zu ihnen zählen Euphrat und Tigris. Vom Wasserstand dieser Flüsse hängt die Wasserversorgung Syriens, des Irak und des Südostens der Türkei ab. An den Ufern von Euphrat und Tigris haben sich schon im Altertum Siedlungen gebildet. Doch in Dürrejahren trockneten die Brunnen immer wieder aus und das Wasser reichte nicht zur Bewässerung der Felder.

Das Südost-Anatolien-Projekt

In den 1980er-Jahren startete die Türkei das Südost-Anatolien-Projekt mit dem Ziel, das Wasser von Euphrat und Tigris wirtschaftlich besser zu nutzen. 1992 wurde der größte Staudamm des Projekts, der Atatürk-Damm, eingeweiht. Ein riesiger Stausee ist entstanden, dessen Wasser zur Bewässerung von Baumwollfeldern, Pistazien- und Mandelbaumplantagen, Erdbeer-, Sojabohnen- und Weizenfeldern genutzt wird. Es können mehr landwirtschaftliche Produkte exportiert und viele Arbeitsplätze geschaffen werden. Das Wasser der Stauseen dient auch der Stromerzeugung.

Durch die Wassermassen des Stausees wurden zahlreiche jahrtausendealte Siedlungen überflutet. Das führte zu Protesten, die die Fertigstellung des Projekts immer wieder verzögern. 100 000 Menschen mussten umgesiedelt werden. Betroffen waren hauptsächlich die in der Region lebenden Kurden.

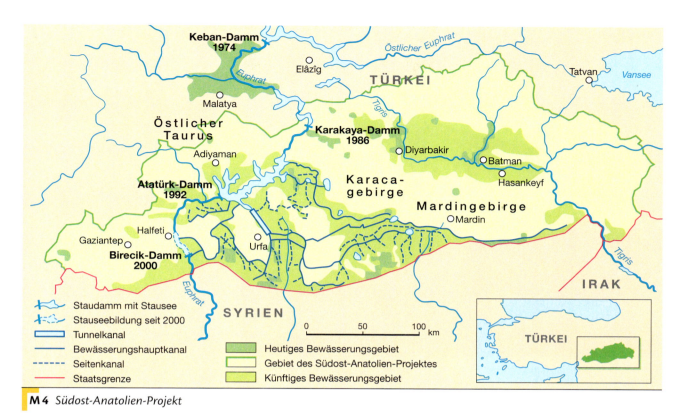

M 4 Südost-Anatolien-Projekt

Kampf ums Wasser

Das Wasser von Euphrat und Tigris wird auch von Syrien und dem Irak genutzt. Die beiden Staaten sind wegen geringer Niederschläge auf das Flusswasser angewiesen. Dadurch, dass die Türkei die Flüsse staut, fließt deutlich weniger Wasser nach Syrien und in den Irak. Als die Türkei 1990 den Atatürk-Stausee anstaute, verringerte sich die Wassermenge, die in Syrien ankam, zeitweise erheblich. Damit war die gesamte Wasser- und Energieversorgung des Landes gefährdet. Zusätzlich belastet der vermehrte Einsatz von Pflanzenschutzmitteln und Düngemitteln in der türkischen Landwirtschaft das Wasser. Syrien forderte, jeder Anrainer solle seinen Bedarf jährlich nachweisen. Der Irak berief sich auf alte Wasserrechte und bestand auf einer Drittelung der Wassermenge zwischen den drei Staaten. Mittlerweile sichern internationale Abkommen dem Irak und Syrien eine festgelegte Menge Wasser zu. Die Türkei nutzt auch die Möglichkeit, Wasser, das sie nicht selbst benötigt, in die Trockengebiete der Nachbarstaaten zu verkaufen. So könnte die Türkei zu einer Wassermacht im Orient werden.

Anrainer am Euphrat	Wasseraufkommen	Wasserbedarf	Anrainer am Tigris	Wasseraufkommen	Wasserbedarf
Türkei	89	35	Türkei	52	13
Syrien	11	22	Irak	48	83
Irak		43	Syrien		4

M 5 Anteile der Anrainerstaaten an Euphrat und Tigris (in Prozent)

Fläche	rund 75 000 Quadratkilometer = etwa neun Prozent der Fläche der Türkei (entspricht etwa der doppelten Fläche von Nordrhein-Westfalen)
Baumaßnahmen	22 Staudämme, 19 Wasserkraftwerke, 630 Kilometer Bewässerungskanäle
Ziele	− Arbeitsplätze für etwa 3,8 Millionen Menschen − 1,7 Millionen Hektar Bewässerungsland − Energieversorgung

M 6 Südost-Anatolien-Projekt in Zahlen

1. Beschreibe die geographische Lage Anatoliens (**M 4**, Atlas).
2. Stelle den Verlauf von Euphrat und Tigris in einer Skizze dar (Karten S. 67 und S. 168, Atlas).
3. Erläutere Ziele und Maßnahmen des Südost-Anatolien-Projekts in der Türkei (**M 4**, **M 6**).
4. Vergleiche die Satellitenbilder und erläutere, was sich durch den Bau des Atatürk-Staudamms verändert hat (**M 1** bis **M 3**).
5. Diskutiert in der Klasse, wem das Wasser von Euphrat und Tigris gehört. Beurteilt das Projekt anhand dieser Frage (**M 5**).
6. Informiere dich über Länder mit Wassermangel und stelle sie der Klasse vor (*Eine Internetrecherche durchführen*).

Erdöl – das „schwarze Gold"

M 1 Erdölförderung in der Libyschen Wüste

Land	Förderung (in Mio. t)
USA	571,0
Saudi-Arabien	561,7
Russland	554,4
Kanada	236,3
Iran	234,2
Irak	221,5
VR China	191,5
Ver. Arab. Emirate	176,3
Kuwait	146,0
Brasilien	142,7
Mexiko	109,5
Venezuela	108,3
Nigeria	95,3
Norwegen	88,8
Kasachstan	86,9
Angola	81,8

Quelle: BP 2018

M 2 Erdölförderung 2017

check-it
- erdölfördernde Staaten Nordafrikas und Westasiens benennen
- Bedeutung des Erdöls erläutern
- Entstehung von Erdöl erklären
- Erdölreserven vergleichen und Folgen für den Orient beurteilen
- Diagramme und Profile auswerten

Abhängigkeit vom „schwarzen Gold"

Es schmiert, es stinkt, es ist nicht annähernd so attraktiv wie Gold und trotzdem ist es ebenso wertvoll. Deshalb nennt man Erdöl auch das „schwarze Gold".

Das „schwarze Gold" ist weltweit begehrt. Besonders die Industriestaaten sind auf Erdöl angewiesen. Sie benötigen fast alle mehr Erdöl, als sie selbst fördern können. Das „schwarze Gold" wird nicht nur als Treibstoff für Fahrzeuge oder als Brennstoff für Heizungen oder zur Stromherstellung verwendet. Alle Kunststoffe haben als Ausgangsstoff Erdöl, wie zum Beispiel Plastikspielzeug und Kunststofffolien. Aber auch für die Herstellung von Autoreifen, Waschmitteln, Medikamenten oder Farben wird Erdöl benötigt.

Macht und Reichtum durch das „schwarze Gold"

In Nordafrika und Westasien gibt es außer Erdöl und Erdgas keine nennenswerten Bodenschätze. Die Staaten gehörten zu den armen Ländern der Erde, bis Anfang des 20. Jahrhunderts das erste Erdöl am Persischen Golf gefördert wurde. Innerhalb weniger Jahrzehnte wurden die erdölfördernden Staaten zu den reichsten Ländern der Erde. Die Industrieländer sind von den Erdölimporten abhängig. Das verleiht den Erdölförderländern ein großes politisches Gewicht in der Welt. Um ihre Interessen besser durchsetzen zu können, schlossen sich 1960 die wichtigsten erdölexportierenden Länder Nordafrikas und Westasiens zur **OPEC** (Organization of Petroleum Exporting Countries) zusammen. Heute gehören ihr auch erdölfördernde Staaten aus anderen Regionen an. Die OPEC legt zum Beispiel fest, wie viel Erdöl in einem bestimmten Zeitraum gefördert werden soll, und beeinflusst damit den Preis für Erdöl auf dem Weltmarkt.

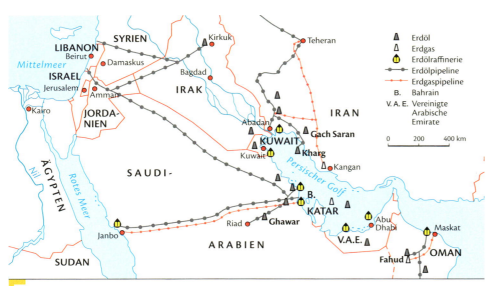

M 3 Erdölfördergebiete in der Golfregion

Entstehung von Erdöl

Vor Millionen Jahren fielen abgestorbene Meerestiere auf den Meeresgrund. Mit der Zeit wurden sie von Sand, Kies, Mergel und Ton überlagert. Unter Druck und Sauerstoffmangel entstanden aus den abgestorbenen Meerestieren mit der Zeit Erdöl und Erdgas. Bewegungen der Erdkruste führten zur Aufwölbung und Faltung der Gesteinsschichten. Da Erdöl und Erdgas leichter als Wasser sind, drangen sie in die entstandenen Hohlräume ein und sammelten sich hier zu Erdöl- und Erdgaslagerstätten. Da sie zur gleichen Zeit entstanden sind, kann man sie häufig an gleicher Stelle fördern.
Erdöllagerstätten befinden sich in Tiefen von 1500 bis 6000 Metern. Das macht die Förderung technisch aufwändig und teuer.

Erdöl – wie lange noch?

Erdöl gehört zu den **fossilen Energieträgern,** denn es ist in erdgeschichtlicher Vergangenheit entstanden und nicht erneuerbar. Deshalb werden die Vorräte irgendwann aufgebraucht sein. Es lässt sich jedoch nicht voraussagen, wann dies sein wird. Durch neue technische Verfahren werden immer wieder neue Erdölreserven gefunden und genutzt.
Die Erde wird systematisch nach Erdöl abgesucht. Speziallastwagen mit tonnenschweren Gewichten fahren über das Land. Werden diese Gewichte fallen gelassen, so erzeugen sie künstliche Erdbebenwellen in der Tiefe. Das zurückkommende Echo wird als Signal aufgenommen und lässt Rückschlüsse auf die Tiefe von Schichtfolgen und deren Verlauf zu. So lassen sich Orte ermitteln, an denen die Wahrscheinlichkeit hoch ist, auf Erdöl zu stoßen. Ähnlich funktioniert die Suche nach Erdöl auf dem Meeresboden. Von Schiffen aus werden Luftdruckkanonen im Gleichtakt nach unten gefeuert. Der Widerhall wird von Bordcomputern aufgenommen und ausgewertet. So erhält man Auskunft über die Beschaffenheit des Untergrunds.

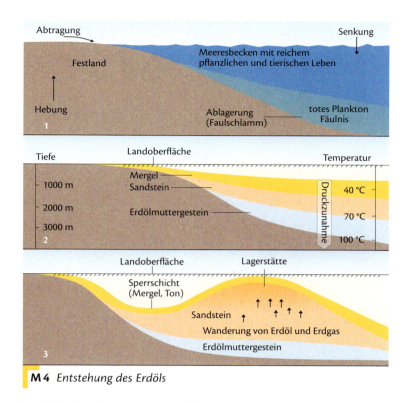

M 4 *Entstehung des Erdöls*

1 Liste die erdölfördernden Staaten Nordafrikas und Westasiens auf (**M 1** bis **M 3**, **M 5**, Karte S. 169, Atlas).

2 Erläutere, warum Erdöl als das „schwarze Gold" bezeichnet wird (**M 2** bis **M 5**).

3 Erkläre mithilfe eines Fließdiagramms die Entstehung von Erdöl (**M 4**, *Fließdiagramme zeichnen*).

4 Erdöl ist nicht erneuerbar. Vergleiche die Erdölreserven in Nordafrika und Westasien mit denen anderer Regionen und beurteile die Folgen für die erdölfördernden Staaten Nordafrikas und Westasiens (**M 5**).

5 Diskutiert in der Klasse, wie verlässlich heutige Aussagen zu Erdölreserven sind.

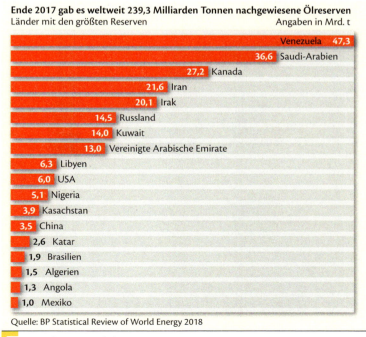

M 5 *Weltweite Erdölreserven*

Vom Bohrloch zum Verbraucher

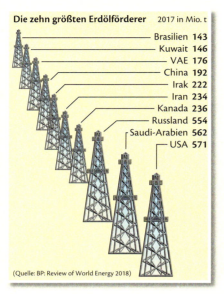

Erdölförderung in Saudi-Arabien

2 Tage

Transport mit Tankwagen zur Tankstelle

6 Tage

30 Tage

Dienst am Kunden: So kommt das Rohöl beim Verbraucher an. Raffiniert und behandelt kann es getankt werden.

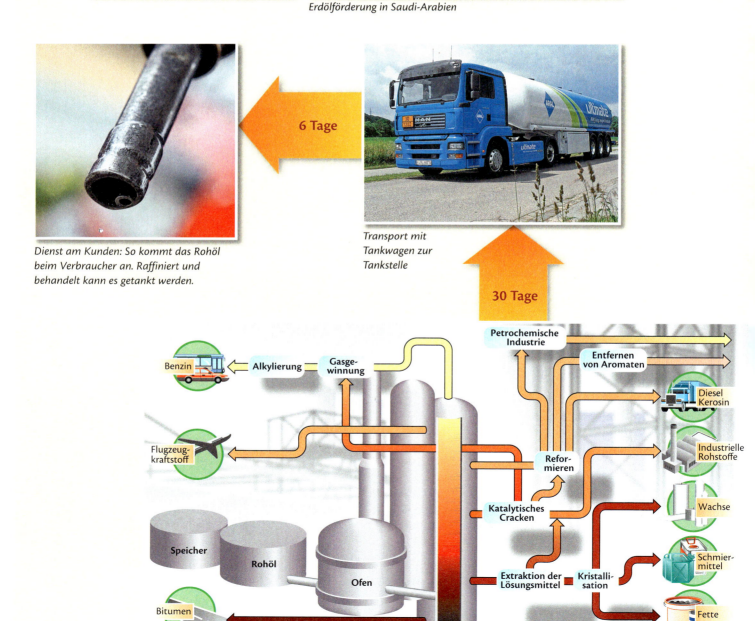

GEO-AKTIV **89**

Erdölverlade-Terminal bei Ras Tanura (Saudi-Arabien)

2 Tage

Überseetransport per Tanker

31 Tage

1 Zeige auf einer Weltkarte den Seeweg des Erdöls von Saudi-Arabien bis Rotterdam (Atlas).

2 Berichte in einem Kurzreferat über den Weg des Erdöls von Saudi-Arabien bis zur Tankstelle. Beachte dabei die Dauer des Transports, Transportmittel und -wege sowie die Schritte der Verarbeitung (🔑 *Ein Kurzreferat halten*).

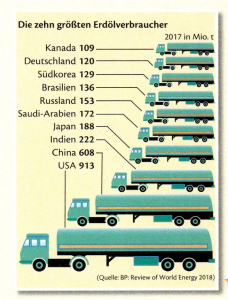

Die zehn größten Erdölverbraucher
2017 in Mio. t
- Kanada **109**
- Deutschland **120**
- Südkorea **129**
- Brasilien **136**
- Russland **153**
- Saudi-Arabien **172**
- Japan **188**
- Indien **222**
- China **608**
- USA **913**

(Quelle: BP: Review of World Energy 2018)

Verarbeitung in einer Raffinerie, Transport ins Großlager

12 Tage

Löschen und Lagerung in Rotterdam

8 Tage

Saudi-Arabien – vom Öl zur Sonnenenergie

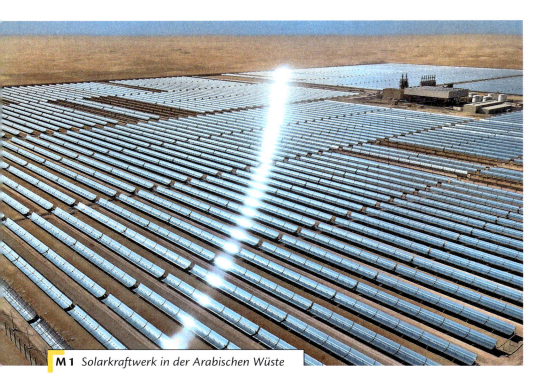

M 1 Solarkraftwerk in der Arabischen Wüste

check-it
- geographische Lage Saudi-Arabiens beschreiben
- Bedeutung des Erdöls für die Entwicklung des Landes charakterisieren
- Möglichkeiten und Vorteile des Umstiegs auf Sonnenenergie erläutern
- Stadtprojekt der Zukunft beschreiben
- Eine Pro-und-Kontra-Diskussion durchführen
- Großprojekt beurteilen

Entwicklung durch Erdöl

Saudi-Arabien gehört zu den Ländern mit den größten nachgewiesenen Erdölvorkommen weltweit. Das Königreich förderte und exportierte in den letzten Jahrzehnten die größten Mengen an Erdöl und konnte so einen enormen Reichtum erwirtschaften. Dadurch, dass die Wirtschaft Saudi-Arabiens jedoch fast ausschließlich auf den Verkäufen von Erdöl an andere Länder basiert, ist diese auch anfällig. Der Weltmarktpreis für Erdöl ist Schwankungen unterworfen, wovon die Exporte und dadurch die Einnahmen betroffen sind. Wenn der Weltmarktpreis fällt, dann wird für die gleiche Menge an Erdöl ein verminderter Gewinn erzielt.

Das Bevölkerungswachstum und der steigende Lebensstandard durch das große Wirtschaftswachstum der vergangenen Zeit führten außerdem zu einem erhöhten Energieverbrauch innerhalb des Landes.

Mit Sonnenenergie in die Zukunft?

Wegen seiner Lage im Bereich des nördlichen Wendekreises ist die Sonneneinstrahlung in Saudi-Arabien das ganze Jahr über sehr hoch. Deshalb soll die Sonnenenergie, die jederzeit und unerschöpflich zur Verfügung steht, in Zukunft vermehrt genutzt werden, um die Wirtschaft breiter aufzustellen und die Versorgung mit Energie im Land selbst zu gewährleisten.

Mit dem Projekt „Vision 2030" formulierte Saudi-Arabien verschiedene Ziele, die bis 2030 realisiert werden sollen,

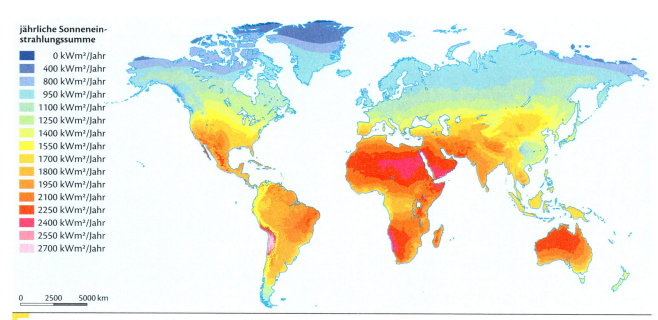

M 2 Jährliche Sonneneinstrahlung pro Quadratmeter (in Kilowattstunden)

LEBEN UND WIRTSCHAFTEN IM NÖRDLICHEN AFRIKA UND WESTLICHEN ASIEN ERLÄUTERN   91

um die Abhängigkeit vom Erdöl zu beenden. Stattdessen will Saudi-Arabien durch hohe Investitionen Weltmarktführer bei der Nutzung der Sonnenenergie werden. Mindestens ein Viertel der Energie soll im Jahr 2030 aus der Energie der Sonne gewonnen werden. Mit ersten großen Projekten soll dieses Vorhaben vorangetrieben werden. So wurde die weltweit größte solarbetriebene Meerwasserentsalzungsanlage gebaut. Damit kann Saudi-Arabien auch die Wasserknappheit bekämpfen.

Neom – Stadt der Zukunft

Im Jahr 2017 wurde „Neom", das im Rahmen des Projekts „Vision 2030" verwirklicht werden soll, vorgestellt. Dieser Begriff setzt sich aus dem lateinischen Wort „neo" (deutsch: „neu") und dem arabischen Wort „mustaqbal" (deutsch: „Zukunft") zusammen. Im Nordwesten des Landes, am Roten Meer, soll auf bisher unbewohntem Land eine Megastadt der Zukunft geschaffen werden, die 33-mal so groß sein wird wie New York. Diese neue Stadt wird ausschließlich durch erneuerbare Energien versorgt werden, wobei die Nutzung von Sonnen- und Windenergie eine zentrale Rolle spielen soll. Energie, die nicht vor Ort benötigt wird, soll ins Ausland verkauft werden.

In dieser Stadt der Zukunft sollen für alle Lebensbereiche neueste Technologien wie Roboter eingesetzt werden. Einen Supermarkt soll es zum Beispiel in „Neom" nicht geben, denn alle Einkäufe werden bestellt und mit Drohnen direkt zu den Kunden nach Hause geliefert. Die notwendigen Ideen sollen vor Ort in Technologiezentren entwickelt und umgesetzt werden. Erste Teile des Projekts werden voraussichtlich bis 2025 fertiggestellt sein. Entlang der vor der neuen Stadt gelegenen 465 Kilometer langen Sandstrandküste soll ein Luxus-Touristenparadies auf 50 Inseln entstehen.

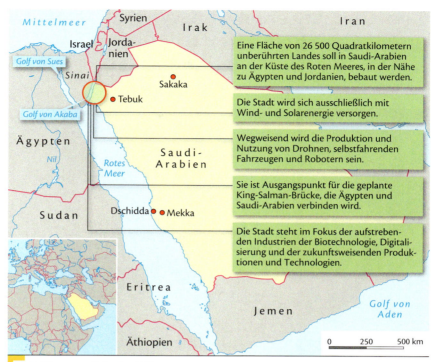

M 3 Riesenstadt in der Wüste

1 Beschreibe die geographische Lage Saudi-Arabiens (Karte S. 67, Atlas).
2 Charakterisiere die Bedeutung der reichen Erdölvorkommen für die Entwicklung des Landes (S. 86–89).
3 Erläutere die Möglichkeiten und die Vorteile des Umstiegs auf Sonnenenergie (M 1 und M 2).
4 Beschreibe das Stadtprojekt „Neom" (M 3 und M 4).
5 Beurteile, welche Bedeutung das Großprojekt „Vision 2030" für Saudi-Arabien hat (M 1 bis M 4).
6 Neom – eine Stadt, in der ihr leben möchtet? Führt eine Pro-und-Kontra-Diskussion durch (M 3 und M 4; *Eine Pro-und-Kontra-Diskussion durchführen*).

M 4 Illustration des Neom-Projekts in Saudi-Arabien

Geo-Check: Leben und Wirtschaften im nördlichen Afrika und westlichen Asien erläutern

Sich orientieren

M 1 Satellitenbild eines Teilbereichs Nordafrikas und Westasiens

3 Schreibe die gesuchten Orte in dein Heft. Die in den Klammern angegebenen Buchstaben ergeben der Reihe nach gelesen das Lösungswort – ein Tier, das sich perfekt an den Lebensraum Wüste angepasst hat (M 1):
1) Staat, in dem viel Erdöl gefördert wird (4. Buchstabe)
2) Meerenge zwischen Europa und Asien (6. Buchstabe)
3) Gebiet, in dem die Türkei ein großes Staudamm-Projekt durchführt (4. Buchstabe)
4) Meerenge zwischen Afrika und Asien (6. Buchstabe)
5) Meeresbucht, in die Euphrat und Tigris münden (2. Buchstabe)
6) Mündungsgebiet des längsten Flusses (4. Buchstabe)
7) größte Wüste (2. Buchstabe)
8) zweitgrößte Wüste im Orient (2. Buchstabe)

1 Gib mithilfe des Gradnetzes die geographische Lage Nordafrikas und Westasiens an (Karten S. 174 und 178/179, Atlas).

2 Liste alle Staaten Nordafrikas auf, die Anteil an der Sahara haben (Karte S. 174, Atlas).

4 Nenne zwei Staaten, deren Staatsgebiete auf zwei Kontinenten liegen (Karten S. 67 oben und 178/179, Atlas).

Wissen und verstehen

5 Sortiere die Aussagen in richtige und falsche Aussagen. Verbessere die falschen Aussagen und schreibe sie richtig in dein Heft.

Richtig oder falsch?
- In Nordafrika und Westasien ist es heiß und feucht.
- Die Wohnviertel der orientalischen Stadt liegen in der Medina, Basar und Moschee außerhalb.
- Die Sahara besteht zum größten Teil aus Sand.
- In den Wüsten trifft man arides Klima an.
- Durch ein Wadi kann man jederzeit gefahrlos reisen.
- Oasen bilden sich dort, wo es in der Wüste Wasser gibt.
- In Oasen ist durch Regenwasser eine intensive landwirtschaftliche Nutzung möglich.
- Der Atatürk-Damm staut das Wasser des Tigris.
- Erdöl ist der wichtigste Rohstoff des westlichen Asiens.

6 Ordne jedem dieser Begriffe mindestens zwei Merkmale zu, die ihn erklären (M 2).

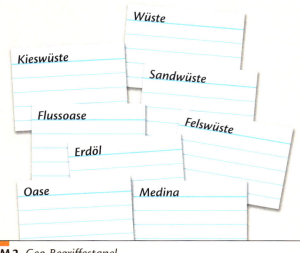

M 2 Geo-Begriffestapel

95 LEBEN UND WIRTSCHAFTEN IN SÜDOSTASIEN ERLÄUTERN

Südostasien: Physische Karte und Wirtschaftskarte

GEO-CHECK 94

11 Werte das Satellitenbild aus. Nimm dazu die Checkliste auf S. 82 zu Hilfe (**M 7**).

M 7 Satellitenbild El Oued, Algerien

Wissen und verstehen

7 Entschlüssle die Wörter (**M 3**).

a) MASSELWANGER
(größtes Problem in der Wüste)

b) SASSEOFLU
(Oasenart)

c) ZETROITCKEN
(Phase ohne oder mit geringen Niederschlägen)

d) SIRER
(Wüstenart)

e) DPALATTLEME
(wichtige Pflanze in Oasen)

f) ASESTATÜERUKAT
(Teil des Südost-Anatolien-Projekts)

g) LERÖD
(Rohstoff, der in der Wüste vorkommt)

h) NEGOSNIENNERE
(Art der Energiegewinnung)

i) ADMAHA
(Wüstenart)

M 3 Verschlüsselte Begriffe

Sich verständigen, beurteilen und handeln

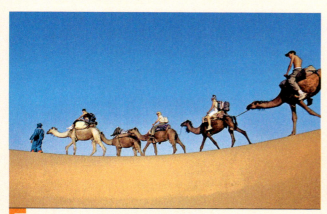

M 4 Touristen unterwegs in der Sahara

M 5 Touristen-Camp in der Wüste

8 Eine Gruppe von Touristen aus Deutschland möchte im Sommerurlaub die Wüste Sahara kennenlernen (**M 4** und **M 5**).
– Wie muss sich die Gruppe vorbereiten?
– Beschreibe, welches Klima und welche Landschaft sie vorfinden wird. Beachte die Jahreszeit.
– Erstelle eine Liste der Gegenstände und Kleidungsstücke, die die Gruppe in der Wüste brauchen wird.

Können und anwenden

9 Werte das Luftbild der Stadt Moulay Idriss in Marokko aus. Nimm dazu die Checkliste S. 74 zu Hilfe. Stelle deine Ergebnisse in einer Skizze und einem kurzen Bericht dar (**M 6**).

10 Begründe, warum es sich bei der Stadt um eine orientalische Stadt handelt (**M 6**).

Das Arbeitsblatt zu **M 1** findest du unter:

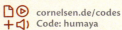 cornelsen.de/codes
Code: humaya

M 6 Luftbild von Moulay Idriss/Marokko

4 Leben und Wirtschaften in Südostasien erläutern

Südostasien – Vielfalt und Gegensätze
Sind wachsende Städte in den Ländern zwischen dem Indischem und Pazifischem Ozean ein Zeichen für Wohlstand? Warum wird in Südostasien Reis angebaut und wie sieht das Leben der Menschen in den ländlichen Räumen aus?
Viele Fragen – suche und finde Antworten!

In diesem Kapitel lernst du
- die geographische Lage Südostasiens zu beschreiben,
- Länder, Städte, Inseln und andere topographische Objekte zu verorten,
- Erscheinungen und Auswirkungen der Bewegung von Platten zu erläutern,
- Naturereignisse und deren Folgen zu analysieren,
- die Bedingungen für den Anbau von Reis zu beschreiben,
- die Bedeutung der Landwirtschaft zu charakterisieren,
- die wirtschaftliche Entwicklung Malaysias und deren Ursachen zu kennzeichnen,
- Vor- und Nachteile des Tourismus zu erklären,
- die Gefährdung des tropischen Regenwaldes zu erläutern,
- die Ursachen, Folgen und Probleme wachsender Städte darzustellen,
- Vor- und Nachteile des Lebens am und mit dem Meer zu vergleichen,
- einen Raum zu untersuchen.

Dazu nutzt du
- thematische Karten,
- Umrisskarten,
- Bilder und Luftbilder,
- Grafiken,
- verschiedene Diagramme,
- Tabellen.

Du beurteilst
- Ursachen und Auswirkungen der Landflucht,
- die Zerstörung des tropischen Regenwaldes,
- Folgen des Meeresspiegelanstieges.

Links: Jakarta, Indonesien
Rechts: Reisterrassen auf Luzon, Philippinen

Wir orientieren uns in der Inselwelt zwischen Indischem und Pazifischem Ozean

M 1 Mündung des Irawadi in die Andamanensee, Myanmar

check-it
- geographische Lage der Region beschreiben
- Flüsse, Meere, Meeresteile, Inseln, Länder und Städte benennen
- Größe und Einwohnerzahl der Länder vergleichen
- stumme Karte und Tabelle auswerten
- Foto zuordnen

Die Inselwelt zwischen Indischem und Pazifischem Ozean liegt im Südosten des Kontinents Asien und wird deshalb auch als Südostasien bezeichnet. Südostasien erstreckt sich beiderseits des Äquators etwa zwischen 20° nördlicher Breite und 10° südlicher Breite.

Das Festland Südostasiens besteht aus der großen Halbinsel Hinterindien, die sich weit in das Südchinesische Meer hinein erstreckt. Von Norden nach Süden gerichtete Kettengebirge und große Flüsse, aber auch Millionenstädte prägen diese Halbinsel. Die Inseln zwischen Indischem und Pazifischem Ozean sind Vulkaninseln mit zahlreichen noch aktiven Vulkanen.

Staat	Bevölkerung	Fläche in km²
Kambodscha	16 246 000	181 035
Laos	6 961 000	236 800
Myanmar	53 856 000	676 577
Vietnam	96 491 000	330 967
Brunei	434 000	5 765
Malaysia	32 042 000	330 323
Thailand	69 183 000	513 120
Indonesien	266 795 000	1 913 579
Philippinen	106 512 000	300 000
zum Vergleich: Deutschland	82 741 000	357 580

M 2 Überblick über Südostasien 2017

IRA BRU NESI BANG JA IND
KOK SUMA TRA MALA SÜD
VA CHI NEI SCHES OZE
WADI MEER YSIA AN ISCHER

1. Hauptstadt Thailands
2. Fluss in Myanmar
3. Westlichste Insel von Indonesien
4. Insel, auf der die Hauptstadt Indonesiens liegt
5. Randmeer des Pazifischen Ozeans
6. Staat auf der Insel Kalimantan
7. Staat auf der Halbinsel Hinterindien
8. Das Meer trennt Asien von Afrika

M 3 Silbenrätsel

LEBEN UND WIRTSCHAFTEN IN SÜDOSTASIEN ERLÄUTERN

Genauso vielfältig wie die Natur in Südostasien sind die Religionen und Kulturen. In Südostasien leben sowohl Christen als auch Moslems, Buddhisten und Hindus. Weniger als die Hälfte der Menschen wohnt in Städten, in Deutschland sind es mehr als drei Viertel. Trotzdem haben viele Menschen eine gute Bildung, was eine wichtige Grundlage für die wirtschaftliche Entwicklung Südostasiens ist.

1 Beschreibe die Lage Südostasiens im Gradnetz (Karte S. 178/179, Atlas).
2 Benenne die in der stummen Karte eingetragenen Inseln, Flüsse, Meere, Meeresteile, Länder und deren Hauptstädte (M 4, Karte S. 173).
3 Beschreibe das Bild und ordne das Bild der Karte zu (M 1, M 4).

4 Vergleiche die Einwohnerzahl und die Fläche der Länder Südostasiens und benenne das bevölkerungsreichste Land und das flächenmäßig größte Land (M 2, Atlas).
5 Übertrage die Silben in dein Arbeitsheft. Suche die Lösungswörter (M 3, Karte S. 173). Streiche die zum jeweiligen Lösungswort gehörenden Silben durch.

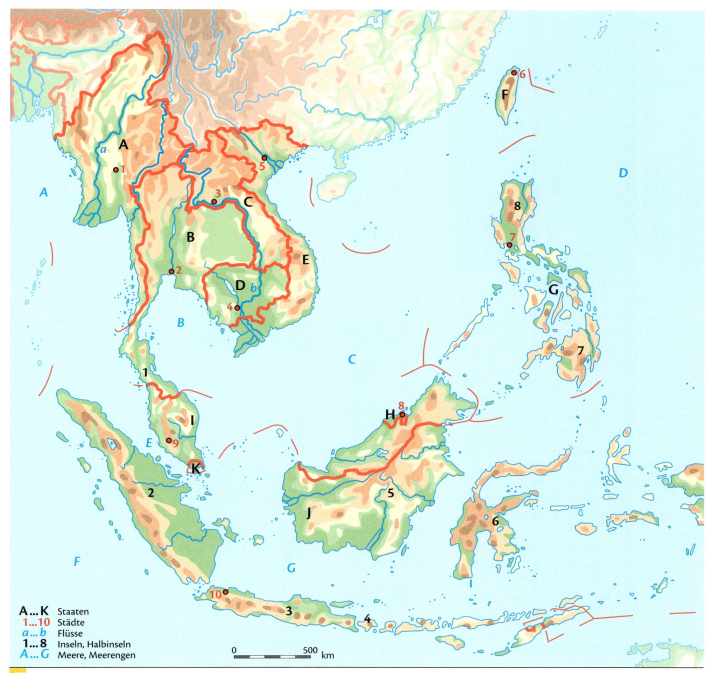

A...K Staaten
1...10 Städte
a...b Flüsse
1...8 Inseln, Halbinseln
A...G Meere, Meerengen

M 4 *Stumme Karte*

Inseln an den Nahtstellen der Erdplatten

M1 Ausbruch des Merapi am 1. Juni 2018

check-it
- Lage und Grenzen der Erdplatten in Südostasien benennen und beschreiben
- Erdplatten ordnen und vergleichen
- Bewegung der Erdplatten erklären
- Entstehung von Erdbeben, Seebeben und Vulkanen erläutern
- thematische Karten, Blockbilder und Bilder auswerten
- Gefahren durch die Bewegungen der Erdplatten für die Menschen beurteilen

Der pazifische Feuerring

An den Nahtstellen der Erdplatten befinden sich die Schwächezonen der Erde, an denen **Vulkanismus** und **Erdbeben** auftreten. Rund um den Pazifischen Ozean liegen drei Viertel aller auf der Erde aktiven Vulkane. Auch Erdbeben und **Seebeben** entstehen dort häufiger als in anderen Teilen der Erde. Weil die Vulkane und die Erdbebengebiete sich rund um den Pazifischen Ozean erstrecken, heißt dieses Gebiet der **pazifische Feuerring**.

Platten treffen aufeinander

Indonesien und die Philippinen mit ihren zahlreichen Inseln sind Teil des pazifischen Feuerrings. Sie liegen am Südostrand der Eurasischen Platte. Die Eurasische Platte ist eine kontinentale Platte und besteht aus dem Granitgestein. Die Philippinische Platte ist ein Teil der Pazifischen Platte. Diese Platten bestehen aus ozeanischer Kruste. Das Basaltgestein der ozeanischen Kruste ist schwerer als das Granitgestein der kontinentalen Platten. Die Pazifische Platte bewegt sich auf die eurasische Platte zu. Beim Zusammentreffen beider wird die schwerere pazifische Platte schräg unter die leichtere eurasische Platte geschoben. Die Gesteine werden durch die zunehmenden Temperaturen im Inneren der Erde aufgeschmolzen. Es bildet sich eine glutflüssige Gesteinsschmelze, das Magma. Dieses steigt nach oben, Vulkane entstehen und es bilden sich vulkanische Inseln.

An den Grenzen der Erdplatten, wo die ozeanische Kruste sich unter die kontinentale Kruste schiebt, entstehen Erdbeben, Seebeben und Tiefseegräben. Beispiele für Tiefseegräben in Südostasien sind: der Philippinengraben oder der Sundagraben in Indonesien.

Vulkan Merapi treibt Hunderte in die Flucht

Auf der indonesischen Insel Java hat ein Ausbruch des Vulkans Merapi mehrere hundert Menschen in die Flucht getrieben. Der etwa 2900 Meter hohe Vulkan, der als einer der gefährlichsten der Welt gilt, spuckte am 1. Juni 2018 Asche mehr als fünf Kilometer in den Himmel. Die nationale Behörde für Katastrophenschutz forderte die Bevölkerung auf, den Merapi in einem Umkreis von zwei Kilometern unbedingt zu meiden. Mehrere hundert Anwohner flüchteten bereits in weiter entfernte Unterkünfte. Auch Touristen wurden vor Reisen in die Umgebung des Merapi gewarnt.

Nach Angaben eines Behördensprechers trat bislang aber keine Lava aus. Der Gunung Merapi (zu Deutsch: „Berg des Feuers") gilt als äußerst gefährlich. Bei einem Ausbruch 2010 kamen dort mehr als 300 Menschen ums Leben.

M2 Kinder mit Atemschutz

LEBEN UND WIRTSCHAFTEN IN SÜDOSTASIEN ERLÄUTERN **101**

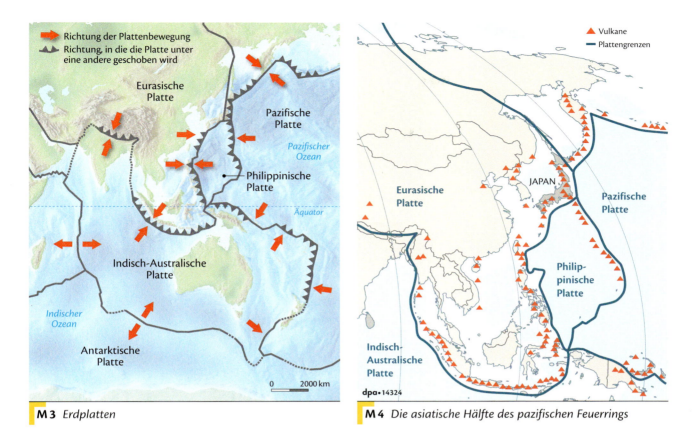

M 3 Erdplatten

M 4 Die asiatische Hälfte des pazifischen Feuerrings

1. Benenne die Erdplatten, die in Südostasien aufeinandertreffen (**M 3**).
2. Beschreibe den Verlauf der Plattengrenzen in Südostasien (**M 4**, Karte S. 173).
3. Ordne die Erdplatten in ozeanische und kontinentale Kruste. Fertige dazu eine Tabelle an (**M 3**, **M 4**).
4. Erkläre die Bewegung der Erdplatten in Südostasien (**M 3**, Atlas).
5. Erläutere die Entstehung von Vulkanen, Erdbeben, Seebeben und Tiefseegräben (**M 3** bis **M 5**).
6. Beurteile die Gefahren für den Menschen, die durch die Plattenbewegungen entstehen (**M 1**, **M 2**, **M 5**).

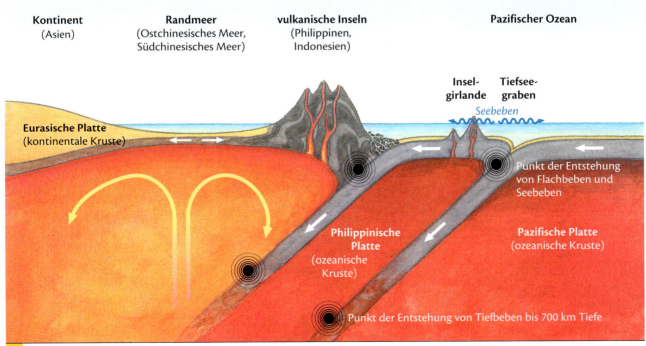

M 5 Naturgefahren aufgrund der Plattenbewegungen im asiatisch-pazifischen Raum

Tsunamis – Gefahr aus dem Meer

M 1 Küstenabschnitt von Sumatra nach dem Tsunami

„Wir waren am Strand unseres Dorfes und bemerkten, dass das Wasser zurückging, immer weiter zurückging. Dann sahen wir die Welle auf uns zukommen. Der Boden fing an zu wackeln. Alle fingen an zu rennen und schrien. Wir rannten um unser Leben und hatten Todesangst."

„Von meiner Familie sind sieben Personen als vermisst gemeldet. Die Mutter meines Freundes wurde von den Wassermassen weggespült, mein Freund selber bis zum Hotel, wo er sich retten konnte."

„Nach der Erderschütterung sah ich die Welle auf uns zukommen. Sie war geschätzte 5 bis 6 m hoch. Ich habe es noch gerade geschafft, auf der Ladefläche eines Trucks mitgenommen zu werden. Damit haben wir es in eine höher gelegene Region geschafft."

„Wie aus dem Nichts brach eine große Welle über die Mauer in unseren Garten ein. Die Scheiben unserer Veranda wurden eingedrückt. Wir fanden uns alle einige hundert Meter landeinwärts wieder.«

M 2 Berichte von Augenzeugen aus Thailand nach dem Tsunami im Dezember 2004

check-it
- durch Tsunami betroffene Gebiete lokalisieren
- Merkmale von Tsunamis benennen
- Entstehung und Folgen von Tsunamis erläutern
- Frühwarnsystem erklären

Tsunami im Indischen Ozean

Die Insel Phuket in Thailand ist für viele Touristen mit ihren traumhaften Sandstränden, ihren zahllosen Buchten und dem glasklaren Meer der Inbegriff des Urlaubsparadieses gewesen. Dieses Paradies wurde am 26. Dezember 2004 zerstört. Vor Sumatra erzeugte ein Seebeben der Stärke 8,9 eine gewaltige Flutwelle, die in kurzer Zeit zahlreiche Länder rund um den Indischen Ozean erreichte und für eine Naturkatastrophe unermesslichen Ausmaßes sorgte. Die riesigen Wellen rissen mit ihren Strömungen alles mit, was sich ihnen in den Weg stellte. Vor Sumatra erreichte die Welle eine Geschwindigkeit von rund 700 Stundenkilometern, beinahe so schnell wie ein Verkehrsflugzeug. Im gesamten südasiatischen Raum, aber auch an der Ostküste Afrikas wurden über 200 000 Menschen Opfer der Naturgewalten. Der **Tsunami** zerstörte alle im betroffenen Küstenraum vorhandenen Siedlungen und Verkehrseinrichtungen, aber auch den Naturraum völlig.

Entstehung von Tsunamis

Ein Tsunami (japanisch: lange Hafenwelle) ist eine Springflut, die durch ein Seebeben mindestens der Stärke 7 auf der **Richter-Skala** entsteht. Da auf dem offenen Meer die Wellenhöhe der Springflut nur einen halben Meter beträgt, wird sie dort oftmals gar nicht bemerkt. Erst im flachen Küstensaum kann sich die Welle aufbauen und eine Höhe von bis zu 30 Meter erreichen.

Am Strand macht sich ein Tsunami durch ein lang anhaltendes, außergewöhnlich starkes Zurückweichen des Wassers bemerkbar. Danach kommt es als zerstörerische Welle zurück.

Ursache für die Entstehung von Tsunamis ist die Bewegung von Platten. In Süd- und Südostasien taucht die schwerere Indisch-Australische Platte (ozeanische Platte) um etwa sieben Zentimeter pro Jahr unter die leichtere Chinesische

LEBEN UND WIRTSCHAFTEN IN SÜDOSTASIEN ERLÄUTERN 103

Platte (kontinentale Platte) ab. Darum entstehen in diesem Gebiet häufig Seebeben. Dabei werden gewaltige Wassermassen aus dem Gleichgewicht gebracht und in eine Bewegung versetzt, die einen Tsunami auslösen kann.

Schutz vor Tsunamis

Da Tsunamis an Land erst bemerkt werden können, wenn es für eine Rettung zu spät ist, wurden bereits in vielen Regionen satellitengestützte **Frühwarnsysteme** auf dem Meeresboden installiert. Warnsignale eines heranziehenden Tsunami sind Erdbeben, ein schneller Anstieg oder Rückgang des Meeres sowie ein lauteres Rauschen des Meeres. Tiere erkennen viel früher als Menschen, wenn ein Tsunami naht. Menschen sollten vor einem Tsunami auf Berge und Dächer oder ins Landesinnere flüchten.

1 Nenne die Gebiete, die von dem Tsunami 2004 betroffen waren, und beschreibe ihre Lage (M 3, Karte S. 168/169, Atlas).
2 Berichte über die Folgen des Tsunamis im Dezember 2004 (M 1, M 2).
3 Erläutere das Entstehen eines Tsunamis (M 4).
4 Erkläre die Funktionsweise des Frühwarnsystems (M 5).

M 3 Räumliche Ausbreitung der Flutwelle

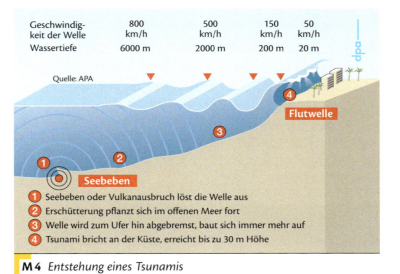

M 4 Entstehung eines Tsunamis

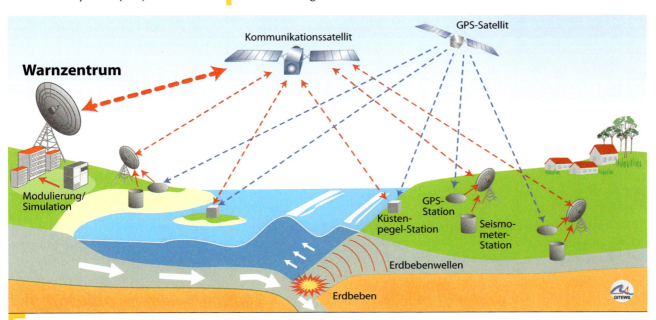

M 5 Das deutsch-indonesische Frühwarnsystem GITEWS

Tropische Wirbelstürme bedrohen Mensch und Natur

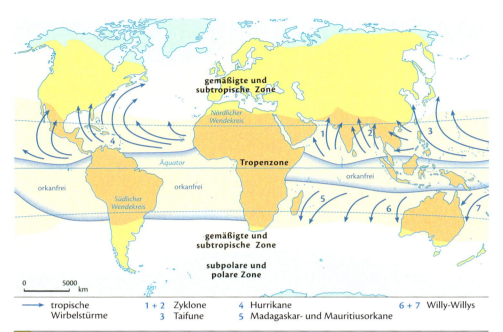

M 1 Zugbahnen von Wirbelstürmen

check-it
- Verbreitungsgebiete von tropischen Wirbelstürmen lokalisieren
- Entstehung von Taifunen erklären
- Auswirkungen von tropischen Wirbelstürmen erläutern
- Bilder und thematische Karten auswerten
- zu einer Aussage Stellung nehmen

Entstehung tropischer Wirbelstürme

Je nach Entstehungsort eines Wirbelsturms unterscheidet man zwischen tropischen und außertropischen Stürmen. Tropische Wirbelstürme bilden sich beiderseits des Äquators über dem Meer. Sie tragen nach dem Gebiet ihrer Entstehung unterschiedliche Namen: Hurrikane entstehen im westlichen Atlantik und im östlichen Pazifik, **Zyklone** im Indischen Ozean und **Taifune** im westlichen Pazifik.

Taifune

Taifune treten vor allem von Juli bis November auf. An der Oberfläche hat das Meer im westlichen Pazifik dann eine Temperatur von mindestens 26 Grad Celsius. Es verdunsten große Mengen Wasser. Diese feuchte und sehr warme Luft steigt auf und bildet in der Höhe einen riesigen Luftwirbel, der mit großer Windgeschwindigkeit wandert. Je größer die Windgeschwindigkeit, desto größer ist die Zerstörungskraft des Taifuns. Über dem Festland verlieren die Taifune meist schnell an Kraft, weil der Nachschub feuchtwarmer Luftmassen fehlt. Ein Taifun kann ebenso wie ein Zyklon einen Durchmesser von einigen hundert Kilometern haben. Typisches Kennzeichen ist das sogenannte Auge, eine windstille Zone von ungefähr 20 Kilometern Durchmesser im Wirbelzentrum. Die Luftmassen rotieren rasend schnell um das Auge des Sturms. Der Taifun selbst bewegt sich nur mit einer geringen Geschwindigkeit von 20 bis 50 km/h. Deshalb gibt es oft tagelang andauernde starke Regenfälle und wiederholte Flutwellen, die zu Überschwemmungen führen.

Schutz vor tropischen Wirbelstürmen

Jedes Jahr richten tropische Wirbelstürme auch in Südostasien gewaltige Zerstörungen an und kosten viele Menschenleben. Wenn die Wirbelstürme auf Küsten treffen, können dort riesige Flutwellen entstehen. Ziehen die Stürme über Land, hinterlassen sie eine Schneise der Verwüstung. Mithilfe von Satelliten und Beobachtungsflugzeugen lassen sich heute die Zugbahnen der tropischen Wirbelstürme ziemlich genau vorhersagen, sodass die Bevölkerung gewarnt werden kann.

Anfang Mai 2008 traf der Zyklon „Nargis" mit Windgeschwindigkeiten von zum Teil 200 Kilometern pro Stunde auf die Küste von Myanmar. Er hatte sich im April über dem Bengalischen Meer gebildet. Beim Auftreffen auf die sehr dicht besiedelte Küstenregion im Irawadi-Delta zerstörten der Sturm und die Flutwelle Zehntausende von Häusern. Auch die Stadt Yangon lag in der Zugbahn des Zyklons.

M 2 Der Zyklon Nargis

LEBEN UND WIRTSCHAFTEN IN SÜDOSTASIEN ERLÄUTERN 105

Das Auge des Taifuns „Nock-Ten" traf auf die Küste der Philippinen mit Windgeschwindigkeiten von bis zu 235 Kilometer pro Stunde. Mehr als 100 000 Menschen waren zuvor in Sicherheit gebracht worden. Auch auf der Hauptinsel und in der Hauptstadt Manila haben sich die Bewohner für den Tropensturm gerüstet und vor allem ihre Häuser sturmsicher gemacht. Die Zivilschutzbehörde hatte zuvor mitgeteilt, dass fast eine halbe Million Menschen in den vom Taifun bedrohten Gebieten leben. Der philippinische Wetterdienst warnte, der Taifun könne an der Ostküste bis zu zweieinhalb Meter hohe Wellen verursachen. Heftiger Regen könne zu Erdrutschen und Überschwemmungen führen.
Die Philippinen werden regelmäßig von heftigen Wirbelstürmen heimgesucht. Durchschnittlich gibt es etwa 20 starke Taifune pro Jahr. Im November 2013 waren bei dem Super-Taifun „Haiyan" 7350 Menschen auf den Philippinen ums Leben gekommen. Ganze Städte wurden zerstört.

M 3 Taifune auf den Philippinen

Madinal Haq lebt auf einer Insel vor dem Irawadi-Delta. Früher besaß er sechs Hektar Land, von denen er mit seiner Familie gut leben konnte. Seit der Ozean seine Felder überflutete, gehört er zu den Landlosen. Unter ein paar Bäumen stand seine Hütte, umgeben von einem winzigen Garten, der die Familie mit Gemüse versorgte. Familie Haq wohnte keine zehn Meter vom Meer entfernt. Mardinal konnte zusehen, wie die Strömung alles wegriss. Nun wird er fortziehen müssen – er besitzt nichts mehr. Wenn er Glück hat, wird es anderswo im Delta ein paar Quadratmeter Land geben. Der fruchtbare Löss im Delta, der durch natürliche Aufschüttung entstanden ist, erlaubt bis zu vier Ernten im Jahr.

M 4 Leben mit der Gefahr

1 Beschreibe die Lage der Gebiete, in denen tropische Wirbelstürme entstehen (**M 1**, Atlas).
2 Erkläre die Entstehung eines Taifuns (**M 3**).
3 Erstelle eine Tabelle, in die du Taifune und Zyklone mit ihren Entstehungsgebieten und den Küsten, die von ihnen bedroht sind, einträgst (**M 1** bis **M 4**).
4 Vergleiche die Beispiele und erläutere Auswirkungen von tropischen Wirbelstürmen in Südostasien (**M 2** bis **M 4**).
5 Leben an der Küste bedeutet „Leben am Rande der Katastrophe". Nimm Stellung zu dieser Aussage (**M 2** bis **M 4**).

Malaysia – auf dem Weg zur Industrienation

M 1 Kuala Lumpur mit den Petronas Towers

check-it
- geographische Lage Malaysias beschreiben
- Merkmale Malaysias benennen und vergleichen
- Bedeutung des Bildungswesens erläutern
- Diagramme und Tabellen auswerten
- Entwicklungsstand Malaysias beurteilen

Auf dem Weg von der Kronkolonie zu einer Industrienation

Malaysia war bis 1948 britische Kolonie. Nach der Unabhängigkeit und dem blutigen Dschungelkrieg hat das Land seit 1957 konsequent seine wirtschaftliche Entwicklung vorangetrieben. In dieser Zeit lebten mehr als 90 Prozent der Malaysier in Dörfern, die landwirtschaftliche Produktivität war gering, die Armut sehr hoch. Die malaysische Industrie war relativ schwach entwickelt. Große Unternehmen, besonders der internationale Handel, waren immer noch in den Händen von Ausländern.

Kern des wirtschaftlichen Aufbaus war eine Politik zur industriellen Entwicklung des Landes. Da am Anfang kaum finanzielle Mittel zur Verfügung standen, begann man mit arbeitsintensiven Industrien wie der Textil- und Nahrungsmittelindustrie. Durch die Ausfuhr von Fertigwaren stiegen die Einnahmen des Landes. Die Abhängigkeit von Rohstoffexporten und Preisschwankungen nahm ab. Weitere Industrien folgten, die auch mithilfe ausländischer Unternehmen aufgebaut wurden.

Mittlerweile haben sich malaysische Unternehmen wie die Ölgesellschaft Petronas entwickelt, die selbst in ausländische Projekte investieren. Heute

		Malaysia	Kambodscha	Deutschland
Einwohner (in Mio.)		32,0	16,2	82,7
Bevölkerungsdichte (Einwohner je Quadratkilometer Landfläche)		97	92	231
Anteil der städtischen Bevölkerung (in %)		76	24	77
Jährliches Bevölkerungswachstum (in %)		1,4	1,5	0,4
Säuglingssterblichkeit (je 1000 Lebendgeborene)		7	25	3
Wirtschaftskraft: Bruttonationaleinkommen (BNE) je Einwohner (in €)		8 470	980	46 136
Anteil am BNE (in %):	– Landwirtschaft – Industrie – Dienstleistungen	8,4 36,9 54,7	25,3 32,8 41,9	0,7 30,7 68,6
Erwerbstätige nach Wirtschaftssektoren (in %):	– Landwirtschaft – Industrie – Dienstleistungen	10,5 36,2 53,3	48,7 19,9 31,5	1,4 24,2 74,3
Alphabetisierungsrate (in %)		m 96 / w 93	m 84 / w 70	m 99 / w 99
Anzahl der Ärzte pro 10 000 Einwohner		12	2	41
Anzahl der Internetnutzer pro 100 Einwohner		78,8	25,6	85,5
Rang im Human Development Index (HDI)		57	146	5

Quellen: CIA, The Worldfactbook 2018; Statistisches Bundesamt, Statistische Länderprofile 2018; Weltbank 2018

M 2 Strukturdaten von Malaysia 2017, zum Vergleich Kambodscha und Deutschland

LEBEN UND WIRTSCHAFTEN IN SÜDOSTASIEN ERLÄUTERN

M 3 Moderne Fertigungsanlage eines japanischen Elektronikkonzerns in Kuala Lumpur

bestreitet das Land 90 Prozent der Exporte mit verarbeiteten Gütern und erwirtschaftet damit 80 Prozent des Bruttonationaleinkommens. Malaysia hat den Aufstieg vom britischen Rohstofflager über das Billiglohnland zum Hersteller und Exporteur von Hightech-Elektronik geschafft.

Die Abhängigkeit von Erdöl und Erdgas soll reduziert und der Einsatz von Biomasse, Sonnenenergie und Wasserkraft durch staatliche Subventionen soll gefördert werden.

Mit dem Programm „Vision 2020" will das Land zu den Industrienationen der Welt aufschließen. Die Wirtschaft soll jährlich wachsen. Damit steigt auch der Energiebedarf. Deshalb schenkt der Staat Malaysia der Förderung **erneuerbarer Energien** besondere Aufmerksamkeit. Gefördert werden auch der Ausbau des Breitbandnetzes, des Gesundheitswesens, der Verkehrswege und der Wohnungsbau. Ein Beispiel ist die geplante Schnellzugverbindung von der Hauptstadt Kuala Lumpur nach Singapur und der Bau einer S-Bahn in Kuala Lumpur.

Es gibt aber auch eine große Zahl von Menschen, die die sich bietenden Chancen nicht nutzen können. Sie gehören politischen, ethnischen oder religiösen Minderheiten an oder leben in entlegenen Gegenden Malaysias.

Erfolg durch Bildung

Dieser Aufstieg macht Malaysia zu einem der wohlhabenderen Länder Asiens.

Der Monatslohn eines Industriearbeiters stieg von 1963 bis heute auf das Zehnfache. Immer mehr Familien verfügen so über ausreichende Mittel, wenigstens einem Kind nach elfjähriger Highschool-Pflichtzeit auch ein Studium zu ermöglichen.

Die Regierung gibt jedes Jahr bis zu 30 Prozent der Staatsausgaben für Bildung aus. Das kommt auch den Studenten an den zahlreichen staatlichen und privaten Hochschulen zugute. Von 2016 bis 2020 gilt der „11. Malaysiaplan", um das Land zu einer Wissensgesellschaft zu entwickeln.

Zu lösende Probleme

Staatliche Maßnahmen sollen dazu beitragen, Malaysia zu einem Land mit hohem Einkommen zu machen. Der Anteil der Menschen unterhalb der Armutsgrenze soll auf zwei Prozent sinken. Denn Armut ist immer noch das Hauptproblem.

Ein großer Teil der Bevölkerung lebt von der Landwirtschaft. Die auf Export ausgerichteten Plantagen nehmen 40 Prozent der landwirtschaftlichen Nutzfläche ein. Hier werden **Cash-Crops** erzeugt, wie Kautschuk und Palmöl. Daneben existieren kleinbäuerliche Familienbetriebe, die in staatlichen Genossenschaften organisiert sind.

---

1. Beschreibe Malaysias geographische Lage (Karte S. 168/169, Atlas).
2. Vergleiche die Strukturdaten Malaysias mit denen von Kambodscha und erstelle einen Bericht zum Entwicklungsstand von Malaysia (M 2).
3. Erläutere, welche Bedeutung das Bildungswesen und die staatliche Förderung für den Aufstieg des Landes haben (M 1 bis M 4).
4. Fertige eine Tabelle an, in der du Gunst- und Ungunstfaktoren für die gesellschaftliche Entwicklung in Malaysia gegenüberstellst (M 2 bis M 4).

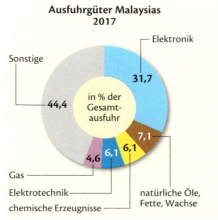

M 4 Exporte Malaysias

Palmöl bedroht den tropischen Regenwald

M 1 Palmölproduktion in Malaysia (in Mio. t)

M 2 Verwendung des Palmöls in Deutschland

check-it
- Anbaubedingungen erklären
- Nutzung des Regenwaldes beschreiben
- Vorteile und Nachteile des Palmöls gegenüberstellen
- Gefährdung des Regenwaldes erläutern
- Diagramme auswerten
- Gegenmaßnahmen beurteilen

Palmöl statt Regenwald

Die natürliche Vegetation in Malaysia ist der tropische Regenwald, von dem jedoch inzwischen große Flächen gerodet und zerstört sind. Die Anlage von **Plantagen** mit Ölpalmen ist dafür der Hauptgrund. Holzgesellschaften fällen mit riesigen Maschinen große Waldgebiete. Dabei entnehmen sie zunächst nur besonders wertvolle Hölzer für die Holzverarbeitung. Das Fällen der Bäume reißt viele Pflanzen mit und zerstört das Blätterdach. Nach dem Abtransport der Hölzer werden die übrig gebliebenen Pflanzen mit großen Fahrzeugen zusammengeschoben und abgebrannt. Auf den so frei gewordenen Flächen entstehen Plantagen für die Ölpalmen, die von einem Straßennetz durchzogen sind.

Manchmal werden Waldbrände gelegt, um Platz für die Plantagen zu schaffen. Diese Art der Rodung geschieht jedoch nicht mit Erlaubnis der Regierung. Die im Regenwald lebenden Völker verlieren dadurch ihr Land und werden vertrieben.

Die Ölpalmen nehmen riesige Flächen ein. Auf Autofahrten durch das Land sieht man oft stundenlang nichts anderes als Ölpalmen. Da der Anbau als **Monokultur** erfolgt, also nur eine Pflanzenart angebaut wird, steigt die Gefahr, dass Pflanzenschädlinge die Plantagen befallen. Daher werden Pflanzenschutzmittel eingesetzt. Außerdem müssen die Böden gedüngt werden, da die Pflanzen dem Boden immer die gleichen Nährstoffe entziehen.

Wer verdient am Palmöl?

Die Plantagen gehören einigen wenigen Großunternehmen oder der Regierung. Die schwere Arbeit auf den Plantagen wird jedoch von einfachen Landarbeitern erledigt. Zur Reifezeit werden die Früchte in Handarbeit von den Palmen abgeschlagen. Da sie schnell verderben, werden sie auf Lastwagen zu den Palmölfabriken gebracht, die inmitten der Plantagen liegen. Dort werden die Früchte durch Auspressen zu Palmöl verarbeitet.

Knapp die Hälfte der Einnahmen in der Landwirtschaft Malaysias stammt aus

Palmölexport 2016	in Mio. t
gesamt	15,31
nach Indien	2,82
nach Europa:	1,93
davon Niederlande	0,98
davon Deutschland	0,08
nach China	1,87
nach Pakistan	0,81

Quelle: www.data.gov.my 04/2017

M 3 Palmölexporte Malaysias in ausgewählte Länder

M 4 Ölfrüchte der Ölpalmen

Wo Ölpalmen wachsen

Ölpalmen stammen ursprünglich aus Afrika und wachsen nur im feuchttropischen Klima in einem schmalen Gürtel um den Äquator (bis 10° N/S). Die Pflanzen benötigen einen monatlichen Niederschlag von mindestens 100 mm und eine Durchschnittstemperatur von 24 bis 28 °C. Ölpalmen werden bis zu 30 m hoch und tragen nach 3–5 Jahren erstmals Früchte.

M 5 Palmölplantagen mit Palmölfabrik in Sabah, Borneo, Malaysia

der Produktion von Palmöl. Somit stellt diese einen bedeutenden Wirtschaftsfaktor für das Land dar. Die einheimische Bevölkerung hat wenig Anteil am Gewinn mit dem Palmöl. Dieser bleibt bei den großen Unternehmen.
Im Gegensatz dazu werden die Landarbeiter auf den Palmölplantagen häufig unter dem Mindestlohn bezahlt.

Verwendung von Palmöl

Das Palmöl wird einerseits als Fett in den heimischen Garküchen eingesetzt. Andererseits wird es als billiges Ersatzprodukt für andere Öle exportiert. Palmöl ist lange haltbar, streichfähig und geschmacksneutral. Bei Zimmertemperatur in Europa bleibt das Fett fest und verflüssigt sich bei Körpertemperatur. Daher eignet sich das Palmöl hervorragend für den Einsatz bei der Kosmetik- und Lebensmittelherstellung. Inzwischen enthält fast jedes zweite Produkt im Supermarkt Palmöl, zum Beispiel Margarine, Kerzen oder Schokolade. In den letzten zehn Jahren verdoppelte sich die Nachfrage nach Palmöl. Dies lag unter anderem am Einsatz des Öls als Biotreibstoff wie bei E10 oder Bio-Diesel, der ein Viertel Pflanzenöl enthält.

Folgen der Regenwaldrodung

Diese Rodungsflächen im tropischen Regenwald breiten sich immer weiter zur Inselmitte aus. Dadurch verkleinern sich die Lebensräume der heimischen, teils bedrohten Tierarten wie des Orang Utans. Diese Tiere verlieren ihre Nahrungsgrundlage und werden, wenn sie sich auf Plantagen verirren, getötet. Viele noch unbekannte Pflanzen verlieren ihren Lebensraum.
Zudem ist der Regenwald durch seinen dichten Bewuchs ein Wasserspeicher. Wo der dichte Wald fehlt, trocknet der Boden aus. Der ausgetrocknete Boden kann das Wasser der Regenfälle nicht aufnehmen und wird weggespült. Übrig bleibt unfruchtbares Land.

Schutz für den Regenwald

Inzwischen hat die malaysische Regierung die negativen Folgen der Regenwaldabholzung erkannt und Nationalparks und Schutzzonen ausgewiesen, die etwa die Hälfte der gesamten Regenwaldfläche des Landes ausmachen. Zusätzlich wurde mit Wiederaufforstungsmaßnahmen begonnen. In dem dabei entstehenden Sekundärwald ist jedoch die Artenvielfalt deutlich geringer als im ursprünglichen Regenwald.

Auch das Kaufverhalten in den Verbraucherländern hat Auswirkungen auf die Palmölproduktion und damit auf die Zerstörung der Regenwälder. So können die Käufer auf Produkte mit nachhaltig, also waldschonend angebautem Palmöl achten oder Palmölprodukte meiden. Diese sind im Handel entsprechend gekennzeichnet. Auch eine Senkung der Palmölnutzung für Biokraftstoffe kann Einfluss nehmen.

1 Beschreibe die Nutzung des Regenwaldes (M 5 und Text).
2 Erkläre, warum Ölpalmen in Malaysia günstige Anbaubedingungen finden (M 2 und M 4 auf Seite 111).
3 Erläutere die Folgen der Regenwaldabholzung.
4 Stelle Vorteile und Nachteile des Palmölanbaus für Malaysia in einer Tabelle gegenüber (M 1, M 3).
5 Beurteile mögliche Maßnahmen zum Schutz des Regenwaldes durch das Exportland selbst und durch die Verbraucher (M 2, M 3).
6 Untersuche Produkte im Supermarkt nach Hinweisen auf Palmöl (M 2, M 4).

Urlaub im Paradies?

check-it
- Tourismusgebiete verorten
- Möglichkeiten des Tourismus beschreiben
- Vorteile durch den Tourismus erklären
- Klimadiagramm auswerten
- Gefährdung durch den Tourismus bewerten

Anziehungspunkt Stadt
Jedes Jahr reisen zahlreiche Touristen in den Inselstaat Malaysia. Sie besuchen meist zuerst die großen Städte wie Kuala Lumpur. Dort stehen Gebäude aus der englischen Kolonialzeit, Museen, Tempelanlagen und Moscheen auf ihrem Besucherprogramm. Besonders beliebt sind die bekannten Petronas Towers mit der berühmten Skybridge im 41. Stock. Gerne werden die Märkte und Geschäfte in den Städten für Einkäufe genutzt. Kuala Lumpur verfügt über eine große Einkaufsstraße und mehrere riesige, klimatisierte Einkaufszentren.

M 1 Juara Beach auf der Insel Tioman, Malaysia

Küstenparadies
Die günstigen klimatischen Verhältnisse locken viele Urlauber zum Tauchen oder Schnorcheln, aber auch zum Badeurlaub an den Strand. Sportbegeisterte kommen zu den Tauchschulen der Inseln wie zum Beispiel auf der Insel Tioman. Dort gibt es außerdem eine Schildkrötenaufzuchtstation zu besichtigen. Bei einer Fahrt auf einem Glasbodenboot kann die farbige Fischwelt bestaunt werden. Für viele Touristen ist die Küste ein besonderer Anziehungspunkt, um Haie in freier Natur zu beobachten.

M 2 Baumkronenweg der Borneo Rainforest Lodge, südlich von Sandakan, Malaysia

```
Hallo Holger,
heute war ein spannender Urlaubstag. Gleich morgens
sind wir im Wildpark angekommen. Mit dem Boot fuhren
wir den Fluss entlang und hielten Ausschau nach
Zwergelefanten. Dann entdeckte unser Fahrer am Ufer
einige Tiere und steuerte das Boot genau auf sie zu.
Da sich die Elefanten im Dickicht versteckten, schlug
er das Schilf so beiseite, dass wir alle von den
Tieren Fotos machen konnten.
Gestern machten wir eine Bootstour vor der Küste, um
die Haie zu sehen. Unser Touristenführer warf kleine
Fische ins Meer und so dauerte es nicht lange, da
kamen Haie angeschwommen. Auch ich durfte Futter ins
Wasser werfen. Dann sagte unser Führer, jetzt könnten
wir selbst ins Wasser springen und zwischen den Haien
schwimmen. Das wurde mir dann doch ziemlich mulmig.
Hättest du dich getraut? Auf jeden Fall habe ich viele
Fotos gemacht.
Bis bald, dein Paul
```

M 3 Reisebericht

LEBEN UND WIRTSCHAFTEN IN SÜDOSTASIEN ERLÄUTERN

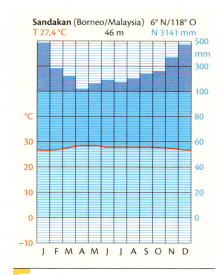

M 4 Klimadiagramm von Sandakan, Borneo/Malaysia

Daten zum Tourismus in Malaysia	
Jährliche Einnahmen durch den Tourismus	36,48 Mrd. Euro
Anteil der Einnahmen am Bruttosozialeinkommen	14,8 %
Erwerbstätige im Tourismussektor	3,2 Mio.
Anteil der im Tourismus Beschäftigten an allen Erwerbstätigen	22,7 %
Anzahl der Touristen	26,8 Mio.
Aufenthaltsdauer der Touristen	5,9 Tage
Quelle: Department of Statistics Malaysia Stand 09/2017	

M 5 Zahlen zum Tourismus in Malaysia

Waldparadies

Es besteht auch die Möglichkeit, in einem der zahlreichen Nationalparks Trekkingtouren in den Regenwald zu unternehmen. Hierzu gehört für Sportbegeisterte im Kinabalu-Nationalpark die Besteigung des 4095 m hohen Gipfels des Mount Kinabalu. Besonders beliebt bei den Touristen sind Tierbeobachtungen. Auf der Insel Borneo sind im Kinabatangan Wildlife Park seltene Tierarten im Regenwald zu sehen. Auch eine Auswilderungsstation für Orang Utans kann dort besucht werden.

Wer möchte, kann in einer Hütte mitten im Urwald übernachten. Ebenfalls beliebt sind Ausflüge mit dem Boot in die Wälder an den Küsten, wo zahlreiche Vogelarten leben. Gerne besuchen die Touristen auch die Höhlen im Landesinneren aufgrund ihrer besonderen Tier- und Pflanzenwelt.

Folgen des Tourismus

Für den Tourismus wurden große Hotelanlagen an den Küsten gebaut. Diese müssen mit Wasser und Nahrungsmitteln versorgt werden. Straßen wurden angelegt, um die Hotels zu beliefern und die Urlauber zu den Touristenzielen zu bringen. Auch Tauchschulen und Bootsanlegestellen entstanden. Die Urlauber werden von dort mit Booten zu den Tauchplätzen gebracht. Insgesamt hat der Verkehr durch den Tourismus zugenommen. Es entstanden aber auch viele Arbeitsplätze in den Bereichen Verkehr und Service, zum Beispiel für Fremdenführer.

Paradies in Gefahr

Die Regenwälder Malaysias und ihre einzigartige Tierwelt werden durch die Anlage von Straßen und Tourismuseinrichtungen gefährdet. Es verkleinern sich die Rückzugsflächen für Wildtiere und seltene Pflanzen, aber auch für die dort lebenden Regenwaldvölker. Durch den zunehmenden Tourismus werden die scheuen Wildtiere immer weiter in den Wald zurückgedrängt.

Steigende Besucherzahlen stören auch die Meeresschildkröten, die für die Eiablage unberührte Strände brauchen. Unvorsichtige Taucher bedrohen die interessante Unterwasserwelt mit ihren farbenprächtigen Fischen. Durch den Bootsverkehr wird das Wasser trüb und das Öl der Motorboote trägt zur Verschmutzung des Meeres bei. Manche Tauchgebiete werden über Monate für den Tourismus gesperrt und die Zahl der Touristen wird begrenzt. Tauchgänge ohne Führer sind verboten.

Mit der Zahl der Touristen steigt die Menge an Müll und Abwasser, die sie verursachen. Abfall verschmutzt die Strände und gefährdet die dort lebenden Tiere. Sie können sich darin verfangen oder ihn für Nahrung halten. Durch die Urlauber nimmt der Verkehr zu. Autos, Busse und Flugzeuge erzeugen Abgase. Jährlich landen am Flughafen von Kuala Lumpur fast 23 Millionen Reisende, das sind am Tag 63 000.

M 6 Einnahmen durch Tourismus nach Bereichen

1 Verorte die touristischen Ziele wie die Insel Tioman und Borneo sowie Kuala Lumpur in Malaysia (Karte S. 173).

2 Erläutere die klimatischen Bedingungen Malaysias und ermittle die günstigste Reisezeit (M 4).

3 Beschreibe mögliche touristische Aktivitäten (M 1 bis M 3 und Text).

4 Erkläre, welche Vorteile Malaysia durch den Tourismus hat (M 5, M 6).

5 Beurteile die Gefahren für das Urlaubsparadies durch den Tourismus (M 1, M 3).

6 Erläutere, wie die Natur in dieser Tourismusregion geschützt werden kann. Stelle dazu Regeln für Touristen zusammen.

GEO-METHODE

Wir untersuchen einen Raum

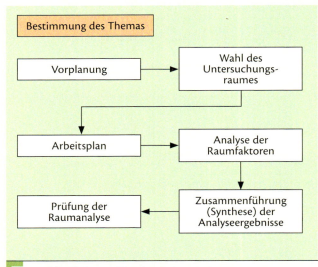

M 1 *Ablaufschema für eine Raumanalyse*

check-it
- eine Raumanalyse durchführen
- Aspekte der Raumanalyse festlegen
- objektive und subjektive Kriterien der Analyse unterscheiden
- Struktur und Entwicklung des Raumes beurteilen

Merkmale einer Raumanalyse

Jeder Raum ist anders und kann anhand ganz unterschiedlicher Kriterien untersucht werden. Mithilfe einer Raumanalyse ist es möglich, einen Raum möglichst umfassend zu betrachten. Dazu ist es erforderlich, dass die wichtigsten Raumfaktoren zunächst einzeln angeschaut werden, bevor sie zu einer Gesamtschau zusammengeführt werden. Aus den Analyseergebnissen können Schlussfolgerungen über die Struktur und Entwicklung des untersuchten Raumes gezogen werden.

Bei der Raumanalyse ist es wichtig, sich bewusst zu machen, dass der Blick auf einen Raum sowohl objektive als auch subjektive Sichtweisen enthalten kann, um zu einer möglichst verlässlichen Analyse zu kommen.

Checkliste zur Analyse eines Raumes

1. Wähle einen Raum aus, der analysiert werden soll.
2. Stelle einen Arbeitsplan auf.
   Formuliere eine Leitfrage. Diese gibt vor, welche Arbeitsschritte folgen und welche Materialien ausgewählt werden. Die Leitfrage steht deshalb im Zentrum des Arbeitsplans und sollte sorgfältig formuliert werden.
3. Führe die Analyse durch.
   Sammle dazu Informationen aus Fachzeitschriften und der Fachliteratur, aus Nachschlagewerken und aus dem Internet.
   Achte darauf, dass die Materialien aktuell sind.
   Unterscheide zwischen objektiven und subjektiven Quellen und berücksichtige dies bei der Analyse.
4. Werte die gewonnenen Ergebnisse aus und setze sie zueinander in Beziehung.
   Verfasse eine kurze Charakterisierung des untersuchten Raumes und gehe dabei auf die Leitfrage ein.
   Fertige zur Veranschaulichung Karten an.
   Erstelle Tabellen und Wirkungsgefüge.
   Ziehe Schlussfolgerungen bezüglich der Struktur und Entwicklung des untersuchten Raumes.
5. Überprüfe, ob die Leitfrage richtig formuliert wurde und die analysierten Faktoren und Erscheinungen für die Raumanalyse ausreichen. Fasse das Ergebnis der Überprüfung kurz zusammen.
6. Präsentiere die Ergebnisse der Raumanalyse.
7. Reflektiere deine Arbeit sowie die Ergebnisse. Dabei hilft auch das Feedback der Adressaten deiner Präsentation.

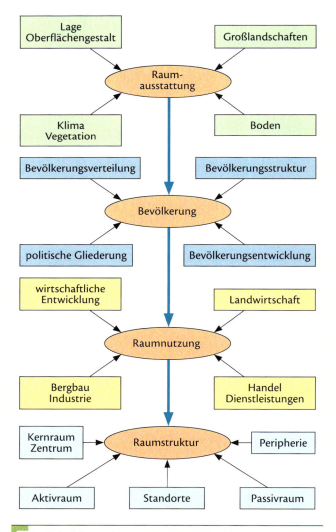

M 2 *Beispiel zur Planung einer Raumanalyse*

GEO-METHODE

Raumbetrachtung	Beispiel: Singapur – internationales Handelszentrum
objektiv **Der Raum mit seinen raumbildenden Faktoren:** Bei der Gestaltung von Räumen spielen sowohl natürliche als auch anthropogene Raumfaktoren und deren Zusammenwirken eine entscheidende Rolle: – natürliche Faktoren: Oberflächenformen, Klima, Vegetation, Boden … – anthropogene Faktoren: Bevölkerung, Landwirtschaft, Industrie, Tourismus …	 **mögliche Fragestellungen:** – natürliche Voraussetzungen für den Handelsplatz Singapur, zum Beispiel Lage am Meer, Klima … – wirtschaftliche Voraussetzungen: hohe Lebensqualität, gute Ausbildung … – Zukunftschancen: Ausbau des Hafens durch Neulandgewinnung …
Der Raum in Beziehung zu anderen Räumen: – Standortfaktoren – Lage zu anderen Räumen: Absatzmärkte, Verkehrsanbindung …	 **mögliche Fragestellungen:** – Lage des Hafens – Verkehrsanbindung – Lage zu den Märkten – …
subjektiv **Der Raum in der Wahrnehmung von Personen:** – Wahrnehmung von Bewohnern und Besuchern – Wahrnehmung von Institutionen, Interessengruppen, Experten …	**Ein Manager einer internationalen Handelsfirma berichtet:** Ich lebe und arbeite gern in Singapur, denn die Stadt ist sauber und modern mit Gärten und Parkanlagen. Viele internationale Unternehmen und Banken haben hier ihren Sitz, so können wir schnell Kontakte herstellen. Ich wohne mit meiner Familie im Norden der Stadt in einem Haus mit Swimmingpool. Für den Arbeitsweg nutze ich den Bus oder die vollautomatische fahrende Schnellbahn MRT. Die öffentlichen Verkehrsmittel sind preiswert und klimatisiert. … **mögliche Fragestellungen:** – Was berichten Bewohner oder Touristen über Singapur? – Wie beurteilen Kunden, Wissenschaftler, Firmenbesitzer das Handelszentrum? …
Der Raum in der Darstellung der Medien: – Zeitungen – Zeitschriften – Internet – …	**Schlagzeilen aus den Medien:** *Boom im Stadtstaat – Aufschwung Fernost in Singapur* *Singapur übersteht Wirtschaftskrise gut* *Singapurs Wirtschaft wächst um verblüffende 32 Prozent* **mögliche Fragestellungen:** – Was wird in den Medien zum Thema berichtet? – Welche Rückschlüsse können daraus gezogen werden im Hinblick auf Arbeitsbedingungen, Zukunftschancen …

M 3 *Unterschiedliche Blicke auf einen Raum*

Indonesien – Leben an und mit dem Meer

M 1 *Fisch-Aquakultur, Bali, Indonesien*

M 2 *Shrimp aus einer Aquakultur*

check-it
- Ursachen und Folgen des Meeresspiegelanstiegs benennen und erläutern
- Schutzmöglichkeiten darstellen
- Entwicklung und Probleme der Fischerei erläutern
- Diagramme und Bilder auswerten
- Zukunft der Fischerei beurteilen

Leben vom Meer
In den Meeren werden vor allem Thunfisch und Makrelen gefangen. Seit einigen Jahren zeigen die geringeren Fangmengen jedoch, dass zu viel Fisch gefangen wurde und der Bestand sich nicht mehr erholt hat. Ein weiteres Problem stellt der nicht verwertbare Beifang dar. Seefische wie Haie, die sich nicht zur Verarbeitung eignen, werden wieder über Bord geworfen. Trotz eines gesetzlichen Verbots wird immer wieder mit Sprengstoff gefischt, wobei durch die Explosion wahllos alle Meerestiere im näheren Umkreis getötet werden. Außerdem versuchen ausländische Fischfangschiffe illegal in indonesischen Gewässern zu fischen. Da dadurch hohe Verluste entstehen, bemüht sich die Regierung, dies durch strengere Gesetze zu verhindern.

Leben am Meer
Mit seinen 17 508 Inseln besitzt Indonesien die zweitlängste Küste der Erde und große fischreiche Meeresteile. Die Bevölkerung lebt größtenteils vom Fischfang. Die meisten Siedlungen und vor allem die großen Städte liegen daher an der Küste. Sie wurden oft nur wenige Meter über dem Meeresspiegel angelegt.
Als Baumaterial wird häufig Holz genutzt, das aus dem **Mangrovenwald** stammt. Er wächst an den Küsten bis ins Meerwasser hinein. Dabei bilden die Bäume lange Stelzwurzeln aus, um im Salzwasser überleben zu können.

Aquakulturen als Zukunft
Das tropische Klima in Indonesien bietet günstige Voraussetzungen für die Anlage von Aquakulturen. Diese gewinnen zunehmend an Bedeutung. Inzwischen gibt es 95 400 Fischfarmen. Dabei spielt vor allem die Aufzucht von Shrimps eine große Rolle, da damit besonders hohe Gewinne erzielt werden können. Indonesien gehört zu den fünf größten Shrimp-Produzenten weltweit. Die meisten Aquakulturen sind kleine Farmen. Zwei Drittel der Erträge werden jedoch von einem Drittel der

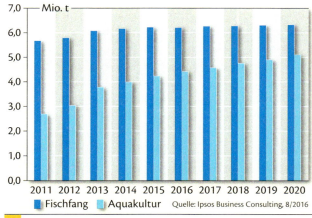

M 3 *Erträge in der Fischerei*

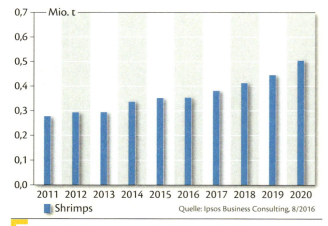

M 4 *Produktionsmengen der Shrimps-Zucht*

M 5 Südostasien bei einem Meeresspiegelanstieg von 100 Metern beim Schmelzen aller Gletscher

Farmen produziert, die intensive Zucht mit einer hohen Fischdichte betreiben. Dabei leben sehr viele Tiere auf engem Raum. Ein Risiko dieser Aquakulturen besteht darin, dass sich Krankheiten schneller ausbreiten können. Diese sind mit Medikamenten schwer zu behandeln. Daher haben viele Fischwirte ihre Bestände verkleinert oder verwenden spezielle Futtermittel, um Krankheiten einzudämmen.

Gefahr durch das Meer

Seit einigen Jahren steigen weltweit die Temperaturen. Dadurch schmilzt das Eis an den Polen und es kommt zu einem weltweiten Anstieg des Meeresspiegels. Die indonesischen Inseln waren dabei in den letzten 10 Jahren mit einem Anstieg von bis zu 8 Millimetern pro Jahr betroffen. Experten rechnen bis zum Ende des 21. Jahrhunderts mit einem Temperaturanstieg von bis zu 4 °C. Der Meeresspiegel in Südostasien würde dann um bis zu 82 Zentimeter ansteigen. Viele Küstengebiete mit Millionen Menschen wären dann von Überschwemmungen betroffen.

Folgen des Meeresspiegelanstiegs

Wenn der Meeresspiegel steigt, dringt verstärkt Salzwasser in den Boden ein und die Flächen versalzen. Die Pflanzen können nicht mehr wachsen. Dadurch gehen diese Flächen für den Anbau verloren. Eine Auswirkung ist auch, dass Salzwasser in die Grundwasserschichten eindringt und so zu einer Verunreinigung von Trinkwasser führt. Außerdem gehen auch Gebiete, die durch den Tourismus genutzt werden, und Flächen für Aquakulturen verloren. Kleine Inseln könnten sogar ganz im Meer versinken.

Schutzmaßnahmen

Die indonesische Regierung entwickelt Notfallpläne. Hierzu gehören Verhaltenstrainings für den Katastrophenfall sowie die geplante Umsiedlung der Bevölkerung von küstennahen in höher gelegene Gebiete. Die Hauptstadt Jakarta liegt auf einer Meereshöhe von höchstens 15 Metern. Manche Stadtteile befinden sich sogar jetzt schon unter dem Meeresspiegel. Daher hat die indonesische Regierung mit dem Bau eines 31,5 Milliarden Euro teuren Schutzdamms begonnen, der die Überschwemmung der Stadt verhindern soll. Die Mangrovenwälder bieten einen natürlichen Schutz vor Hochwasser. Sie werden allerdings oft für die Anlage von Aquakulturen abgeholzt. Um diese Wälder zu erhalten, fördert die Regierung Wiederaufforstungsprojekte von Mangrovenwäldern.

M 6 Mangrove an der Küste Indonesiens

1 Beschreibe die Entwicklung der Fischerei in Indonesien (M 1 bis M 4).
2 Erläutere die Probleme der Fischereiwirtschaft.
3 Beurteile die Zukunftschancen der Aquakulturen und der Shrimps-Zucht (M 3, M 4).
4 Nenne die Ursachen des Meeresspiegelanstiegs.
5 Erläutere die Auswirkung des Meeresspiegelanstiegs auf Indonesien (M 5).
6 Stelle mögliche Schutzmaßnahmen gegen einen Meeresspiegelanstieg dar (M 6).

Indonesien – Reis ist Leben

M 1 *Terrassenfeldbau*

check-it
- Reisanbaugebiete in Südostasien verorten
- Reisanbau beschreiben
- Klimagunst für den Reisanbau erklären
- Bedeutung des Reisanbaus in Asien darstellen
- Vor- und Nachteile der Grünen Revolution vergleichen
- Diagramme und Tabellen auswerten

Reis bedeutet Essen

In vielen asiatischen Ländern ist „Essen" gleichbedeutend mit „Reis essen", weil Reis das Grundnahrungsmittel ist, das zu allen Mahlzeiten verzehrt wird.

Anbau von Reis

In Indonesien und anderen Ländern Südostasiens wird Reis traditionell als Nassreis angebaut. Der Anbau von Nassreis ist sehr arbeitsintensiv, bringt aber hohe Erntemengen. Auf dem abgeernteten Feld, das von kleinen Dämmen umgeben ist, sammelt sich das Regenwasser. Mit Wasserbüffeln wird das Feld dreimal gepflügt. In der gleichen Zeit wachsen in Anzuchtbeeten aus Reissamen die Stecklinge heran. Diese werden nach einem Monat in die unter Wasser stehenden Felder umgepflanzt. Damit sie sich gegenseitig stützen können, werden immer mehrere Stecklinge zusammen eingepflanzt. In kleinen Büscheln wachsen die Reispflanzen heran. Vor der Reisernte wird das Wasser abgelassen. Die Halme der Reispflanze werden abgeschnitten und weiter verarbeitet.

Grüne Revolution

Lange Zeit war Indonesien nicht in der Lage, die schnell wachsende Bevölkerung ausreichend mit Reis zu versorgen. Viele Menschen hungerten und Reis musste in großen Mengen importiert werden.
Zur Erhöhung der Reisproduktion wurden seit den 1970er-Jahren landwirtschaftliche Maßnahmen durchgeführt, die die sogenannte Grüne Revolution einleiteten. Dazu zählte vor allem die Züchtung moderner Reissorten. Der „Wunderreis" liefert zwei- bis dreifach

Pflanzenfamilie: Gräser.
Aussehen: bis 1,80 Meter hoch, lange breite Blätter, bis zu 50 Zentimeter lange Rispe.
Fruchtbarkeit: Aus einem Korn wachsen 15 Halme mit je einer Rispe, an der sich über 100 Körner entwickeln können.
Vielfalt: Es gibt etwa 5000 Reissorten, von denen 1400 kultiviert werden.
Vorzug: wächst auch in wasserbedecktem Boden, da durch den hohlen Halm Sauerstoff bis zu den Wurzeln gelangt.
Verbreitung: in allen tropischen und zum Teil auch subtropischen Ländern der Erde.
Voraussetzungen für den Anbau: mindestens 1500 Millimeter Niederschlag, 25 bis 30 °C Wärme in der Reifezeit, Wachstumsperiode 100 bis 180 Tage.
Anbaumöglichkeiten:
- Nassreis auf eingedeichten und unter Wasser gesetzten Feldern
- Trockenreis bei 800 bis 1200 mm Jahresniederschlag.

Verwendungsmöglichkeiten
Reiskorn: Eiweiß, Fett, Kohlehydrate, Vitamine, Mineralstoffe; Viehfutter, Öl, Wachs; Mehl, Nudeln, Kuchen; Klebemittel, Puder, Wäschestärke; Reiswein, Bier, Schnaps.
Reispflanze und Reisstroh: Viehfutter, Flechtmaterial für Hüte, Matten, Körbe, Dachbedeckung, Papier, Dünger.

M 2 *Steckbrief für den Reis*

höhere Erträge pro Ernte als traditionelle Sorten. Zudem reift er in einer kürzeren Zeit heran, sodass zwei oder sogar drei Ernten pro Jahr eingeholt werden können. Zur Grünen Revolution gehörten weiterhin der Ausbau der Bewässerungsanlagen für den Nassreisanbau, die Einführung eines landesweiten landwirtschaftlichen Beratungssystems sowie eines flächendeckenden Netzes von Dorfbanken. Diese geben Kleinbauern Kredite zum Kauf von Saatgut, Dünger und Pflanzenschutzmittel.

Reicht der Reis für alle?

Seit Anfang der 1990er-Jahre stehen ausreichend Reis und andere Grundnahrungsmittel wie Mais und Maniok für die Ernährung der Bevölkerung zur Verfügung. Nahrungsmittelimporte in größeren Mengen sind heute nur bei witterungsbedingten Ernteausfällen. Trotz dieser Entwicklung gilt die Ernährungslage in Indonesien als ernst, da der Anteil der Unterernährten in der Bevölkerung immer noch zu hoch ist. Verantwortlich hierfür ist, dass viele arme Menschen sich eine ausreichende und ausgewogene Ernährung nicht leisten können. Hohe Nahrungsmittelpreise verschärfen zudem die Notlage der armen Bevölkerungsschichten. Zwar wird in Indonesien genug Reis zur Versorgung der Bevölkerung produziert beziehungsweise importiert. Doch diese Rechnung geht nur auf dem Papier auf: In Wirklichkeit kann die Reisernte nicht gleichmäßig verteilt werden. Ein Ausgleich zwischen Gebieten mit Überschuss an Reis und Gebieten mit zusätzlichem Reisbedarf ist nur schwer machbar. Viele Menschen haben daher keinen ausreichenden Zugang zum Nahrungsmittel Reis.

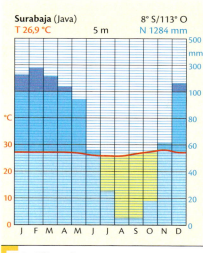

M3 Klimadiagramm

	Erntemenge gerundet in Mio. t
China	144
Indien	111
Indonesien	37
Bangladesh	35
Vietnam	29
Thailand	21
Myanmar	13
Philippinen	12
Welt gesamt	**491**

Quelle: USDA 2019

M4 Erntemengen von Reis 2018

Urbanus Blawir, Vorsteher eines Dorfes (Lurah) bei Surakarta, berichtet:

„In den letzten Jahren konnten wir die Erträge auf den Reisfeldern nicht mehr steigern. Wir haben teuren Dünger in größeren Mengen ausgebracht, aber selbst das hilft nicht. Seit Jahrzehnten holen wir von unseren Feldern zwei bis drei Reisernten im Jahr. Es wird immer der gleiche ertragreiche Reis angebaut ohne Brache. Der Boden steht ständig unter Wasser. Nun sind die Böden einfach ausgelaugt. Der Anbau unseres Reises erfordert zudem einen hohen Einsatz an Pflanzenschutzmitteln, weil die Sorte sehr anfällig ist gegenüber Krankheiten und Schädlingen. All das kostet Geld. Dazu kommt das Problem, dass Wasser für den Reisanbau knapper wird. Zum einen steigt in den wachsenden Städten der Wasserbedarf. Zum anderen werden riesige Wälder, die zuvor viel Wasser gespeichert und langsam abgegeben haben, abgeholzt, um andere Exportkulturen anzubauen. Ständig werden deshalb die Preise für Bewässerungswasser angehoben. Der Reisanbau wird dadurch immer weniger lohnenswert. Und dabei ist die Arbeit auf dem Reisfeld körperlich so beschwerlich. Die Jugendlichen in unserem Dorf suchen sich daher lieber Arbeit außerhalb der Landwirtschaft. Einige Bauern in unserem Dorf sind schon am Reden, dass sie ihr Land lieber an Investoren verkaufen wollen, damit es Siedlungs- oder Industriefläche wird, als es in Zukunft weiter selbst zu bewirtschaften."

M5 Bericht eines Dorfvorstehers zu den Problemen im Reisanbau auf Java

1. Verorte die Reisanbaugebiete Südostasiens auf der Karte (Karte S. 168/169 oder Atlas, **M4**).
2. Erkläre, warum Indonesien und andere Länder Südostasiens ein günstiges Klima für den Nassreisanbau haben (**M2, M3**).
3. Beschreibe wie Nassreis angebaut wird und begründet die Aussage: Ohne Fleiß kein Reis (**M1, M2**).
4. Entwickelt eine geographische Skizze zur Verwendung von Reis (**M2**).
5. Vergleicht die Erntemengen von Reis und zeichnet ein Diagramm, das die Erntemengen der Länder Südostasiens mit China und der Welt verdeutlicht (**M4**).
6. Formuliert das Ziel der Grünen Revolution und stellt in einer Tabelle deren Vor- und Nachteile gegenüber (**M5**).
7. Listet in der Klasse auf, was ihr typischerweise zu den verschiedenen Mahlzeiten am Tag esst. Recherchiert in Reiseführern, was die Menschen in Indonesien essen. Bereitet in eurer Klasse anschließend eine typische indonesische Mahlzeit zu, zum Beispiel ein Frühstück. Vergleicht es mit eurer Mahlzeit.

Manila – Bevölkerungsmagnet auf den Philippinen

M 1 Slums vor der Skyline von Manila

check-it
- Bevölkerungswachstum von Manila beschreiben
- Push- und Pullfaktoren vergleichen
- Probleme von wachsenden Städten erläutern
- Merkmale von Slums charakterisieren
- Diagramme und Grafiken auswerten
- Lösungsansätze für Megastädte diskutieren

Millionenstadt mit vielen Problemen

Im Zentrum Manilas leben über 42 000 Einwohner auf einem Quadratkilometer. In München sind es etwa 4900. Die Stadt Manila wächst sehr schnell. Mit den 16 angrenzenden Städten und Gemeinden bildet sie die Metro Manila. Zusammen mit den anschließenden Bereichen lebten in der Region Greater Manila 2015 bereits mehr als 20 Millionen Einwohner.

Die Gegensätze zwischen Arm und Reich in der philippinischen Hauptstadt Manila sind riesig. Viele Menschen leben in Elendsvierteln. Und trotzdem strahlen sie eine Lebensfreude aus, die Europäer verblüfft. Tausende kommen jedes Jahr nach Manila und sind auf der Suche nach wenigen Quadratmetern Platz für eine kleine

Beweggründe für die Landflucht Push-Faktoren	Erwartungen der Zuwanderer an das Leben in der Stadt Pull-Faktoren	Probleme in den Städten durch die Zuwanderer
- Besitzlosigkeit - wenig Arbeit; oft zeitlich begrenzt - schlechte Bezahlung - fehlende Möglichkeit, die Schule zu besuchen - schlechte ärztliche Versorgung - Überschwemmungen durch Taifune - hohes Wachstum der Bevölkerung - Informationen über angeblich besseres Leben in der Stadt	- Arbeitsplatz - bessere Verdienstmöglichkeiten - menschenwürdige Wohnung mit Strom- und Wasseranschluss - Schule für die Kinder - Möglichkeit, etwas Geld zu sparen - Hoffnung, eines Tages wieder in das Dorf zurückzukehren	- hohe Arbeitslosigkeit - Tätigkeiten, die das Überleben sichern, z. B. als Lastenträger der Müllsammler - hohe Wohndichte - Wohnungsmangel - Elendsviertel (Slums) - unregelmäßige Strom- und Trinkwasserversorgung - Müllkippen - Seuchengefahr - Verkehrschaos - Kriminalität

M 2 Push- und Pullfaktoren der Wanderung vom Land in die Städte

LEBEN UND WIRTSCHAFTEN IN SÜDOSTASIEN ERLÄUTERN

Hütte. Sie leben auch an den Schienen des Manila Express. Manchmal bleiben nur 30 Zentimeter Abstand zum fahrenden Zug. Das Leben dort ist äußerst gefährlich.

Die Reichen wohnen in von Mauern umgebenen und von privaten Wachdiensten gesicherten Wohnanlagen. Sie bevorzugen Hochhäuser, weil diese nur einen Aus- und Eingang haben und deshalb als besonders sicher gelten.

Ein besonderes Problem: Slums

Slums sind baulich verfallene Stadtteile sowie Hüttensiedlungen mit selbst gebauten Häusern aus Steinen, Wellblech, Plastik, Holz, Stöcken und ähnlichen Materialien. Slums sind durch folgende Merkmale gekennzeichnet: Viele Menschen leben auf engstem Raum, einfache Gebäude, mangelhafter oder kein Zugang zur öffentlichen Versorgung mit Wasser, Strom, Abwasser, unsichere Eigentumsverhältnisse durch den illegalen Bau der Gebäude. Die Slumbewohner kämpfen gegen Erkrankungen wie Fieber, Tuberkulose und Durchfall. In den Slums leben Millionen Menschen, denen es gelungen ist, der Armut auf dem Land zu entfliehen.
In den Slums leben auch Menschen, die einen Job haben, sich aber dennoch keine Wohnung leisten können. Diese Slumbewohner sind sehr sauber, pflegen sich und gehen mit einem schneeweißen Hemd zur Arbeit. Bei mancher Verkäuferin in einem Kaufhaus würde kein Tourist vermuten, dass sie in einem Elendsviertel lebt.

Probleme durch Naturereignisse

Häufig gibt es in Manila Überschwemmungen durch Taifune, Sturmfluten oder heftige Regengüsse. Diese setzen in kurzer Zeit tiefer gelegene Gebiete unter Wasser. Oft werden dabei viele der einfachen Hütten zerstört und das Hab und Gut geht verloren. Doch Not macht erfinderisch: Aus den Fluten wird schwimmendes Treibholz herausgefischt und an der gleichen Stelle eine neue Hütte errichtet.

M 3 Hüttensiedlung an der Bahn in Manila

1 Beschreibe das Wachstum der städtischen Bevölkerung in Südostasien und in Manila (**M 4, M 5**).

2 Vergleiche die Push- und Pullfaktoren und nenne Gründe, warum das Leben in der Stadt Vorteile verspricht (**M 1** bis **M 3**).

3 Erläutere die Folgen des Wachstums für die Städte in Südostasien (**M 1** bis **M 5**).

4 Charakterisiere Merkmale und Probleme von Slums (**M 1, M 2**).

5 Diskutiert die Frage: Millionenstädte – Megaprobleme? Ihr könnt euch dazu auch in Gruppen aufteilen (**M 1** bis **M 5**).

6 Erarbeite eine Präsentation zum Thema „Leben von Kindern in Manila" (🔎).

Anteil Stadt- an Gesamtbevölkerung (in %)			
Land	1950	2005	2050
Malaysia	20,4	67,3	75,4
Thailand	16,5	32,3	36,2
Philippinen	27,1	62,7	69,6
Indonesien	12,4	48,1	58,5
Vietnam	11,6	26,4	31,6
Kambodscha	10,2	19,7	26,1
Laos	7,2	20,6	24,9
Myanmar	16,2	16,2	37,4
Gesamt	15,4	43,8	51,6

Quelle: Bundeszentrale für politische Bildung (bpb), 2017

M 4 Anteil der Stadtbevölkerung an der Gesamtbevölkerung in Südostasien

Jahr	Einwohnerzahl
1950	1,54
1960	2,27
1970	3,53
1980	5,95
1990	7,97
2000	9,95
2005	10,68
2010	11,79
2015	12,91
2030	34,1*

* Prognose   Quelle: Bundeszentrale für politische Bildung (bpb), 2017

M 5 Einwohnerzahl Manilas in Millionen

Geo-Check: Leben und Wirtschaften in Südostasien erläutern

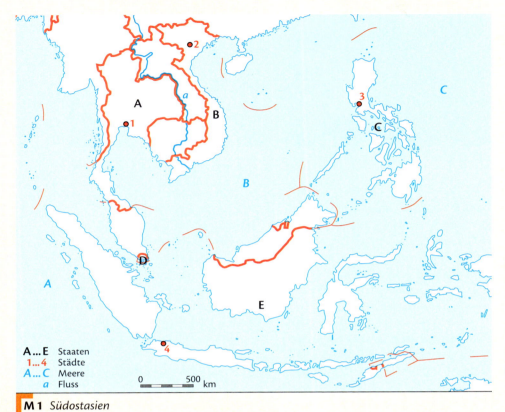

A...E Staaten
1...4 Städte
A...C Meere
a   Fluss

M 1 Südostasien

Sich orientieren
1. Benenne die mit Buchstaben gekennzeichneten Länder und Städte Südostasiens (**M 1**).
2. Benenne die mit Zahlen gekennzeichneten Meere und Flüsse (**M 1**).

Das Arbeitsblatt zu **M 4** findest du als Arbeitsblatt unter:
cornelsen.de/codes
Code: jofita

Wissen und verstehen
3. Ordne jedem dieser Begriffe mindestens zwei Merkmale zu:

M 2 Geo-Begriffestapel

4. Sortiere die Aussagen in richtige und falsche Aussagen. Verbessere die falschen Aussagen und schreibe diese richtig auf.

Richtig oder falsch?
- Die Menschen, die in die Städte ziehen, erhoffen sich bessere Möglichkeiten für Bildung, Arbeit und gesundheitliche Betreuung.
- Weizen ist das Grundnahrungsmittel in den Ländern Südostasiens.
- Indonesien ist ein Inselstaat, der durch den Meeresspiegelanstieg bedroht ist. Die indonesische Regierung entwickelt deshalb Notfallpläne.
- Tropische Regenwälder und Mangrovenwälder gehören ebenso wie die Nähe zum Meer und die großen Flussdeltas zum Naturreichtum Südostasiens.
- Taifune entstehen über dem Atlantischen Ozean, sie werden deshalb als außertropische Wirbelstürme bezeichnet.
- Die Mangrovenwälder sind durch die Anpflanzung von Ölpalmen in großen Plantagen bedroht.
- Ein wichtiger Grund für die wirtschaftlichen Erfolge Malaysias ist die Förderung des Bildungswesens durch den Staat.
- Touristen kommen gern nach Malaysia, um die endlosen Küsten zu genießen oder die Natur im tropischen Regenwald zu erkunden.
- Südostasien ist ein Teil des indischen Feuerrings.

123 JAPAN UND AUSTRALIEN VERGLEICHEN

Japan und Australien: Physische Karten

GEO-CHECK 122

Können und anwenden

M 6 Shrimpsproduktion in Indonesien

	Vietnam	Kambodscha
Bewässerte Fläche (in ha)	1 919 623	504 245
Anzahl der Betriebe	608	2 091
Durchschnittsgröße (in ha)	3 157	241
Reisernten pro Jahr	3	2

Quelle: Mekong River Commission

M 7 Bewässerungsfeldbau am Mekong

M 8 Reisanbau

M 9 Aquakulturen

Raumanalyse Mekong

10 Führe mithilfe der Checkliste auf S. 112 eine Raumanalyse unter folgender Leitfrage durch: „Der Mekong – Lebensader Südostasiens?" Nutze dazu auch den Atlas und das Internet.

Rückverfolgbare Lieferkette

Händler → 100 Tonnen Palmöl, die zu einer Mühle rückverfolgbar sind, die ausschließlich von zertifizierten Plantagen beliefert wird → **Produktversprechen:** Für dieses Palmöl wurde kein Regenwald abgeholzt ✓

Lieferkette ist kontrolliert und rückverfolgbar

GEO-CHECK

Beurteilen, sich verständigen und handeln

5 Beschreibe die Merkmale von Slums und des Lebens von Slumbewohnern in Manila (M 3).
6 Erörtere die Aussage: „Das Leben in einem Slum in Manila ist hundert Mal besser als das Leben in einem Dorf irgendwo auf den Philippinen weit weg von der Stadt" (M 3, S. 118/119).
7 Nimm Stellung zu der Behauptung: „Damit wir in Europa preiswerte Shrimps essen können, müssen Mangrovenwälder abgeholzt werden." (M 4).
8 Fertige eine Mindmap zu den Problemen an, die sich durch das Anpflanzen von Ölpalmen und die Herstellung von Palmöl in Malaysia ergeben.
9 Diskutiert, wie Palmöl auch ohne die Abholzung von tropischem Regenwald produziert werden kann. Leitet daraus Schlussfolgerungen für unser Verhalten als Verbraucher ab (M 5, S. 108/109).

M 3 Manila

M 4 Shrimpsteiche

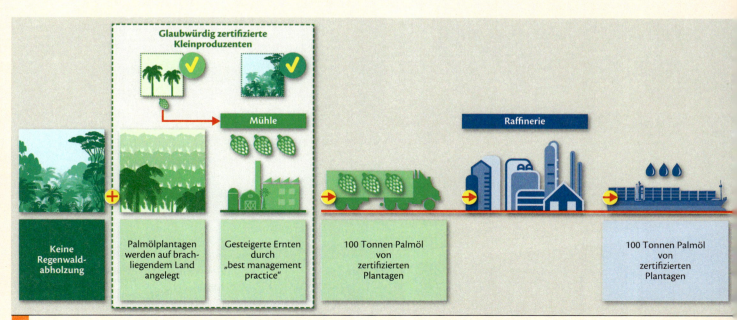

M 5 Palmöl ohne Raubbau von tropischem Regenwald

5 Japan und Australien vergleichen

Stadtansichten
Betrachtet man die größte Stadt Australiens, Sydney, und die Japans, Tokio, so kann man auf den ersten Blick kaum Unterschiede erkennen. Doch trifft dies auch auf die Länder und die Lebensweise der Menschen in Japan und Australien zu? Wo liegen die Gemeinsamkeiten und worin unterscheiden sie sich? Das könnt ihr in diesem Kapitel untersuchen.

In diesem Kapitel lernst du
- dich in Japan und Australien zu orientieren,
- die Entstehung des japanischen Inselbogens zu erklären,
- die Bedrohung durch Naturkräfte oder menschliche Eingriffe und Möglichkeiten des Schutzes zu erläutern,
- die Bevölkerungsdichte und -verteilung als Folge der naturräumlichen Gegebenheiten zu begründen,
- die Ausstattung mit Rohstoffen zu vergleichen und
- gesellschaftliche Besonderheiten zu charakterisieren.

Dazu nutzt du
- Karten,
- Bilder,
- Tabellen und Grafiken,
- Arbeitsplan und
- Lerntagebuch.

Du beurteilst
- die Auswirkungen der naturräumlichen Gegebenheiten auf die Bevölkerungsverteilung,
- die Bedrohung durch Naturkräfte oder menschliche Einflüsse sowie Möglichkeiten des Schutzes.

Links: Tokio mit dem Fudschijama im Hintergrund
Rechts: Circular Quay und der Stadtteil The Rocks in Sydney

GEO-METHODE

Wir lernen mit einem Arbeitsplan

M 1 *Max lernt mit dem Arbeitsplan*

check-it
- eigene Regeln entwickeln
- Arbeitspläne erstellen

Jeder Mensch ist anders ... und das ist gut so!
Jeder Mensch hat unterschiedliche Interessen, das bedeutet, alle Menschen sind anders und besonders. Das ist etwas Tolles und muss auch beim Lernen beachtet werden. Der Arbeitsplan kann dein persönlicher Begleiter beim Lernen im Fach Geographie sein.

Die Forscherfrage
Dein Schulbuch enthält viele wissenswerte Informationen zu unterschiedlichen Themen der Geographie. Es ist jedoch klar, dass auf diesen über 180 Seiten nicht alle deine geographischen Fragen beantwortet werden können. Oft wird es so sein, dass du etwas Spannendes liest oder dir eine Karte anguckst und du eine Frage hast, die jedoch nicht auf der Themenseite geklärt wird. Solche Fragen oder Ideen sind **Forscherfragen**. Zur Lösung dieser Fragen kann der Webcode auf den Themenseiten helfen.

Habe ich es gecheckt?
In deinem neuen Geographiebuch findest du auf der ersten Seite jedes Kapitels eine Liste mit Inhalten, die du auf den nächsten Seiten lernst. Auf den unterschiedlichen Themenseiten findest du eine ähnliche Liste im „check-it"-Kasten. Beim Lernen ist es wichtig, dass du die Arbeitsaufträge nicht einfach erledigt hast, damit sie abgehakt sind, sondern dass du den Inhalt auch gecheckt hast. Um dieses festzustellen, hilft dir der „Kompetenzcheck – Habe ich es gecheckt?".

Checkliste für den Arbeitsplan
1. Lies dir die Themen des Kapitels durch und schau dir die entsprechenden Seiten im Buch an.
2. Bewerte die Themen des Kapitels mithilfe von Sternen. Hören sich die Themen spannend an, kann das Thema vier Sterne bekommen. Ist das Thema nicht so interessant, bekommt es nur einen Stern.
3. Lege eine Reihenfolge fest, in der du die Themen bearbeiten möchtest. Du kannst zunächst mit den Themen starten, denen du am meisten Sterne gegeben hast.
4. Zeige deiner Lehrerin oder deinem Lehrer deinen Arbeitsplan. Besprich mit ihr/ihm einen Termin, an dem der Arbeitsplan erledigt ist.
5. Bearbeite nun in deiner Reihenfolge alle Themen. Notiere nach dem Lösen der Doppelseite das aktuelle Datum in der Spalte „erledigt am ...".
6. Bewerte das Thema nach der Bearbeitung nochmals. Was stellst du fest?
7. Möchtest du noch mehr über das Thema erfahren? Wenn ja, überlege dir eine Forscherfrage und löse diese.
8. Bearbeite nun die Aufgaben der Geo-Check-Seiten. Hier wiederholst du die wichtigsten Themen des Kapitels.
9. Fülle den Kompetenzcheck aus.

	Du kannst ...	👍	☞	👎	?
1	... die Entstehung der japanischen Inseln erklären.			x	
2	... die Bedrohung Japans durch Naturkräfte erläutern.	x			
3	... Entstehung von Erdbeben und Vulkanausbrüchen erläutern.	x			
4	... Auswirkungen von Erdbeben und Vulkanausbrüchen beschreiben.	x			
5	... Schutzmaßnahmen beurteilen.			x	
..	...				
9	... eine Internetrecherche durchführen.	x			

Bei diesen Aussagen zeigt der Daumen nach unten: 1
Stelle eine Frage, deren Antwort die Lösung zu deinem Problem sein könnte:
Warum bewegen sich die Erdplatten und welche Folgen hat das?

M 2 *Auszug aus dem Kompetenzcheck von Max*

> Japan ist so weit weg und die Namen der Städte, Berge und Flüsse sind so kompliziert!

> Das finde ich spannend – da kann ich den Alltag der Jugendlichen in Japan mit meinem vergleichen!

Das ist der Arbeitsplan von _____Max_____ zum Bereich „Japan untersuchen"

Meine Reihenfolge	Seite	Thema	Bewertung des Themas *vor* der Bearbeitung	erledigt am	Bewertung des Themas *nach* der Bearbeitung
4	130/131	Wir orientieren uns in Japan	★★☆☆	14.06.	★★★☆
2	132/133	Japan – von Naturkräften bedroht	★★☆☆	07.06.	★★★☆
3	134/135	Ein Inselreich schafft sich Platz	★★★☆	12.06.	★★★★
6	136/137	Japan – eine Wirtschaftsmacht	★★★★	21.06.	★★★☆
5	138/139	Japan – eine alternde Gesellschaft	★★☆☆	19.06.	★★★★
1	140/141	Wir vergleichen den Schultag in Japan und Australien	★★★★	05.06.	★★★★

Meine geographische Forscherfrage zum Thema „Japan untersuchen":

Ist der Fudschijama – der höchste Berg Japans – ein aktiver Vulkan?

An diesem Termin soll die Arbeit am Arbeitsplan erledigt sein:
26. Juni

_____Max_____
Unterschrift des Schülers / der Schülerin

M 3 *Arbeitsplan von Max*

Wichtige Regeln für die Arbeit mit dem Arbeitsplan
- Ich lese die Arbeitsaufträge sorgfältig.
- Ich bearbeite meine Aufgaben ordentlich.
- Ich arbeite konzentriert und lasse mich nicht ablenken.
- Ich gebe bei Schwierigkeiten nicht zu schnell auf.
- Bei Problemen bitte ich einen Mitschüler oder die Lehrerin/den Lehrer um Hilfe.
- Ich störe keine Mitschüler.
- Ich halte meinen Arbeitsplatz ordentlich.

M 4 *Regeln für die Arbeit mit dem Arbeitsplan*

1 Mache Vorschläge für Klassenregeln beim Lernen mit dem Arbeitsplan.
2 Bewerte einige Themen eines Kapitels deiner Wahl mithilfe der Sterne.

Du findest zu allen Kapiteln des Buches Vorlagen für Arbeitspläne unter
cornelsen.de/codes
Code: fuboza

GEO-METHODE

Wir arbeiten mit dem Lerntagebuch

check-it
- Lerntagebuch schreiben
- Lernprozess bewerten

Ein Tagebuch zum Lernen
Viele Menschen führen ein Tagebuch, in dem sie Erlebnisse notieren, die für sie sehr bedeutsam waren: Streit mit Freunden, ein schöner Tag am See und vieles mehr. Ein Tagebuch ist somit ein Fundus an unterschiedlichen Erinnerungen des Alltages.
Mit einem **Lerntagebuch** erstellst du eine Sammlung an unterschiedlichen Lernerinnerungen. In einem Lerntagebuch beschreibst du deinen Lernweg mit deinen Worten.

Durch Lernen Licht ins Dunkel bringen
Zu Beginn des Schuljahres hast du nur wenige Vorstellungen von einem Thema, aber schon nach wenigen Wochen bist du ein Experte auf diesem Gebiet. Deine positiven oder negativen Gefühle sind beim Lernen nur sehr selten sichtbar. Mit dem Lerntagebuch kannst du diese Gedanken ans Tageslicht bringen. Es ist dein ständiger Begleiter, in den du deine Ideen, Aha-Erlebnisse, aber auch Fehler schreiben kannst.

Ich kann das nicht – gibt es nicht!
„Ich kann das nicht!" Das ist eine Rückmeldung, die Schüler häufig äußern. Wenn du in eine solche Situation kommst, starte die Suche nach dem Problem. Du musst überprüfen, wo das eigentliche Problem liegt: Hast du die Aufgabe verstanden? Sind die Texte zu schwierig? Kennst du die Bedeutung der fett gedruckten Begriffe? Verstehst du die Abbildungen? Um den Verlauf und die Ergebnisse des Lernens sichtbar zu machen, kannst du die Feedbackzielscheibe nutzen. Sie ist wie eine Dartscheibe aufgebaut und in vier Felder aufgeteilt. Sie stehen für unterschiedliche Gesichtspunkte, die du bewerten sollst. In der Mitte ist das Bullseye, hier erhält man beim Darten die höchste Punktzahl. Stimmst du einer Aussage zu, zeichnest du einen Punkt in die Mitte der Zielscheibe. Stimmst du einer Aussage nicht zu, kommt der Punkt an den Rand der Zielscheibe.

M1 *Mia beim Schreiben im Lerntagebuch*

Checkliste zum Schreiben von Lerntagebüchern
Vor der Bearbeitung der Aufgaben
1. Eisbrecher: Beantworte folgende Fragen:
- Was weiß ich schon über das Thema?
- Was möchte ich gerne über das Thema wissen?
- Wie interessant finde ich das Thema?

Während der Bearbeitung der Aufgaben
2. Der Lerntagebucheintrag
- Verfasse deinen individuellen Lerntagebucheintrag (**M2** bis **M5**).

Nach der Bearbeitung der Aufgaben
3. Feedback
- Bewerte deinen Lernprozess mit der Feedbackzielscheibe.
- Vergleiche deine Motivation vor und nach der Bearbeitung.

1 Erstelle eine Mindmap zum Thema Lerntagebuch (*Eine Mindmap erstellen*).
2 Beschreibe deine Gefühle bei der Bearbeitung einer Aufgabe deiner Wahl. (**M3**)
3 Bewerte eine Schulstunde deiner Wahl mit der Feedbackzielscheibe. (**M4**)
4 Auch aus Fehlern kann man lernen! Nimm Stellung.

Nachteile	Vorteile
− Es kostet täglich etwa 5 Minuten Zeit.	+ Meine Stärken werden deutlich.
	+ Meine Schwächen werden deutlich.
	+ Ich dokumentiere meinen Lernweg.
	+ Der Lehrer/die Lehrerin erkennt schnell meine Fehler.
	+ Ich kann kreativ sein.
	+ Ich kann mir alles von der Seele schreiben.

M2 *Vor- und Nachteile des Lerntagebuches*

Wenn du nicht weißt, was du schreiben könntest, können dir folgende Fragen helfen:
- Was habe ich heute gemacht?
- Was will ich herausfinden?
- Wie bin ich dabei vorgegangen?
- Was habe ich dabei erfahren und gelernt?
- Was war heute wichtig für mich?

Oder du probierst es mit diesen Satzanfängen:
- Für mich war heute sehr hilfreich, dass …
- Es wäre heute wichtig gewesen, wenn …
- Ich war froh, dass …
- Ich empfand Langeweile, als …
- Für mich war es besonders interessant, dass …
- Ich fühle mich „abgehängt", weil …

M 3 *Tipps gegen Schreibblockaden*

Hinweise für das Lerntagebuchschreiben
- *Lieblingsstift:* Schreibe den Lerntagebucheintrag mit deinem Lieblingsstift.
- *Nicht nur Worte:* Dein Lerntagebuchtext muss nicht nur aus Worten bestehen. Er kann auch Smileys ☺ beinhalten, aus einer Zeichnung oder einer Mindmap bestehen. Deiner Kreativität steht nichts im Weg.
- *1000 Worte:* Es kommt nicht auf die Länge des Eintrages an. Auch kurze Einträge können informativ sein.
- *Kein Zwang:* Falls du an einem Tag keine Lust zum Schreiben hast, ist das okay.

M 4 *Hinweise für das Lerntagebuchschreiben*

Kopiervorlage   14.6.   (Datum)
Das ist das Lerntagebuch von _____Mia_____

zum Thema _____Japan – von Naturkräften bedroht_____

Eisbrecher	Das weiß ich schon über das Thema: *In Japan muss es viele Erdbeben geben, denn ich habe in den Nachrichten schon öfter darüber etwas gehört.*	Das möchte ich über das Thema wissen: *Es muss schrecklich sein, wenn man immer mit der Angst vor Erdbeben leben muss. Ob man sich davor schützen kann?*
	Auf einer Skala von 0 (uninteressant) bis 10 (interessant), gebe ich folgende Punkte: 0 — 1 — 2 — 3 — 4 — 5 — 6 — 7 — **8** — 9 — 10	
Lerntagebucheintrag	*Heute habe ich etwas über Erdbeben und Vulkanausbrüche in Japan gelernt. Ich finde es total spannend, dass die japanischen Inseln alle durch Vulkanausbrüche entstanden sind ☺. Kein Wunder, dass es da so viele Erdbeben gibt! Es ist sehr beeindruckend, dass die Kinder auch in der Schule lernen, wie man sich bei Erdbeben verhält. Ich hoffe sehr, dass die erdbebensicheren Häuser die Menschen wirklich schützen. So, das war's heute von mir. Hoffentlich geht's beim nächsten Mal genauso spannend weiter.*	
Feedbackzielscheibe	Ich habe Neues gelernt. Die Materialien (Texte, Karten, Bilder usw.) waren hilfreich.	Ich habe die Arbeitsaufträge verstanden. Ich möchte zu diesem Thema noch mehr wissen.

M 5 *Mias Lerntagebuch*

130 JAPAN UND AUSTRALIEN VERGLEICHEN

Wir orientieren uns in Japan

M 1 Der Vulkan Fudschijama – höchster Berg Japans

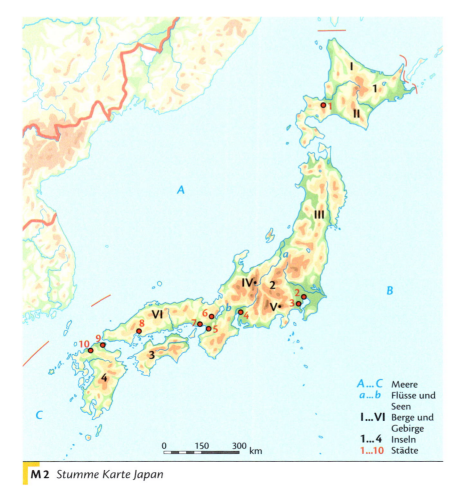

M 2 Stumme Karte Japan

A...C Meere
a...b Flüsse und Seen
I...VI Berge und Gebirge
1...4 Inseln
1...10 Städte

check-it
- geographische Lage Japans beschreiben
- Städte, Flüsse, Seen und Meere sowie Gebirge und Berge in Japan verorten
- Oberflächenformen und Ausdehnung beschreiben
- stumme Karte auswerten
- Klimadiagramme lesen

Land der Inseln
Japan besteht aus etwa 3900 Inseln, die östlich des asiatischen Festlands im Pazifischen Ozean liegen. Die Inseln sind der aus dem Meer herausragende Teil eines Gebirgszuges, der durch den Zusammenstoß der Pazifischen mit der Eurasischen Platte entstanden ist. Drei Viertel der Oberfläche Japans prägen Gebirge, deren Gipfel oft über 2000 Meter hoch sind. Sie werden von wenigen breiteren Ebenen, Becken und Tälern unterbrochen und von schmalen Küstenebenen begrenzt. Größere Tiefländer, die nicht einmal zehn Prozent des Staatsgebietes ausmachen, gibt es nur auf den Inseln Hokkaido und Honschu. Vier der sieben größten Ebenen liegen auf der Insel Honschu.

Land der Städte
In Japan leben etwa 126 Millionen Menschen. Sie konzentrieren sich in den wenigen Ebenen. Dort sind riesige Ballungsräume entstanden. In Japan gibt es mehr als 10 Millionenstädte und Tokio, die Hauptstadt Japans, ist die größte Stadt der Erde. Sie ist mit der benachbarten Millionenstadt Jokohama zu einem riesigen **Ballungsgebiet** zusammengewachsen, in dem mehr als 38 Millionen Menschen leben.

Land der klimatischen Vielfalt
Die japanische Inselkette erstreckt sich über rund 3000 Kilometer von Hokkaido im Norden zu den Osumi-Inseln im Süden. Wegen der Nord-Süd-Ausdehnung hat Japan Anteil an verschiedenen Klimazonen und die Temperaturunterschiede sind zwischen Nord und Süd beträchtlich. Während vor der Nordküste Hokkaidos im Winter häufig das Meer vereist, herrscht im Süden subtropisches Klima.

JAPAN UND AUSTRALIEN VERGLEICHEN 131

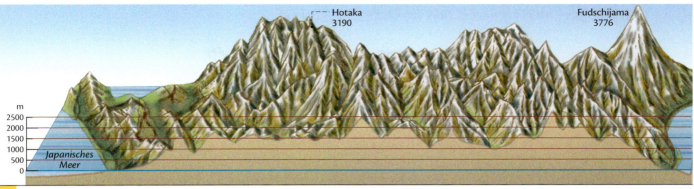

M 3 Profil durch Honschu

1. Beschreibe die geographische Lage Japans (**M 2**, Karten S. 123 oben und S. 168/169, Atlas).
2. Benenne die Flüsse und Seen, Berge und Gebirge, Inseln und Meere sowie Städte (**M 2**, Karte S. 123 oben, Atlas).
3. Miss die Ausdehnung Japans von Wakkanai bis Kagoschima und vergleiche mit Europa (Karten S. 123 oben und S. 168/169, Atlas).
4. Beschreibe die Oberflächenformen Japans (**M 1**, **M 3**, Karte S. 123 oben).
5. Lies die Klimadiagramme und ordne sie den Fotos zu (**M 4** bis **M 7**).
6. Notiere eine geographische Forscherfrage zum Thema „Japan".

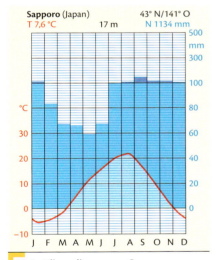

M 4 Klimadiagramm Sapporo

M 6 Januar an der Nordküste Hokkaidos

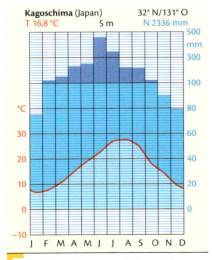

M 5 Klimadiagramm Kagoschima

M 7 Januar auf Kiuschu

132 JAPAN UND AUSTRALIEN VERGLEICHEN

Japan – von Naturkräften bedroht

Die schweren Erdbeben, die sich in den vergangenen Tagen in der japanischen Provinz Kumamoto ereignet haben, forderten mindestens 32 Todesopfer. […] Viele Häuser in Kumamoto sind zerstört. In der Ortschaft Minamiaso ging ein gewaltiger Erdrutsch nieder und verschüttete eine Straße. Militärhubschrauber brachten Anwohner in Sicherheit. Auch das Verkehrsnetz in der Region wurde beschädigt. Viele Bahngleise und Straßen sind betroffen. Das Dach des Flughafens von Kumamoto brach ein, verletzt wurde niemand. Hunderttausende von Haushalten waren vorübergehend von der Gas-, Strom- und Wasserversorgung abgeschnitten. […] Rund 70 000 Menschen haben sich in Notunterkünften in Sicherheit gebracht.
Quelle: Spiegel online, 16.04.2016, 13:35 Uhr

M 1 *Erdbeben in Japan*

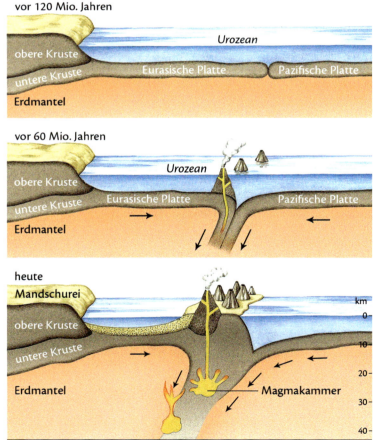

M 2 *Die Entstehung der japanischen Inseln*

check-it
- Entstehung des japanischen Inselbogens erklären
- Bedrohung Japans durch Naturkräfte erläutern
- Blockbilder und Profile auswerten
- Schutzmaßnahmen beurteilen

Entstehung durch Naturkräfte

Japan ist Teil des pazifischen Feuerrings. Die japanische Inselkette liegt am Ostrand der Eurasischen Platte, wo sie auf die Pazifische Platte trifft. Dabei wird die Pazifische Platte schräg unter die Eurasische Platte geschoben. Beim Zusammentreffen der Eurasischen mit der Pazifischen Platte wird das absinkende Gestein durch die zunehmenden Temperaturen im Erdmantel aufgeschmolzen und steigt als Magma in Schwächezonen auf. So entstehen lang gezogene Vulkanketten wie die japanische Inselkette mit über 250 Vulkanen. Im Bereich der Subduktionszone bilden sich Tiefseegräben wie der Japangraben und der Kurilengraben. Die Höhenunterschiede zwischen den Tiefseegräben und den Vulkangipfeln Japans betragen bis zu 13 000 Meter.

JAPAN UND AUSTRALIEN VERGLEICHEN

Bedrohung durch Naturkräfte

Japan ist das erdbebenreichste Gebiet der Erde. Täglich werden in Japan ein oder mehrere kleinere Erschütterungen registriert. Sie bleiben in der Regel ohne Schäden – anders als bei den großen Erdbeben. Beim Erdbeben von Kobe 1995 zum Beispiel starben mehr als 6000 Menschen.

Das bisher stärkste Erdbeben fand am 11. März 2011 statt. Das Erdbebenzentrum lag vor der Küste Japans mehr als 300 Kilometer nördlich von Tokio. Bereits kurze Zeit nach dem Erdbeben erreichte eine durch das Erdbeben ausgelöste zehn Meter hohe Flutwelle Küstenbereiche im Norden Japans. Die Wassermassen des Tsunami kosteten tausende Menschen das Leben und zerstörten ganze Landstriche.

Durch Spalten in der Erdkruste entlang der Subduktionszone kann Lava an die Erdoberfläche dringen. So kommt es zu Vulkanausbrüchen. Auf dem japanischen Inselbogen liegen etwa 40 aktive Vulkane.

Schutz vor Naturkräften

Die Frühwarnung bei Erdbeben und Vulkanausbrüchen ist schwierig. Die einzige kurzfristige Warnung, die heute schon möglich ist, basiert auf Frühwarnsystemen, die wenige Minuten oder Sekunden vor der größten Zerstörungswucht eines Erdbebens Alarm schlagen. Messgeräte registrieren bei einem Erdbeben bereits schwache Erdbebenwellen, die schneller durchs Gestein wandern als die zerstörerischen Wellen. In den Sekunden, die bis zum Eintreffen des Bebens bleiben, können zum Beispiel Fahrstühle angehalten oder Hochgeschwindigkeitszüge gestoppt werden.

In Japan wird die Bevölkerung darauf vorbereitet, sich bei Erdbeben zu schützen. Einmal im Jahr gibt es eine landesweite Übung, bei der Polizei, Feuerwehr und Armee gemeinsam mit der Bevölkerung Rettungs- und Schutzmaßnahmen üben. Zudem werden Häuser erdbebensicher gebaut, um ein Einstürzen zu verhindern.

M 3 Japanische Schulkinder bei einer Erdbeben-Schutzübung

M 4 Erdbebensichere Kuppelhäuser in Kumamoto/Japan

Die Maßnahmen zahlen sich aus. Im Vergleich zu anderen von Naturkräften bedrohten Regionen hat Japan weniger Opfer zu beklagen.

1. Erkläre, wie die japanischen Inseln entstanden sind (**M 2**).
2. Beschreibe die Auswirkungen des Erdbebens 2016 in Japan (**M 1**).
3. Erläutere die Bedrohung Japans durch Naturkräfte (**M 1**).
3. Liste mögliche Schutzmaßnahmen auf und beurteile ihre Wirksamkeit. Begründe deine Einschätzung (**M 3** und **M 4**).
4. Bildet Gruppen und informiert euch über ein Naturereignis der letzten Jahre in Japan. Berichtet der Klasse (*Eine Internetrecherche durchführen*).

Ein Inselreich schafft sich Platz

M 1 *Flughafen und neu geschaffene Stadtviertel Kobes*

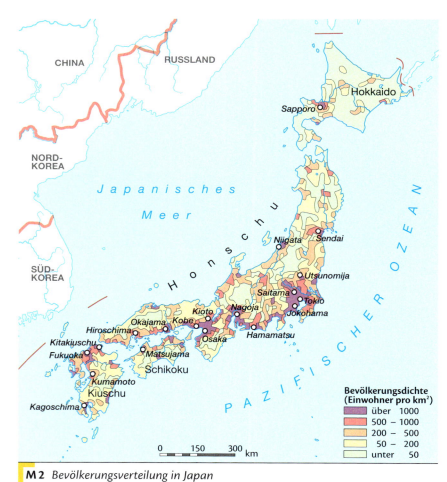

M 2 *Bevölkerungsverteilung in Japan*

check-it
- geographische Lage Kobes beschreiben
- Bevölkerungsverteilung Japans erläutern
- Maßnahmen der Landgewinnung vergleichen
- Luftbilder, Karten und Grafiken auswerten
- Notwendigkeit der Landgewinnung beurteilen

Der Raum wird knapp

Auch wenn Japan und Deutschland eine ähnlich große Landesfläche aufweisen, so leben in Japan viel mehr Menschen. Japan ist eines der Länder mit den meisten Millionenstädten weltweit. Die meisten Japaner leben an der Ostküste des Landes. Dort ist das Klima angenehmer als an der Westküste. Im Landesinneren verhindert das gebirgige Relief die Ansiedelung sowie die landwirtschaftliche Nutzung dieser Gebiete. Was fehlt, sind ausgedehnte Tieflandebenen. Der knappe Lebensraum wird nicht nur für Siedlungen benötigt, sondern auch für Verkehrswege, landwirtschaftliche Flächen sowie Freizeit- und Erholungseinrichtungen. Außerdem fehlt in Japan Raum für Industrieanlagen.

Raum muss geschaffen werden

Da nicht nur die Bevölkerung, sondern auch die Wirtschaft in Japan Flächen benötigt, war ein erster Lösungsansatz für die Raumknappheit, in die Höhe zu bauen. Durch die Errichtung von Hochhäusern konnten mehr Menschen und Büroräume auf geringer Fläche untergebracht werden.
Später gewann zudem die **Neulandgewinnung** an Bedeutung. Dafür wird Landmasse abgetragen, um ebene bebaubare Flächen zu schaffen. Durch Aufschüttung von Senken oder im Meer wird zusätzliche Landfläche gewonnen. Vor allem die Meeresbuchten eigneten sich für die künstliche Flächenvergrößerung, da sie Schutz vor zu starken Strömungen bieten. Sowohl auf dem Land als auch im Meer entstanden auf diese Weise nutzbare Wohn- und Industrieflächen.

Kobe – neues Land entsteht

Für die Neulandinseln Kobes „Port Island" und „Rokko Island" wurde Gesteinsmaterial aus den nahegelegenen hügeligen Gebieten abgetragen und in der Bucht der Stadt aufgeschüttet. Auf diese Weise konnten große neue Industrie- und Gewerbeflächen sowie Wohnraum und Hafenanlagen entstehen, wo zuvor nur Wasser war.

Auch der Flughafen „Kansai International Airport" in der Bucht von Osaka sowie der Flughafen von Kobe wurden auf Neuland angelegt. 10,5 Quadratkilometer Fläche, auf denen das Flughafengebäude sowie eine Start- und Landebahn Platz fanden, wurden in einer Meeresbucht aufgeschüttet. Der Meeresboden wurde mit Stahlrohren stabilisiert. Zusätzlich errichtete man einen Wall aus Beton und Stein. Gesteine wurden abgetragen, um als Aufschüttungsmaterial zu dienen. Teilweise setzte man sogar nicht verbrennbaren Müll zur Aufschüttung ein.

Entgegen der Berechnungen sank die künstlich geschaffene Insel jährlich um einige Zentimeter ab. Das Absinken konnte zwar nicht gestoppt, aber verlangsamt werden. Durch erneute Aufschüttung entstand später zusätzliche Fläche, auf der eine zweite Start- und Landebahn sowie ein zweites Terminal errichtet wurden.

Tama New Town – eine neue Stadt

Etwa 20 Kilometer südwestlich der Hauptstadt Tokio entstand Tama New Town ebenfalls durch Aufschüttung abgetragenen Materials sowie durch die Abtragung von Hügeln. Diese neue Stadt wurde bereits 1965 entworfen und entstand nicht im Meer, sondern im Landesinneren Japans. Sie sollte zusätzlichen Wohnraum im Einzugsgebiet Tokios zur Verfügung stellen.

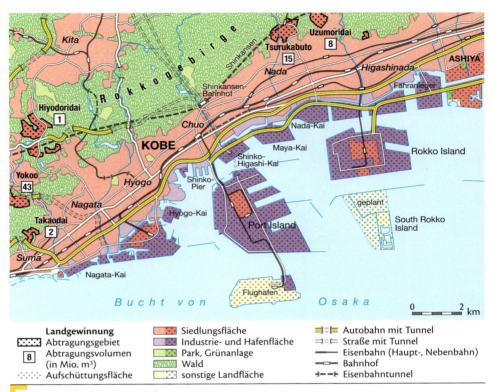

M 3 Landgewinnung in Kobe

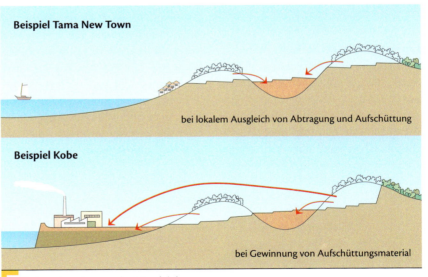

M 4 Landgewinnung im Vergleich

1 Beschreibe die geographische Lage Kobes (**M 2**, Karte S. 123).

2 Erläutere die Bevölkerungsverteilung Japans (**M 2**).

3 Erkläre, wie in Kobe neues Land gewonnen wurde (**M 1**, **M 3** und **M 4**).

4 Vergleiche Luftbild und Karte und benenne die neu gewonnenen Stadtviertel (**M 1** und **M 3**).

5 Vergleiche die Landgewinnung von Kobe mit der von Tama New Town (**M 4**).

6 Beurteile die Notwendigkeit der Neulandgewinnung in Japan (**M 2** und **M 3**).

Japan – eine Wirtschaftsmacht

M 1 Roboter aus Japan spielen Fußball

check-it
- Voraussetzungen für den japanischen Wirtschaftserfolg erläutern
- Handelspartner benennen
- Export- und Importprodukte vergleichen
- Diagramme auswerten

Japan – Land ohne Rohstoffe

Viele technische Geräte und Kraftfahrzeuge, die bei uns angeboten werden, wurden in Japan hergestellt. Japan zählt zu den führenden Wirtschaftsmächten der Erde. Dies ist umso verwunderlicher, da Japan kaum über Rohstoffvorkommen für die industrielle Produktion verfügt. Um die eigene industrielle Fertigung aufrechterhalten und eigene Produkte ins Ausland verkaufen zu können, muss Japan zuerst die verschiedensten Rohstoffe importieren. Der Staat förderte Technologien der Veredelungsindustrie, die Energie und Rohstoffe sparen. So werden zur Herstellung von Computern nur vergleichsweise wenige Rohstoffe gebraucht, deren Einfuhrkosten nicht sehr hoch sind, während das Endprodukt sehr viel wertvoller ist – die Rohstoffe wurden veredelt.

Japan – wirtschaftlich erfolgreich

Trotz der natürlichen Nachteile konnte sich Japan zu einer Wirtschaftsmacht entwickeln.

In Japan wird großer Wert auf eine gute Bildung gelegt, damit viele hochqualifizierte Arbeiter die Entwicklung des Landes vorantreiben können. Um die wissenschaftlichen Einrichtungen in Japan an einem Standort zu konzentrieren wurde bereits in den 1960er-Jahren die Wissenschaftsstadt Tsukuba erbaut. Dort befinden sich drei Universitäten sowie zahlreiche private und staatliche Forschungszentren. Unternehmen der **Hightechindustrie** haben sich ebenfalls dort angesiedelt, um direkt mit den Forschungseinrichtungen zusammenarbeiten zu können.

Die Basis der japanischen Wirtschaft bilden die zahlreichen Klein- und Mittelbetriebe, in denen äußerst flexibel und vor allem kostengünstig gearbeitet wird. Etwa drei Viertel aller Industriearbeiter sind in diesen Betrieben tätig, die wichtige Zulieferer für die Großindustrie sind.

Hohe Qualitätsstandards der Erzeugnisse, die zu günstigen Preise angeboten werden, sind weitere Gründe für den Erfolg Japans im wirtschaftlichen Bereich.

Gemäß der japanischen Tradition identifizierten sich die Menschen lange Zeit mit ihrer Nation. Die eigenen, individu-

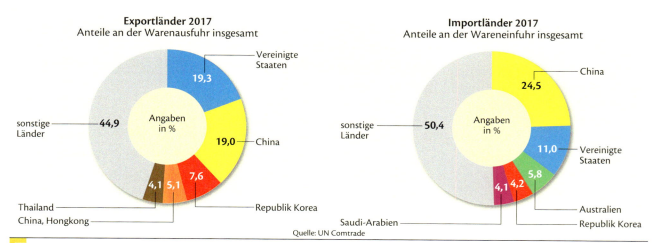

M 2 Exporte und Importe Japans

ellen Ziele, wie das Gründen einer Familie, wurden zugunsten des Landes zurückgestellt. Jeder gab sein Bestes zum Wohle Japans. Dieser Arbeits- und Einsatzwille kam der japanischen Wirtschaft zugute.

Japan schaffte es durch technischen Fortschritt, eines der bedeutsamsten Exportländer der Welt zu werden. Das Land versucht durch neue Technologien den eigenen Rohstoffverbrauch zu verringern und mit Hightechprodukten hohe Exporte zu tätigen. Die Gewinne aus den Exporten gleichen die entstehenden Kosten durch die Abhängigkeit von den Rohstoffimporten aus. In Zukunft soll vor allem die Robotertechnologie vorangetrieben werden.

Roboter in der Industrie

Japan gehört zu den Staaten, die führend sind, was den Einsatz von Robotern in der Industrie betrifft. Knapp die Hälfte aller weltweit eingesetzten Industrieroboter arbeitet in japanischen Fabriken, insbesondere in der Automobilindustrie. Sie können monotone Arbeiten präzise ausführen, ohne dabei zu ermüden, und sie können auch dort eingesetzt werden, wo die Fertigung für Menschen gesundheitsschädigend oder gefährlich ist. Neue Roboter, die in Japan entwickelt wurden, können sprechen, laufen oder sogar Fußball spielen. Es wird vermutet, dass Roboter bereits in 25 Jahren zur Grundausstattung der meisten Haushalte in den Industrienationen gehören werden.

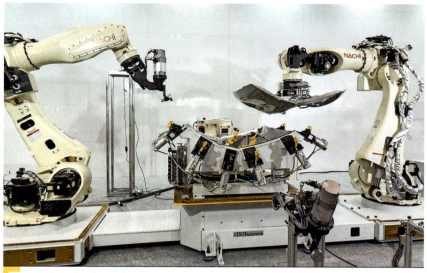

M 3 *Industrieroboter in Japan*

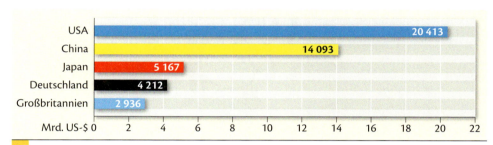

M 4 *Länder mit dem größten Bruttoinlandsprodukt 2018 (in Milliarden US-Dollar)*

1 Erläutere die Voraussetzungen für den japanischen Wirtschaftserfolg (M 1, M 3 bis M 5).
2 Nenne die wichtigsten Handelspartner Japans (M 2).
3 Vergleiche die von Japan importierten und exportierten Rohstoffe und Güter und erläutere die Auswirkungen auf die wirtschaftliche Stellung Japans (M 4, M 5).
4 Informiert euch zu Hause über Produkte „Made in Japan" in eurem Haushalt. Sammelt eure Ergebnisse in der Klasse und vergleicht mit den Exportprodukten Japans (M 5).

M 5 *Export- und Importgüter Japans*

Japan – eine alternde Gesellschaft

M 1 Altersaufbau der japanischen Bevölkerung

check-it
- Bevölkerungsentwicklung Japans beschreiben
- Ursachen des Bevölkerungsrückgangs und der -alterung benennen
- Folgen für Gesellschaft und Wirtschaft erläutern
- Lösungsstrategien erörtern
- Diagramm lesen und auswerten
- Karikatur auswerten

Bevölkerung Japans
In Japan leben derzeit etwa 126 Millionen Menschen. Davon machen die über 65-jährigen bereits ein Fünftel aus. Man nimmt an, dass in naher Zukunft über ein Drittel der Menschen des Inselstaats über 65 Jahre alt sein wird.

Gleichzeitig werden in Japan immer weniger Kinder geboren. Statistisch bringt eine Japanerin durchschnittlich etwa 1,4 Kinder zur Welt. Damit die Bevölkerungszahl gleich bleibt, müsste eine Frau jedoch 2,1 Kinder gebären. Japan erreicht den im weltweiten Vergleich geringsten Wert. Dagegen haben die Japaner eine der höchsten Lebenserwartungen der Welt. Das bedeutet nicht nur, dass die japanische Bevölkerung aus immer mehr alten und weniger jungen Menschen besteht, sondern auch, dass sie schrumpft.

Im Vergleich mit anderen Nationen ist der Anteil von Zuwanderern aus dem Ausland gering. Rund 1,7 Prozent der Gesamtbevölkerung Japans sind zugewandert. Dabei ist ein Zuzug grundsätzlich nicht zu unterschätzen, da dieser im Falle einer geringen Anzahl von Geburten für eine Verjüngung der Bevölkerung sorgt und einen Bevölkerungsrückgang ausgleichen kann. Seit dem Jahr 2005 verzeichnet Japan mehr Sterbefälle als Geburten oder Zuzüge. Das bedeutet, dass die japanische Bevölkerung schrumpft.

Herausforderungen durch Überalterung
In einer überalternden Gesellschaft wie der Japans kommen in nächster Zukunft immer mehr Menschen in das Rentenalter. In Japan arbeiten wesentlich mehr Menschen als in Deutschland noch im Alter. Allerdings gibt es zahlreiche Personen, die ihren erlernten Beruf aufgrund ihres Alters nicht mehr ausüben können. Stattdessen steigt die Zahl derer, die Pflege in Anspruch nehmen, wodurch die Ausgaben des Staates steigen. Dadurch, dass die nachkommenden Generationen kleiner sind als die der Senioren, entsteht ein Mangel an Fachkräften. Die werden aber dringend benötigt, damit Japan die hohen Kosten, die durch die Überalterung für die sozialen Systeme entstehen, bezahlen kann. Aber auch in den Pflegeberufen, die in einer solchen Situation besonders gebraucht werden, fehlen Fachkräfte.

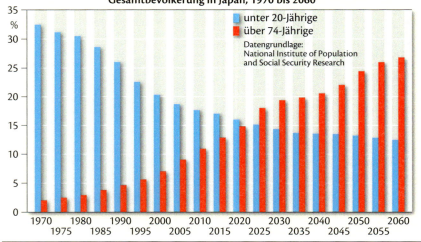

M 2 Altersaufbau der japanischen Bevölkerung

JAPAN UND AUSTRALIEN VERGLEICHEN

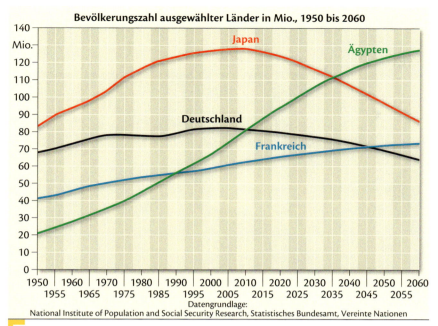

M 3 Bevölkerungsentwicklung 1950–2060 in Millionen

Versorgung der alternden Bevölkerung

In Japan arbeitet man daran, dem Problem der **Überalterung** zu begegnen.
Mit dem Ausbau von Kinderbetreuungseinrichtungen soll es den japanischen Frauen ermöglicht werden, Familie und Beruf besser vereinbaren zu können.

Auch vorbeugende Maßnahmen werden ergriffen, um die Gesundheit im Alter zu fördern. Ziel der japanischen Regierung ist es, auf diese Weise in Zukunft Kosten für die ärztliche Betreuung und Pflege zu sparen.

In den Kommunen wurden Einrichtungen geschaffen, deren Aufgabe es ist, sich um die ältere Bevölkerung zu kümmern. So wird verhindert, dass einerseits Berufstätige ihre Arbeit aufgeben, um Verwandte zu pflegen. Andererseits können Alternde weiterhin am gesellschaftlichen Leben teilhaben. In diesen Einrichtungen arbeiten auch Menschen, die sich bereits im Ruhestand befinden, sich jedoch aktiv einbringen wollen. Sie helfen bei Einkäufen oder beim Hausputz, organisieren Seniorentreffen oder leiten Spielgruppen.

Auch die technischen Neuerungen des Landes werden teilweise schon im Bereich der Pflege und Rehabilitation eingesetzt. Roboter unterstützen bei der Pflege oder beim Wiedererlernen des Gehens nach einem Schlaganfall und sorgen dafür, dass sich Menschen in Altenheimen gemeinsam bewegen.

Ältere Menschen als Konsumenten

Die steigende Anzahl der Menschen über 50 an der Gesamtbevölkerung eröffnet jedoch auch Chancen für die Wirtschaft des Landes. Die Nachfrage der finanzstarken älteren Japaner nach Produkten sowie Dienstleistungen, die speziell von dieser Altersgruppe genutzt werden, steigt. Es werden zum Beispiel Produkte angeboten, die einfach zu bedienen sind. Das Raku-Raku-Mobiltelefon (Raku-Raku bedeutet leicht/einfach) bietet auf Senioren abgestimmte Funktionen wie beispielsweise das Ausblenden von Nebengeräuschen bei Telefonaten.

Wohlhabende Senioren haben neben den finanziellen Mitteln auch ausreichend freie Zeit, die sie nutzen, um verschiedenen Hobbys nachzugehen. Sie unternehmen exklusive Reisen oder legen sich Premium-Autos zu. Auch diese Nachfrage wird durch hochwertige Produkte und vielfältige Angebote auf dem Silbermarkt berücksichtigt.

Zusätzlich gibt es zahlreiche Produkte, wie Haushaltsroboter, die Menschen unterstützen, die körperlich eingeschränkt sind.

1. Werte die Karikatur aus (**M 1**, *Eine Karikatur auswerten*).
2. Beschreibe die Entwicklung der japanischen Bevölkerung und benenne Ursachen (**M 1** bis **M 3**).
3. Erläutere, vor welchen Herausforderungen die japanische Gesellschaft durch die Überalterung der Bevölkerung steht (**M 1, M 2** und **M 4**).
4. Erörtere mögliche Lösungsstrategien (**M 4**).

M 4 Seehund-Roboter bei der Betreuung älterer Menschen

Wir vergleichen den Schulalltag in Japan und Australien

M 1 Japanische Schülerinnen in Schuluniform (und Feinstaubschutzmasken)

M 2 Eine der Schuluniformen australischer Schüler

Aus dem Schulalltag in Japan

Konnichiwa – Hallo, ich heiße Natsumi und mein Tag beginnt schon ein bis zwei Stunden vor Schulbeginn um 9:00 Uhr mit Lernen zu Hause, um noch einmal den Unterrichtsstoff für den Tag zu wiederholen.

Am Vormittag habe ich vier Stunden Unterricht. Ich esse im Klassenzimmer zu Mittag, weil die Schule keine Kantine hat. Nach zwei weiteren Schulstunden machen wir die Unterrichtsräume um 15:30 Uhr gemeinsam sauber.

Wenn ein Lehrer ausfällt, müssen wir uns selbst den Unterrichtsstoff aneignen, das wird von uns erwartet. Während eines Tests in der Klasse bleiben wir auch dann stillsitzen, wenn der Lehrer den Klassenraum verlässt. Der Klassensprecher beendet nach Ablauf der Zeit den Test und sammelt ihn ein. Im Anschluss an den regulären Unterricht nehme ich am Kampfsport teil. Nach einem schnellen Abendessen besuche ich, wie fast alle japanischen Jugendlichen, mehrfach in der Woche eine sogenannte „Paukschule", in der ich meine Hausaufgaben erledige. Ein Betreuer unterstützt uns dabei. Um 22 Uhr endet mein Schultag, aber manchmal lerne ich im Zimmer noch weiter.

Oft fühle ich mich müde und schlapp. Ich gehe nie vor 23 Uhr schlafen, manchmal wird es sogar nach Mitternacht. Den Schlaf hole ich in der überfüllten Bahn nach, ob im Stehen oder im Sitzen, da bin ich mittlerweile flexibel. Lange Anfahrtswege zur Schule oder später zur Arbeit gehören zur Normalität.

Meine Freundin ist von dem Druck sogar krank geworden. Aber ich hoffe, dass ich die Herausforderungen mit der Unterstützung meiner Eltern meistern werde und in den Ferien mal wieder ausschlafen kann.

Aus dem Schulalltag in Australien

G'day – Hi, mein Name ist William und ich gehe in die australische Highschool. Mein Unterricht dauert von 9:00 Uhr bis 15:00 Uhr, wobei ich danach noch die Hausaufgaben erledigen muss. Eine Schulstunde hat bei uns 60 Minuten.

Meine Pausen verbringe ich gerne im Freien auf unserem großen Schulgelände und in der großen Mittagspause kaufe ich mir eine kleine Mahlzeit in der Kantine. Warmes Essen bekomme ich am Abend zu Hause.

Als Fremdsprache lerne ich Deutsch. Auch Mathematik, in verschiedenen Schwierigkeitsgraden, Naturwissenschaften und Sport müssen sein. Doch zu diesen Pflichtfächern kann ich sechs Fächer frei wählen. Somit haben meine Freunde und ich völlig unterschiedliche Stundenpläne.

Neben den vielen Fächern gibt es auch eine große Auswahl an Clubs. Ich mag Sport, gehe gerne surfen und kann mich beim Rugby auspowern. Aber auch Orchester, Chor und Band stehen zur Auswahl. Manche meiner Freunde mögen lieber außergewöhnliche Fächer wie Meeresbiologie, Japanisch oder Fotografie, das kann jeder für sich entscheiden.

Die Schulkleidung ist an den australischen Highschools Pflicht. Dazu werden an den meisten Schulen schwarze Lederschuhe getragen, die wir von zu Hause mitbringen. Das ist zwar ganz normal, aber ich freue mich immer, wenn ich sie am Nachmittag gegen meine Sportschuhe austauschen kann.

Für die Kinder in abgelegenen Farmen gibt es in Australien die einzigartige Möglichkeit der Schule über Satelliteninternet, die „School of the Air".

Alter	Klasse		
19	14		
18	13		
17	12		Fachoberschule
16	11	Oberschule	
15	10		
14	9		
13	8	Mittelschule → Ende Schulpflicht	
12	7		
11	6		
10	5		
9	4	Grundschule	
8	3		
7	2		
6	1		

M 3 Schulsystem in Japan – vereinfacht

Alter	Klasse		
16	12	Senior Secondary School → für Universität	Ausbildung
15	11		
14	10	Gesamtschule (Junior Secondary School) → Ende Schulpflicht	
13	9		
12	8		
11	7		
10	6		
9	5		
8	4	Grundschule (Primary School)	
7	3		
6	2		
5	1		

M 4 Schulsystem in Australien – vereinfacht

Ihr könnt:
- Eine Internetrecherche zur „School of the Air" durchführen und Informationen sammeln, wie der Unterricht in den abgelegenen Regionen Australiens abläuft.
- Argumente für und gegen eine Schuluniform zusammenstellen.
- Eine Umfrage an eurer Schule durchführen, wie eure Mitschüler über Schuluniformen denken.
- Ein Schullogo entwerfen und darüber abstimmen, um es auf T-Shirt oder Pullover zu drucken.
- Ein Quiz durchführen, das interessante und außergewöhnliche Fakten über Japan und Australien beinhaltet.

M 6 Online-Lernarbeitsplatz „School of the Air"

M 5 Abstimmung zur Schuluniform

Wusstet ihr:
- dass das Schuljahr in Australien immer im Januar/Februar beginnt und im November/Dezember endet?
- dass das Zeugnis in Australien die ersten Jahre nur aus Text besteht? Noten gibt es erst ab der 11. Klasse in der High School.
- dass es weder in Australien noch in Japan das „Sitzenbleiben" gibt?
- dass das Schuljahr in Japan am 1. April startet?
- dass die Japanerinnen ihre Kniestrümpfe mit speziellem Kleber an die Haut kleben?
- dass man in Japan auch in öffentlichen Gebäuden wie der Schule oder in Restaurants die Schuhe auszieht?

M 7 Interessante Fakten über Japan und Australien

Ergebnisse als Ausstellung präsentieren
Eure Rechercharbeiten zur „School of the Air" könnt ihr euren Mitschülern in Form einer Ausstellung präsentieren. Die Ausstellung könnte folgende Inhalte haben:
- Kurze, interessante Informationen und charakteristische Bilder,
- das Ergebnis der Umfrage zur Schuluniform als Diagramm,
- die Entwürfe für das Schullogo oder die Schuluniform.

Auch das Quiz könnt ihr während der Ausstellung lösen lassen.

Wir orientieren uns in Australien

check-it
- geographische Lage Australiens beschreiben
- Städte, Flüsse, Ozeane und Inseln benennen
- über Ureinwohner berichten
- Unterschied Kontinent und Staat Australien erläutern

Der Staat Australien gehört mit einer Fläche von 7,69 Mio. km² zum kleinsten Kontinent der Erde, der den gleichen Namen hat. Die Einwohner sind zu 95 Prozent europäischer Herkunft, 1,3 Prozent kommen aus Asien und 2,2 Prozent sind Aborigines (Ureinwohner). Etwa 20 Prozent der Bevölkerung ist in Europa oder Asien geboren.

Die Australier bezeichnen das trockene und flache Landesinnere als „Outback". „Down Under" (engl.) ist eine augenzwinkernde Eigenbetitelung der Australier für ihr Land, das für uns Europäer „irgendwo da unten" liegt.
Die größte Fläche des Landes nimmt das Ostaustralische Bergland ein. Es ist meist nicht mehr als 1000 Meter hoch. Im Westen erstreckt sich ein Berg- und Hügelland, das Westaustralische Tafelland, mit etwa 500 Metern Höhe. Zwischen diesen beiden großen Naturräumen liegt das Mittelaustralische Tiefland mit dem Großen Artesischen Becken.

1 Beschreibe die Lage und wichtige Merkmale des Kontinents Australien und des Bundesstaates Australien (**M 1, M 2**, Karte S.177).
2 Benenne die Meere, Inseln und Halbinseln, Flüsse und Seen sowie die Städte (**M 1**, Karte S. 177).
3 Erläutere die Unterschiede des Kontinents und des Bundesstaates Australien (**M 1**, Atlas).
4 Löse das Silbenrätsel (**M 4**, Atlas). Übertrage dazu die Silben in dein Arbeitsheft. Finde die Lösungswörter. Streiche die zum jeweiligen Lösungswort gehörenden Silben durch.
5 Beschreibe die geographische Lage von Sydney (**M 1, M 3**, Karte S. 177).
6 Berichte über die Ureinwohner Australiens (**M 5, M 6**).

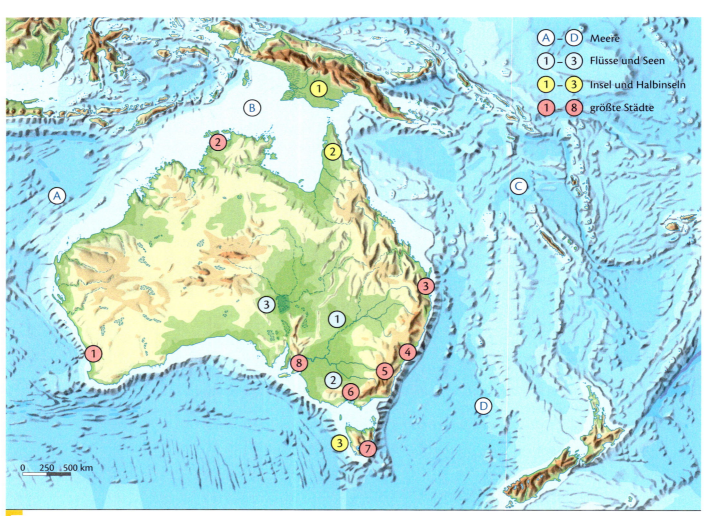

M 1 *Stumme Karte Australien*

JAPAN UND AUSTRALIEN VERGLEICHEN

Länder: Australien, Papua-Neuguinea und Tasmanien (Neuseeland und Pazifikinseln werden Ozeanien zugeordnet)
Ausdehnung: Nord-Süd-Richtung ca. 3700 km, West-Ost-Richtung ca. 4000 km
Fläche: 8,52 Mio. km² (Staat Australien 7,69 Mio. km²)
Längste Flüsse:
- Murray 2508 km,
- Darling 1545 km,
- Murrumbidgee 1485 km

Höchster Berg: Mount Kosciuszko (2230 m)
Gesamtbevölkerung: 32,72 Mio. Einwohner (Staat Australien 24,8 Mio. Einwohner)
Einwohner pro km²: 3,8 (Staat Australien 3,2)
Einwohner der größten Städte:
- Sydney (New South Wales, Australien) 5,0 Mio.
- Melbourne (Victoria, Australien) 4,7 Mio.
- Brisbane (Queensland, Australien) 2,4 Mio.

M 2 *Steckbrief des Kontinents Australien*

M 3 *Sydney*

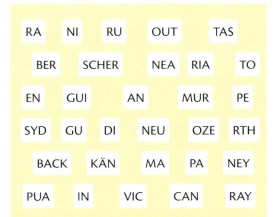

RA	NI	RU	OUT	TAS
BER	SCHER	NEA	RIA	TO
EN	GUI	AN	MUR	PE
SYD	GU	DI	NEU	OZE	RTH
BACK	KÄN	MA	PA	NEY
PUA	IN	VIC	CAN	RAY

1. Bezeichnung der Australier für das Landesinnere.
2. Wappentier Australiens.
3. Insel vor der Südostspitze Australiens.
4. Land im Norden Australiens, das zum Kontinent Australien gehört.
5. Ozean vor Westaustralien.
6. Bundesstaat in Australien.
7. Hauptstadt Australiens.
8. Stadt im Westen Australiens.
9. Größte Stadt Australiens.
10. Längster Fluss Australiens.

M 4 *Silbenrätsel*

M 5 *Aborigines kämpfen für ihre Rechte*

Die Aborigines leben seit etwa 60 000 Jahren in Australien. Sie sind zu einer Zeit, als der Meeresspiegel viel niedriger als heute war, aus Südostasien nach Australien gekommen. Sie waren also die ersten Einwanderer in Australien. Durch die abgeschiedene Lage Australiens konnten sie bis ins 19. Jahrhundert als Jäger und Sammler leben.

Als 1788 die ersten europäischen Einwanderer kamen, begann der Kampf der Aborigines: Für ihr Weideland und das Wasser, gegen unbekannte Krankheiten, für ihre Kultur und gegen das Leben in Reservaten. Manche der Aborigines wehrten sich gewaltsam gegen die Unterdrückung der europäischen Einwanderer und kämpften für ihre Rechte.

Obwohl sie seit den 1960er-Jahren die gleichen Rechte wie die Weißen haben, ist die Situation der Aborigines auch in der Gegenwart schwierig. Arbeitslosigkeit, Armut, Alkohol und Drogen spielen eine große Rolle im Leben vieler Aborigines. Über die Hälfte der Ureinwohner lebt heute in Städten, teilweise in Slums. Einige haben sich in die Weiten Australiens zurückgezogen und wohnen in selbst verwalteten Reservaten.

M 6 *Aborigines – die Ureinwohner Australiens*

144 JAPAN UND AUSTRALIEN VERGLEICHEN

Australien – ein weites Land, dünn besiedelt

M 1 Australien bei Nacht

check-it
- Städte Australiens verorten
- Bevölkerungsentwicklung Australiens charakterisieren
- Größe und Verteilung der Städte erklären
- Leben im australischen Outback darstellen
- Satellitenbild und Diagramme auswerten
- Faustskizze erstellen
- Bevölkerungsverteilung von Australien und Japan vergleichen

Wachsende Einwohnerzahl

Im 16. und 17. Jahrhundert erforschten europäische Seefahrer aus den Niederlanden, Spanien oder Frankreich zunehmend das heutige Australien. Ende des 18. Jahrhunderts wurde Australien zur englischen Kolonie. Die Ureinwohner Australiens sind die Aborigines, die bis dahin als Nomaden lebten. Die Neuankömmlinge aus Europa schleppten unbekannte Krankheiten ein, an denen Tausende Aborigines starben. Es kam aber auch zu gewalttätigen Auseinandersetzungen zwischen Aborigines und den Einwanderern, zum Beispiel um den Besitz von Land.

Die Bevölkerung wuchs ab Mitte des 19. Jahrhunderts zum Zeitpunkt der ersten Goldfunde, auch im australischen Outback. Menschen aus aller Welt kamen, um Gold zu suchen und Geld zu verdienen. So entstanden auch im Landesinnern zahlreiche kleine Ortschaften. Außerdem sahen Farmer an der großen Weite des Landes mit seinen scheinbar unendlichen Flächen den Vorteil, Viehzucht zu betreiben. Da die Temperaturen in diesem Gebiet jedoch bis zu 60 Grad Celsius betragen können, bleibt das australische Outback bis heute vergleichsweise dünn besiedelt.

In der Vergangenheit ist die Einwohnerzahl Australiens vor allem durch die Zahl der Einwanderer gewachsen. In der Gegenwart wird das **Bevölkerungswachstum** durch die Anzahl der Geburten und die höhere Lebenserwartung der Australier bestimmt. Aber auch die Einwanderung von Menschen aus anderen Ländern trug zu Beginn

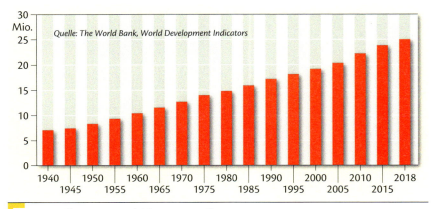

M 2 Bevölkerungsentwicklung Australiens

des 21. Jahrhunderts wieder zum Wachstum der Bevölkerung bei.
Die Tatsache der Zuwanderung wird von der australischen Politik begrüßt. Jedoch müssen auch die Folgen berücksichtigt werden. Da mehr Wohnraum benötigt wird, müssen zum Beispiel kostbare landwirtschaftlich genutzte Flächen weichen. Denn die Städte breiten sich immer weiter ins Landesinnere aus.

Ungleiche Verteilung aus wirtschaftlichen Gründen

Die australische Bevölkerung wächst in erster Linie in den Städten. Mehr als drei Viertel der Menschen wohnen in der Stadt. Der Rest verteilt sich auf die fast endlos erscheinende Fläche des „Outbacks". Die größte Stadt Sydney ist das Handels-, Verkehrs- und Industriezentrum Australiens. Dort haben mehr als die Hälfte der australischen Unternehmen ihren Sitz. Deshalb gibt es in Sydney viele Arbeitsmöglichkeiten und Arbeitsplätze. Auch Melbourne ist ein Industriezentrum. Zudem befindet sich dort ein Hauptsitz der australischen Minen- und Bergwerksindustrie. Viele ausländische Studenten kommen nach Australien, um an den australischen Universitäten zu studieren oder dort für mehrere Monate zu arbeiten.

Unterschätzte Weite des australischen „Outbacks"

Abenteuerlustige Touristen bereisen gerne das Outback, um das Leben in der Wildnis beziehungsweise in der Einsamkeit zu erfahren und neue Erlebnisse zu haben. Viele Besucher, vor allem aus Europa, wollen das Hinterland dabei auf eigene Faust erkunden und unterschätzen die Weite des Landes und die Entfernungen von einem Ort zum nächsten. Die Erstreckung Australiens von Norden nach Süden zum Beispiel ist vergleichbar mit der Entfernung von der Südküste Englands bis zur Mitte Italiens. Daher wird empfohlen, sich ausreichend mit Nahrung und Trinkwasser auszustatten. Bevor Touristen auf Entdeckungstour in den Outback gehen, sollten sie sich am besten bei den örtlichen Behörden abmelden.

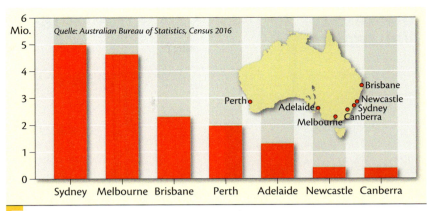

M 3 Größte Städte Australiens (Stand: 2016)

Hi, ich bin Connor und lebe mit meiner Familie auf unserer Farm. Wir züchten Schafe und bauen zusätzlich Getreide an, weil es schwierig wäre, nur von einer Art der Landwirtschaft zu leben. Obwohl wir hier sehr einsam leben, haben wir immer alle Hände voll zu tun: Da unser Land sehr weitläufig ist, müssen wir die Schafe oft mit dem Motorrad suchen und wieder einfangen. Neben der Versorgung der Tiere müssen auch regelmäßig Zäune gespannt oder repariert und Felder abgebrannt werden, um sie wieder zu bewirtschaften. Dabei muss man enorm aufpassen, dass das Feuer nicht außer Kontrolle gerät. Am Wochenende treffen wir Männer uns manchmal in Pubs. Ich nehme dafür gerne die stundenlange Autofahrt in Kauf, wenn ich mich mit Freunden treffen kann. Unter der Woche fehlt dafür die Zeit und der Weg wäre viel zu weit. Unsere Nachbarn wohnen fast 80 km weit weg. Nur der Postbote erzählt uns sonst die Neuigkeiten aus den nächsten Ortschaften, die auf seiner Flugroute mit dem Postflieger liegen, und manchmal bringt er uns auch kleinere Einkäufe mit. Sollte mal jemand einen schweren Unfall haben, sind die „flying doctors" dank ihrer 23 strategisch verteilten Stationen über das „Outback" in längstens zwei Stunden vor Ort.

M 4 Bericht aus dem Leben im australischen „Outback"

1. Charakterisiere die Bevölkerungsentwicklung Australiens (**M 2**).
2. Erstelle eine Faustskizze von Australien und zeichne die größten Städte (über 500 000 Einwohner) ein.
3. Erkläre die Größe und Lage der Städte Australiens (**M 1, M 3**).
4. Vergleiche die Bevölkerungsverteilung Australiens und Japans (S. 134/135, Atlas).
5. Beschreibe das Leben von Connor im australischen Outback (**M 4**).
6. Erstelle eine Checkliste für Touristen darüber, was bei der Erkundung des australischen Outbacks besonders wichtig ist (**M 4**).

Australien – Rohstoffe und Nahrungsmittel für den Weltmarkt

M1 Voll beladener Eisenerz-Zug fährt nach Karratha an die Westküste

M2 Steinkohleförderung in New South Wales, Australien

check-it
- Zielländer der Exportgüter verorten
- bedeutende Rohstoffe nennen
- Exportwaren analysieren und Wirtschaftszweigen zuordnen
- wichtigste Zielländer für australischen Export darstellen
- Bilder, thematische Karten und Tabellen auswerten
- zu einer Aussage Stellung nehmen
- Abhängigkeiten Australiens und Japans erörtern

Australien – reich an Rohstoffen

Goldfunde im 19. Jahrhundert sorgten für einen großen Aufschwung in der australischen Wirtschaft. Der Goldabbau machte das Land bis zum 20. Jahrhundert zu einem der reichsten Länder der Welt. Die Stadt Kalgoorlie ist bis heute eine Stadt des Goldbergbaus geblieben. Die Förderung soll jedoch eingestellt werden, da die abbaubaren

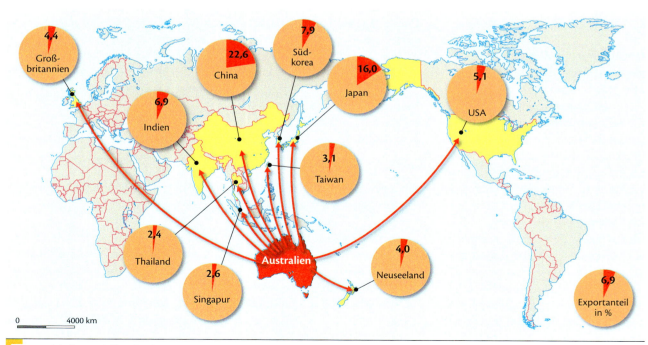

M3 Wichtigste Zielländer für australische Exporte 2016–2017

Vorkommen erschöpft sind. Auch in anderen Gebieten scheint der **Rohstoff** Gold bald aufgebraucht zu sein.

Dafür profitiert das Land von weiteren kostbaren Rohstoffen wie zum Beispiel der Steinkohle. Eines der größten Kohlevorkommen Australiens liegt im Südosten des Landes. Die Steinkohle wird zur Stromerzeugung verwendet. Jedoch wird mehr als die Hälfte der geförderten Steinkohle exportiert, vor allem nach Asien. In Newcastle liegt der größte Kohleexporthafen der Welt.

Bei der Bergbaustadt Newman in Westaustralien befindet sich der größte Eisenerztagebau der Welt. Das Eisenerz liegt dort nur wenige Meter unter der Erdoberfläche und kann deshalb im **Tagebau** abgebaut werden. Das ist kostengünstig, weil keine Schächte und Stollen für die Förderung benötigt werden. Das hier geförderte Eisenerz ist sehr hochwertig, weil es einen hohen Eisenanteil hat. Eisenerz ist dank seiner rötlichen Färbung auch für das typische Aussehen des australischen Bodens verantwortlich. Auf einer nur dafür gebauten Eisenbahnlinie liefern Züge das Eisenerz an die Häfen der Westküste. Von dort wird es überwiegend nach Asien exportiert.

Landwirtschaftliche Produkte tragen zum Reichtum bei

Australien hat auch eine bedeutende Landwirtschaft. Ende des 18. Jahrhunderts kamen Merinoschafe durch Siedler ins Land. Rasch stieg Australien zum weltweit größten Produzenten von Schafwolle auf. Auch lebende Schafe wurden ins Ausland verkauft. Heute nehmen Schafe und Schafwolle nur noch einen geringen Anteil an den Exporten Australiens ein.

Dagegen sind die Rinderzucht und damit die Produktion von Rindfleisch gewachsen. Die weiten Flächen ermöglichen die Haltung von mehreren Tausend Rindern auf einer Farm. Etwa zwei Drittel des Rindfleisches werden ins Ausland verkauft. Australien gehört damit zu den wichtigsten Rindfleischexporteuren weltweit.

M 4 Rinderzucht *in Australien*

	2014–2015	2015–2016	2016–2017
Eisenerz	54 519	47 799	62 799
Kohle	37 882	34 541	54 267
Erdgas	16 895	16 576	22 299
Gold	13 506	16 585	18 979
Rindfleisch	9 040	8 495	7 115
Weizen	5 528	5 096	6 073
Rohöl	8 154	5 184	5 150
Kupfererz	5 242	4 664	4 551
Wolle	2 782	2 872	3 263
alk. Getränke	2 186	2 389	2 612

Quelle: UN Comtrade 2018

M 5 *Bedeutende Exportprodukte Australiens (in Mio. US-Dollar)*

Begünstigt durch das Klima wird in Australien auch Wein angebaut. Obwohl die Weinproduktion im Vergleich zu anderen Ländern gering ist, exportiert Australien über die Hälfte des erzeugten Weins.

Export boomt und macht abhängig

Durch die geringe Einwohnerzahl Australiens können nicht alle erzeugten Waren im Land verbraucht werden. Deshalb müssen Rohstoffe und Nahrungsmittel exportiert werden. Der Export von Rohstoffen und landwirtschaftlichen Produkten ist eine bedeutende Einnahmequelle des Landes. Australien ist der weltgrößte Exporteur von Eisenerz und Steinkohle.

Der Großteil der australischen Exporte geht in die asiatischen Länder. Allein China kauft etwa ein Drittel der australischen Rohstoffe. Denn China produziert zum Beispiel große Mengen Stahl. Aber die umfangreichen Exporte bringen eine gewisse Gefahr mit sich. Solange die Nachfrage aus dem Ausland groß ist, bleiben auch die Preise hoch. Eine Veränderung der Nachfrage hat aber weitreichende Auswirkungen für das Exportland Australien, denn Exporte machen vom Käuferland abhängig. Die schwankende Nachfrage spürte auch Australien in den letzten Jahren, was zu unsicheren Einnahmen für das Land führte.

1. Nenne bedeutende Rohstoffe Australiens (**M 1**, **M 2**, **M 5**, Atlas).
2. Analysiere die Vielfalt der australischen Exportwaren und ordne sie verschiedenen Wirtschaftszweigen zu (**M 3**, **M 5**).
3. Stelle die wichtigsten Zielländer der australischen Exporte dar und berechne die Exportanteile pro Kontinent (**M 3**).
4. „Australien, der Brotkorb Asiens." Nimm Stellung zu dieser Aussage (**M 3**, **M 4**).
5. Japan ein Importland, Australien ein Exportland – und dennoch abhängig? Erörtere diese Frage (**M 3**, **M 5**, S. 136/137).

Australien – ein Kontinent trocknet aus

M 1 Lang anhaltende Dürre in Australien

check-it
- Merkmale und Auswirkungen der Veränderung des Klimas erläutern
- Folgen und Maßnahmen der Anpassung an das veränderte Klima vergleichen
- thematische Karten auswerten
- Erfolgsaussichten der Maßnahmen in Australien beurteilen

Hitze, Dürre, Buschfeuer, Überschwemmungen

Australien leidet unter Hitzewellen, Dürren, Überschwemmungen und anderen Naturereignissen. Diese werden immer heftiger und betreffen immer größere Flächen des Landes. Die Temperaturen sind seit 1950 im Jahresdurchschnitt um 0,9 Grad Celsius gestiegen. Schätzungen gehen davon aus, dass die Temperaturen im Jahr 2030 ein Grad über denen von 1990 liegen.

Die Niederschläge haben abgenommen und durch die Trockenheit breiten sich Dürren aus, die zum Teil jahrelang anhalten. Die Dürren bedrohen nicht nur die Landwirtschaft, sondern auch die Trinkwasserversorgung in den wachsenden Städten. Deshalb sind viele neue Meerwasser-Entsalzungsanlagen im Bau.

Aufgrund lang anhaltender Trockenzeiten entstehen verheerende Buschfeuer, die jedes Jahr in großen Teilen Australiens wüten. Sie vernichten Acker- und Weideland, Obstbäume und Weinstöcke. Sie vernichten aber auch Häuser und fordern oft sogar Menschenleben. Im Gegensatz dazu treten aber auch flutartige Überschwemmungen auf, die große Teile des Landes im Süden und Nordosten erfassen können.

Auswirkungen auf die Landwirtschaft

Die australische Landwirtschaft hat eine große wirtschaftliche Bedeutung. Drei Viertel der landwirtschaftlichen Erzeugnisse werden exportiert, vor allem Weizen und Fleisch. Die Landwirtschaft ist aber im trockenen Australien auf Wasser zur Bewässerung angewiesen. Rund 70 Prozent des knappen Süßwassers fließen auf die Äcker und in die Obstplantagen. Wasserrechte müssen die Farmer für viel Geld kaufen. Sie nehmen dazu Kredite auf, die abbezahlt werden müssen. Deshalb macht sich die wassersparende Tröpfchenbewässerung bezahlt.

Bei lang anhaltenden Dürren sind die Schäden für die Landwirte allerdings oft so stark, dass das Einkommen aus der Landwirtschaft nicht mehr zum Leben reicht. Die Landwirte sind dann gezwungen, ihre Betriebe zu verkaufen oder einfach aufzugeben.

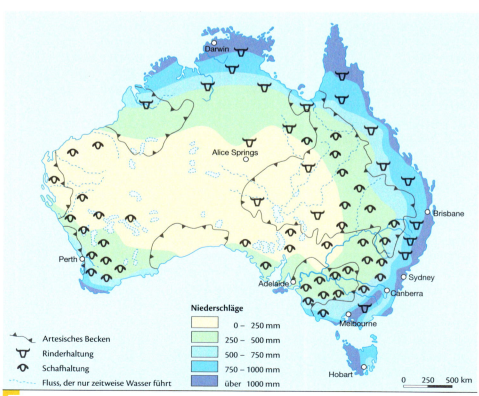

M 2 Verteilung der Niederschläge und Viehhaltung

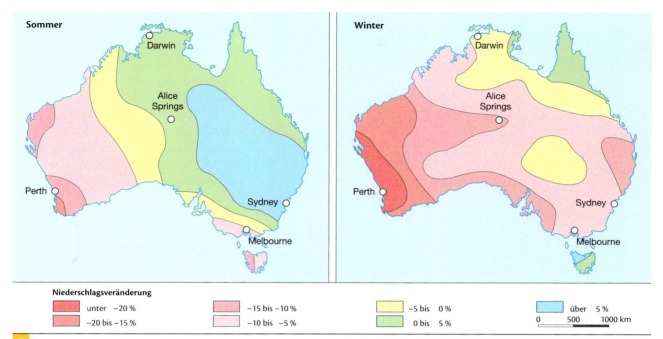

M 3 Erwartete Veränderungen Ende des 21. Jahrhunderts im Vergleich zu Ende des 20. Jahrhunderts

Anpassen und mit dem veränderten Klima leben

Die australische Regierung möchte, dass die Ackerflächen, die stark von Dürren gefährdet sind, aufgegeben werden. Neue Farmen sollen in Regionen mit höherem Niederschlag entstehen. Sollte es in Zukunft zu einem Mangel an Weizen kommen, könnten die Australier problemlos dieses Produkt aus Neuseeland importieren. Trotz Temperaturanstieg wird es dort auch in Zukunft gute Anbaubedingungen für Getreide geben.

Veränderungen sind außerdem in der Energiewirtschaft geplant. Australien hat pro Einwohner einen sehr hohen Ausstoß des für das Klima schädlichen Gases Kohlenstoffdioxid. Australien hat sich zur Verringerung der Produktion dieses Gases verpflichtet und sich das ehrgeizige Ziel gesetzt, eine Solarstrom-Weltmacht zu werden. Die Voraussetzungen dafür scheinen günstig zu sein: 3000 Sonnenstunden jährlich und die umfangreiche staatliche Förderung von Solarprojekten.

Australien leidet unter dem Temperaturanstieg

[...] Im Zentrum und im Norden des Landes hat es an einem durchschnittlichen Sommertag über 35 Grad, oft auch über 40. Fast alle Australier wohnen an der Ost- und der Südostküste, wo moderatere Temperaturen herrschen; in Zukunft rechnen Behörden dort aber mit heißerem Wetter, weniger Regen (der öfter in Form von Unwettern fallen wird), noch mehr Buschfeuern und einem deutlich höheren Meeresspiegel. Die Korallen des Great Barrier Reefs sind gefährdet, weil das Meer wärmer und saurer wird. Ohne drastische Maßnahmen werde Australiens Durchschnittstemperatur bis 2090 um bis zu fünf Grad steigen, hieß es im Sommer in einer Prognose. Die australische Akademie der Wissenschaften rechnet mit Ernteausfällen, Fischsterben, Krankheiten und Konflikten um Wasser. Die Lebensgrundlage von Bauern und Fischern sei gefährdet, die Tourismusbranche wird schweren Schaden erleiden. Die Zahl der Menschen, die durch Hitzewellen sterben, werde sich in den nächsten 40 Jahren verdoppeln. [...]

Quelle: Süddeutsche Zeitung vom 06.12.2015, Autorin: Ruth Eisenreich

M 4 Auswirkungen des Temperaturanstiegs

1 Beschreibe die Verteilung und die erwarteten Veränderungen der Niederschläge in Australien (**M 2**, **M 3**).

2 Beschreibe die vorherrschende landwirtschaftliche Nutzung und deren Verbreitung in Australien (**M 2**, Atlas).

3 Erläutere Auswirkungen langer Dürrezeiten (**M 1**, **M 2**, **M 4**).

4 Erstelle eine Tabelle, in der du die Folgen der Veränderung des Klimas und Maßnahmen zur Anpassung in Australien gegenüberstellst (**M 1** bis **M 4**).

5 Beurteile die Erfolgsaussichten der Maßnahmen zur Anpassung an das veränderte Klima (**M 1** bis **M 4**).

Australien – Das Great Barrier Reef in Gefahr

Steckbrief Great Barrier Reef
- **Lage:** im Nordosten Australiens, nahe Queensland
- **Länge:** 2300 km lang
- **Fläche:** etwa so groß wie Deutschland
- **Gebiet:** 3000 einzelne Riffs, etwa 1000 Inseln
- **Artenvielfalt:** 500 Fischarten, 4000 verschiedene Weichtiere und 400 von weltweit 700 Korallenarten, 30 Arten von Delfinen, Walen und Schildkröten, über 200 Vogelarten
- **Alter:** Teil des Riffs über dem Wasser ca. 15 000 Jahre, Ablagerungen unter Wasser bis zu 18 Millionen Jahre
- Als einziger lebender Organismus mit bloßem Auge vom Weltall aus zu erkennen

M 1 *Great Barrier Reef, Schrägluftbild*

check-it
- Lage des Great Barrier Reef beschreiben
- Bedeutung des Great Barrier Reef darstellen
- Gefahren für das Riff erläutern
- thematische Karten auswerten
- Folgen für das Korallenriff bewerten

Paradies für Mensch und Tier

Das Great Barrier Reef ist ein **Korallenriff** und auf der Welt einzigartig. Das Riff besteht aus Korallen. Korallen sind „Blumentiere", die ein Knochengerüst aus Kalk haben, bunt sind und sich nicht von der Stelle bewegen. Ein Korallenriff ist wie ein Gebirge unter Wasser. Es ist über Jahrtausende gewachsen. Dort wachsen auch Fische auf, die anschließend in die Weite des Ozeans ziehen. Somit spielen die Korallen eine große Rolle für das Leben im Meer.

Dieses Wunder der Natur ist der größte Tourismusmagnet in Australien. Jährlich wollen mehrere Hunderttausend, manchmal sogar bis zu zwei Millionen Urlauber die Korallenriffe besuchen. Bei einem Rundflug oder mit Schiffen werden sie in das Areal gebracht, das sie dann auf Fotos festhalten oder beim Schnorcheln und Tauchen erkunden können. Der Riff-Tourismus ist eine wichtige Einnahmequelle für die Einheimischen. Ob Reiseveranstalter, Tauchlehrer, Ärzte oder Hoteliers, etwa 64 000 Arbeitsplätze hängen davon ab.

Gefahr von allen Seiten

Doch das Great Barrier Reef ist in Gefahr und damit das Einkommen vieler Australier. Die Unterwasserwelt reagiert sehr sensibel auf den Anstieg der Wassertemperatur und die Zusammensetzung des Wassers. Durch die Erwärmung der Ozeane kommt es zur sogenannten Korallenbleiche. Diese setzt auch nach starken tropischen Wirbelstürmen ein, wie zuletzt 2016. Die Korallen verlieren ihre Farbe und sterben ab. Je kürzer die Korallenbleichen aufeinanderfolgen, desto schwieriger ist es für die Korallen, sich davon wieder zu erholen. Dort, wo der Meeresboden tiefer liegt, bleibt die Wassertemperatur kühl und rettet viele Korallenriffe.

M 3 *Ausmaße der Korallenbleiche 2016*

M 2 *Korallen vor und nach der Bleiche*

Die Korallen haben auch einen natürlichen Fressfeind, den Dornenkronenseestern. Dieser vermehrt sich umso stärker, je mehr Dünger und Chemie aus der intensiven Landwirtschaft in Küstennähe ins Meer gelangen.

Daneben bedroht die Kohleindustrie das Korallenriff. Der Kohleexport soll erweitert und damit die Kohlehäfen ausgebaut werden. Mit 4000 Kohleschiffen im Jahr und riesigen Mengen an Baggerschlamm wird das Great Barrier Reef vom größten Kohlehafen der Welt, dem Abbot Point, bedroht.

Nicht zuletzt birgt der Tourismus Gefahren für die Korallen: durch Taucher, die Korallen abbrechen, oder durch den Bootsverkehr, der für trübes Wasser und damit beeinträchtigtes Wachstum der Korallen verantwortlich ist.

Maßnahmen für den Erhalt

Verschiedene Maßnahmen sollen nach einem Plan mit dem Namen „Riff 2050" das Great Barrier Reef besser schützen. Zum Beispiel will die Regierung die Wasserqualität durch Klärwerke und andere Maßnahmen verbessern. Außerdem soll es nach Möglichkeit für zehn Jahre ein Verbot für den Bau neuer Häfen beziehungsweise keinen Ausbau bestehender Häfen an verschiedenen Standorten geben. Dadurch sollen sich die Korallenriffe erholen können. Sogar Werbung macht auf das bedrohte Weltnaturerbe aufmerksam. Auch Einheimische, die im Tourismus arbeiten, sowie Fischer kämpfen für den Erhalt des einzigartigen Gebiets. Sie versuchen zum Beispiel die Banken davon zu überzeugen, den Ausbau der Kohleindustrie nicht finanziell zu unterstützen.

M 4 Abbot Point, Kohlehafen an der Ostküste Australiens

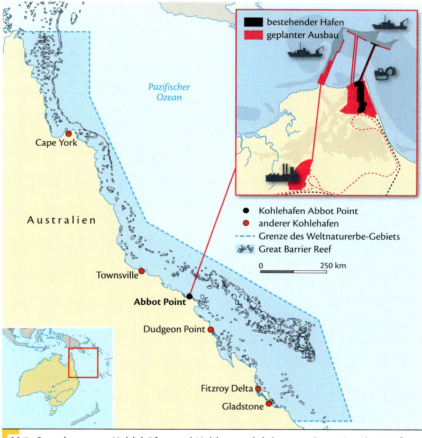

M 5 Standorte von Kohlehäfen und Kohlenproduktion am Great Barrier Reef

1 Beschreibe Aussehen, Lage und Größe des Great Barrier Reefs (**M 1, M 3,** Atlas).
2 Stelle die Bedeutung des Great Barrier Reefs in einer Tabelle dar.
3 Erläutere die Gefahren, die dem Great Barrier Reef drohen.
4 Bewerte die Folgen der drohenden Gefahren (**M 2** bis **M 5**).
5 Begründe, warum auch die Erweiterung der Kohlehäfen eine Gefahr für das Great Barrier Reef ist (**M 5**).
6 Gestalte einen kurzen Vortrag zum Thema: „Wie kann der Erhalt des Riffs gelingen?"

Geo-Check: Japan und Australien vergleichen

Sich orientieren

1 Löse das Puzzle – Was passt zusammen? Schreibe die Begriffspaare in dein Heft.

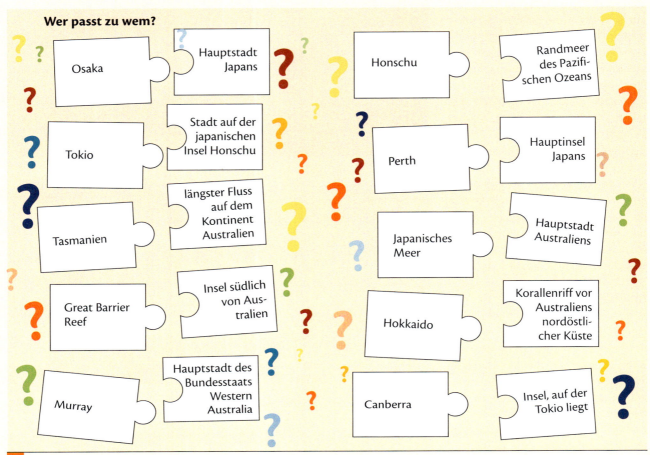

Wer passt zu wem?

- Osaka — Hauptstadt Japans
- Tokio — Stadt auf der japanischen Insel Honschu
- Tasmanien — längster Fluss auf dem Kontinent Australien
- Great Barrier Reef — Insel südlich von Australien
- Murray — Hauptstadt des Bundesstaats Western Australia
- Honschu — Randmeer des Pazifischen Ozeans
- Perth — Hauptinsel Japans
- Japanisches Meer — Hauptstadt Australiens
- Hokkaido — Korallenriff vor Australiens nordöstlicher Küste
- Canberra — Insel, auf der Tokio liegt

M 1 *Schnitzeljagd zum Tourismus*

Wissen und verstehen

2 Ordne jedem dieser Begriffe mindestens zwei Merkmale zu, die ihn erklären (**M 2**).

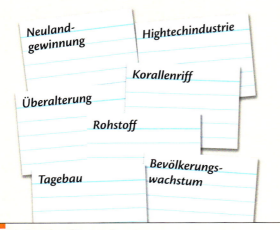

- Neulandgewinnung
- Hightechindustrie
- Korallenriff
- Überalterung
- Rohstoff
- Tagebau
- Bevölkerungswachstum

M 2 *Geo-Begriffestapel*

3 Sortiere die Aussagen in richtige und falsche Aussagen. Verbessere die falschen Aussagen und schreibe diese richtig auf.

Richtig oder falsch?
- Japan hat wegen der West-Ost-Ausdehnung nur eine Klimazone.
- Japan gehört zu den Staaten, die beim Einsatz von Robotern in der Industrie führend sind.
- In naher Zukunft werden über die Hälfte der Menschen in Japan über 65 Jahre alt sein.
- Das trockene und flache Land wird in Australien als „Outback" bezeichnet.
- Australien exportiert vor allem Gold und Erdgas.
- Die australische Regierung will durch Klärwerke die Wasserqualität verbessern und somit das Great Barrier Reef besser schützen.

GEO-CHECK

4 Vergleiche die Angaben in der Tabelle miteinander. Stelle deine Ergebnisse in einem Bericht zusammen.

	Japan				Australien			
Fläche	377 972 km²				7 692 000 km²			
Einwohner	126 451 400				24 770 700			
Bevölkerungsdichte	335 Einwohner je km²				3 Einwohner je km²			
Alterszusammensetzung								
in Prozent der Gesamtbevölkerung	1960	1980	2000	2020	1960	1980	2000	2020
0–14 Jahre	30,3	23,6	14,8	12,7	30,2	25,3	20,9	19,3
15–64 Jahre	64,1	67,5	68,2	59,1	61,2	65,1	66,8	64,5
über 65 Jahre	5,6	8,9	17,0	28,2	8,6	9,6	12,3	16,3
Lebenserwartung	männlich: 81 Jahre / weiblich: 87,1 Jahre				männlich: 80,5 Jahre / weiblich: 84,6 Jahre			
Geburten pro Frau 2017	1,41				1,77			
Durchschnittliches Jahreseinkommen 2018	34 330 € (weltweiter Vergleich: Rang 25)				48 993 € (weltweiter Vergleich: Rang 11)			
Import 2018	606,9 Mrd. US-$: 13 % Elektronik, 9 % Nahrungsmittel, 8 % Erdöl, 7 % Maschinen, 7 % Rohstoffe				189,4 Mrd. US-$: 14 % Kfz und -Teile, 11 % Maschinen, 10 % Elektronik, 6 % Petrochemie, 6 % Nahrungsmittel			
Export 2018	644,9 Mrd. US-$: 22 % Kfz und -Teile, 18 % Maschinen, 9 % Elektronik, 7 % Elektrotechnik, 4 % Mess- und Regeltechnik				189,6 Mrd. US-$: 32 % Rohstoffe, 16 % Kohle, 13 % Nahrungsmittel, 7 % Erdgas, 4 % NE-Metalle			

Quellen: CIA, The Worldfactbook 2018; Statistisches Bundesamt, Statistische Länderprofile 2018; Weltbank 2018

M 3 *Japan und Australien im Vergleich*

Sich verständigen, beurteilen und handeln

5 Erörtere folgenden Sachverhalt: Japan hat etwa 127 Mio. Einwohner, der Bundesstaat Australien etwa 25 Mio. Einwohner. Beide gehören zu den zehn führenden Importländern für Spielzeug. Japan importierte 2016 Spielzeug im Wert von 3,5 Mrd. US-Dollar, das „kleine Australien" importierte 2016 Spielzeug für 1,5 Mrd. US-Dollar.

Daten von Klimastationen weltweit

Zone	Station			J	F	M	A	M	J	J	A	S	O	N	D	Jahr
Polare Zone	**Dudinka, Russland**			J	F	M	A	M	J	J	A	S	O	N	D	Jahr
	69°24′N/86°10′O		°C	−29,5	−25,7	−22,5	−16,0	−6,4	3,8	12,0	10,4	3,2	−8,4	−21,8	−26,9	−10,7
	20 m		mm	12	11	9	10	12	29	32	49	33	28	18	13	256
	Kirkenes, Norwegen			J	F	M	A	M	J	J	A	S	O	N	D	Jahr
	71°18′N/156°47′W		°C	−11,5	−11	−7	−2	3,5	9	12,6	11	6,7	0,9	−5	−9,2	−0,2
	10 m		mm	34	25	23	22	25	42	61	63	48	37	35	35	450
	Inuvik, Kanada			J	F	M	A	M	J	J	A	S	O	N	D	Jahr
	68°18′N/133°29′W		°C	−28,8	−28,5	−24,1	−14,1	−0,7	10,6	13,8	10,5	3,3	−8,2	−21,5	−26,1	−9,5
	59 m		mm	16	11	11	13	19	22	34	44	24	30	17	17	257
Gemäßigte Zone	**Nürnberg, Deutschland**			J	F	M	A	M	J	J	A	S	O	N	D	Jahr
	49°30′N/11°6′O		°C	−1,4	−0,4	3,7	8,2	13,0	16,5	18,0	17,3	13,8	8,4	3,7	0,0	8,4
	310 m		mm	43	39	35	40	55	71	90	75	46	46	41	42	623
	Berlin, Deutschland			J	F	M	A	M	J	J	A	S	O	N	D	Jahr
	52°31′N/13°24′O		°C	0,3	1,3	4,7	9,1	14,5	17,5	19,2	18,8	15,0	10,4	5,4	1,8	9,8
	37 m		mm	44	36	37	40	52	74	56	61	45	33	47	55	582
	Kiew, Ukraine			J	F	M	A	M	J	J	A	S	O	N	D	Jahr
	50°24′N/30°27′O		°C	−5,9	−5,3	−0,5	7,1	14,7	17,4	19,3	18,2	13,6	7,7	1,1	−3,7	7,0
	179 m		mm	43	39	35	46	56	66	70	72	47	47	53	41	615
	Melbourne/Australien			J	F	M	A	M	J	J	A	S	O	N	D	Jahr
	37°49′S/144°58′O		°C	19,9	19,7	18,4	15,1	12,5	10,2	9,6	10,5	12,4	14,3	16,2	18,4	14,8
	35 m		mm	45	59	50	69	54	52	54	50	58	74	70	58	691
	Montreal, Kanada			J	F	M	A	M	J	J	A	S	O	N	D	Jahr
	45°30′N/73°35′W		°C	−8,7	−7,8	−2,1	6,2	13,6	18,9	21,6	20,5	15,6	9,4	2,3	−5,9	6,9
	17 m		mm	87	76	86	83	81	91	102	87	95	83	88	89	1048
	Phoenix, USA			J	F	M	A	M	J	J	A	S	O	N	D	Jahr
	33°26′N/112°01′W		°C	12,0	14,3	16,8	21,1	26,0	31,2	34,2	33,1	29,8	23,6	16,6	12,3	22,6
	334 m		mm	17	17	22	6	3	3	21	24	22	17	17	25	194
Subtropische Zone	**Rom, Italien**			J	F	M	A	M	J	J	A	S	O	N	D	Jahr
	41°54′N/12°29′O		°C	7,3	8,3	10,1	12,8	17,0	20,9	23,9	23,9	20,8	16,3	11,6	8,3	15,1
	46 m		mm	103	98	67	65	48	34	23	33	68	94	130	111	875
	Tokio, Japan			J	F	M	A	M	J	J	A	S	O	N	D	Jahr
	43°41′N/139°46′O		°C	3,7	4,3	7,6	13,1	17,6	21,1	25,1	26,4	22,8	16,7	11,3	6,1	14,7
	4 m		mm	48	73	101	135	131	182	146	147	217	220	101	61	1562
	Los Angeles, USA			J	F	M	A	M	J	J	A	S	O	N	D	Jahr
	33°56′N/118°24′W		°C	13,8	14,2	14,4	15,6	17,1	18,7	20,6	21,4	21,1	19,3	16,4	13,8	17,2
	30 m		mm	61	64	50	18	4	1	1	4	8	9	45	42	307
	Tunis, Tunesien			J	F	M	A	M	J	J	A	S	O	N	D	Jahr
	36°50′N/10°14′O		°C	11,5	12,0	13,2	15,6	19,3	23,2	26,3	26,8	24,4	,4	15,9	12,5	18,4
	3 m		mm	59	57	47	38	23	10	3	7	33	66	56	67	466
Tropische Zone	**Manaus, Brasilien**			J	F	M	A	M	J	J	A	S	O	N	D	Jahr
	3°08′S/60°01′W		°C	26,1	26,0	26,1	26,3	26,3	26,4	26,5	27,0	27,5	27,6	27,3	26,7	26,7
	72 m		mm	260	288	314	300	256	114	88	58	83	126	183	217	2287
	Nairobi, Kenia			J	F	M	A	M	J	J	A	S	O	N	D	Jahr
	1°19′S/36°55′O		°C	19,4	20,2	20,7	20,2	19,1	17,7	16,7	17,3	18,6	19,7	19,3	19,0	19,0
	1624 m		mm	42	48	69	157	108	27	12	14	25	43	121	80	745
	Khartum, Sudan			J	F	M	A	M	J	J	A	S	O	N	D	Jahr
	15°36′N/32°33′O		°C	23,2	25,0	28,7	31,9	34,5	34,3	32,1	31,5	32,5	32,4	28,1	24,5	29,9
	380 m		mm	0	0	0	1	4	11	46	75	25	5	1	0	168
	Bamako, Mali			J	F	M	A	M	J	J	A	S	O	N	D	Jahr
	12°32′N/7°57′W		°C	25,1	27,8	30,2	31,6	31,4	29,1	26,8	26,1	26,6	27,7	26,5	24,8	27,8
	380 m		mm	0	0	2	25	46	121	218	234	165	65	2	0	878
	Manila, Philippinen			J	F	M	A	M	J	J	A	S	O	N	D	Jahr
	13°8′N/123°44′W		°C	25,7	25,9	26,7	27,7	28,2	28,1	27,4	27,4	27,3	27,1	26,7	26,2	27,0
	19 m		mm	366	265	218	158	176	194	235	209	252	313	479	503	3370

Lösungstipps zu den Aufgaben

Kapitel 1 Die Entstehung von Klima- und Vegetationszonen erklären

S. 15

3 Erkläre, warum in Passau die Sonne früher aufgeht und früher untergeht als in Ulm (**M 3**).
▸ Bei der Erläuterung der Aussage solltest du Folgendes beachten:
– Wie heißt die Bewegung der Erde, die die Ortszeit beeinflusst?
– Wie lange braucht die Erde für diese Bewegung?
– Beweise deine Erkenntnisse an ein oder zwei Beispielen aus **M 3**.

4 Der Stand der Sonne bestimmt die wahre Ortszeit. Erläutere diese Aussage (**M 2, M 3, M 5**).
▸ Lies für die Beantwortung der Frage den Abschnitt „Die Ortszeit".

S. 17

2 Drei gleich große Strahlenbündel (A, B, C) bescheinen auf der Erdoberfläche unterschiedliche Flächen. Erkläre, wo die Erwärmung am stärksten ist (**M 1**).
▸ Vergleiche die Größe des Einfallswinkels der Sonnenstrahlen ($α_1$ bis $α_3$) und die Größe der Flächen A bis C.
▸ Formuliere nun drei Sätze nach folgendem Muster: Die beleuchtete Fläche A ist klein, die Sonnenstrahlen fallen aber senkrecht auf die Erde, deshalb wird diese Fläche sehr stark erwärmt.

3 Erläutere die Ursachen für die Entstehung der Temperaturzonen (**M 1, M 3**).
▸ Beachte bei der Beantwortung, dass die Erde eine Kugelgestalt hat und welche Folgen sich daraus für die Erwärmung der Erde durch die Sonne ergeben.

4 Erstelle eine Tabelle der Temperaturrekorde der Erde mit den dazu gehörenden Staaten und Kontinenten (**M 2**).
▸ So könnte deine Tabelle aussehen:
Die Temperaturrekorde der Erde

Staat/Kontinent	Temperaturrekord
...	...
...	...
...	...

5 Benenne die Namen und die Grenzen der Temperaturzonen (**M 3**).
▸ Formuliere Sätze nach folgendem Muster:
Die nördliche Polarzone erstreckt sich vom Nordpol bis zum nördlichen Polarkreis (66,5°).
Die nördliche gemäßigte Zone …

S. 19

5 Erstelle eine Tabelle und vergleiche für den 21. Juni und den 21. Dezember in Deutschland die Neigung der Erdachse zur Sonne, Jahreszeit und Tageslänge.
▸ Die Tabelle könnte folgendermaßen aussehen:

	21. Juni	21. Dezember
Jahreszeit	Sommer	
Neigung der Erdachse zur Sonne		
Tageslänge		

7 Erkläre, welche Folgen es hätte, wenn die Erdachse nicht geneigt wäre.
▸ Beachte bei deiner Antwort die dir bekannten Beleuchtungsverhältnisse (**M 4** und **M 5**).

S. 21

5 Überprüfe, wo Menschen am 21. Juni den ganzen Tag ohne Sonnenlicht auskommen müssen (**M 3** und Karte S. 178/179, Atlas).
▸ Überlege dazu, wo am 21. Juni Polarnacht ist.

6 Vergleiche mithilfe einer Tabelle die Beleuchtungsverhältnisse im südlichen und nördlichen Polargebiet (**M 3**).
▸ Deine Tabelle könnte folgendermaßen aussehen:

	nördliches Polargebiet	südliches Polargebiet
Sommer		
Winter		

S. 23

2 Benenne Unterschiede zwischen absoluter und relativer Luftfeuchtigkeit.
▸ Verwende dazu das Lexikon.

6 Begründe, warum es in den Gebirgen häufiger und ergiebiger regnet (**M 3**).
▸ Erkläre dazu, was geschieht, wenn Luft aufsteigen muss und sich dabei abkühlt. Verwende die Begriffe: Kondensation, Wolkenbildung und Niederschlag.

S. 25

1 Erläutere die Entstehung von Hochdruckgebieten und Tiefdruckgebieten (**M 2, M 5**).
▸ Formuliere Sätze nach folgendem Muster:
– Luft hat ein Gewicht und übt deshalb einen … aus.
– Gebiete mit einem niedrigen, tiefen Luftdruck nennt man …
– Gebiete mit einem hohen Luftdruck nennt man …

156 LÖSUNGSTIPPS ZU DEN AUFGABEN

– Ursachen für die Veränderung des Luftdrucks liegen in …
– Wird die Luft erwärmt, dehnt sie sich aus und …, am Boden entsteht …, weil die Zahl der Luftteilchen …
– Kalte Luft sinkt nach unten zum Boden, dadurch …
– Der Luftdruck …, es entsteht …

4 Erkläre, wie Wind entsteht (**M 2, M 5, M 6**).
▸ Bedenke dabei, dass Luft das Bestreben hat, Luftdruckunterschiede auszugleichen.

S. 27

4 Erkläre die Zirkulation der Atmosphäre und benenne Unterschiede zwischen der Nord- und Südhalbkugel (**M 2**).
▸ Beschreibe zunächst die Lage der Hochgürtel und Tiefdruckrinnen und ziehe daraus Schlussfolgerungen für die Entstehung der Windgürtel.
▸ Vergleiche danach die Verteilung der Druckgürtel und die Windrichtungen auf der Nord- und der Südhalbkugel.

5 Ordne Deutschland in das Modell der Zirkulation ein. Beachte dabei, dass die subtropischen Hochdruckgebiete (zum Beispiel das Azorenhoch) und die subäquatorialen Tiefdruckgebiete (zum Beispiel das Islandtief) ihre Lage verändern (**M 2**, Karte S. 178/179, Atlas).
▸ Verwende die Karte auf S. 178/179 und ermittle die Lage Deutschlands im Gradnetz.
▸ Stelle danach in **M 2** fest, welche Druckgebiete Deutschland beeinflussen können und in welchem Windgürtel wir liegen.

S. 29

1 Vergleiche die Begriffe „Wetter" und „Klima" und benenne Unterschiede.
▸ Lies dazu den Textabschnitt „Wetter und Klima".

4 Fertige eine Tabelle mit den Hauptluftmassen in Mitteleuropa und deren Eigenschaften an (**M 3**).
▸ Die Tabelle könnte folgendermaßen aussehen:

Luftmasse	Eigenschaften
Maritime Polarluft	– nass-kalte Luft – im Sommer kühl, im Winter kalt
…	…

5 Beschreibe die Auswirkungen der Westwindlage auf das Wetter in Deutschland (**M 3**).
▸ Beachte dabei insbesondere die Windrichtung der Hauptluftmassen in Mitteleuropa.

6 Erkläre die Entstehung des Föhns im Alpenraum (**M 1, M 2**).
▸ Informationen findest du auch im Autorentext auf den Seiten 28/29.

S. 33

2 Erläutere, wie sich das Klima vom Äquator nach Norden und nach Süden verändert (**M 1**).
▸ Beachte dabei die Merkmale des Klimas: durchschnittliche Jahrestemperatur, Jahresniederschläge, Auftreten von Trockenzeiten, Jahresschwankung der Temperaturen.

3 Erläutere die Zusammenhänge zwischen Klima und Vegetation (**M 1, M 2**).
▸ Beachte dabei Temperatur, Niederschlag, Höhe und Art der Pflanzen.

Kapitel 2 Leben und Wirtschaften im tropischen Afrika untersuchen

S. 45

1 Erkläre, warum die Luft im Bereich des Äquators aufsteigt (**M 4**).
▸ Verwende für die Erklärung folgende Begriffe: Zenitstand der Sonne, Erwärmung der Erdoberfläche, Verdunstung, Entstehung von Wolken, Abkühlung mit zunehmender Höhe, Zenitalregen.

2 Erläutere den Passatkreislauf (**M 4**).
▸ Die Lösung der Aufgabe sollte eine Antwort auf folgende Fragen beinhalten:
– Zwischen welchen Breitenkreisen findet dieser Kreislauf statt?
– Warum wird dieses Gebiet so stark erwärmt?
– Welche Folgen hat die starke Erwärmung und das Aufsteigen der Luft bis in große Höhen?
– Wie verändert sich der Luftdruck dadurch am Boden?
– Was passiert mit der Luft und dem Luftdruck an den Wendekreisen?
– Wie heißt die bodennahe Ausgleichsströmung zwischen dem hohen Luftdruck an den Wendekreisen und dem tiefen Luftdruck am Äquator?
– Warum weht der Passat auf der Nordhalbkugel als Nordostpassat?
– Und warum auf der Südhalbkugel als Südostpassat?

4 Werte die Klimadiagramme aus und erkläre die Unterschiede mithilfe des Passatkreislaufs (**M 4** und **M 5**).
▸ Hilfe für die Auswertung der Klimadiagramme findest du auf S. 30/31.

S. 47

2 Erkläre den Nährstoffkreislauf im tropischen Regenwald vor und nach der Rodung (**M 2**).
▸ Beachte dabei, in welchem Bereich sich Nährstoffteilchen und Wasser jeweils bewegen und wie sich das auf die Bodenbeschaffenheit und auf das Pflanzenwachstum auswirkt.

S. 51

1 Erläutere mithilfe eines Fließdiagramms die Landnutzung durch Wanderfeldbau im tropischen Regenwald (M 1 bis M 3, 🔑).
▸ Beachte die Arbeitstechnik *Fließdiagramme zeichnen*.
▸ Das Fließdiagramm könnte folgendermaßen aussehen:

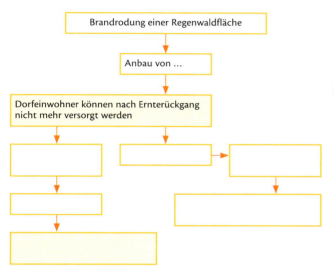

2 Erkläre die Entwicklung der Ernteerträge (M 2).
▸ Berücksichtige die Nährstoffverhältnisse im tropischen Regenwald und was mit den Nährstoffen passiert, wenn der Regenwald gerodet ist (S. 47 M 2).

4 Vergleiche Wanderfeldbau, Dauerfeldbau und Plantagenwirtschaft (M 1 bis M 5).
▸ Der Vergleich sollte folgende Aspekte beinhalten:
  – Wem gehört das Land?
  – Wer bearbeitet es? – Welchen Nutzen hat er?
  – Welche Hilfsmittel werden eingesetzt?
  – Wie wirkt sich das auf den Boden aus?
  – Wofür ist die Ernte bestimmt?
▸ Informationen findest du auch im Autorentext auf S. 50/51.

5 Beurteile die Auswirkungen der Landnutzungsformen für den tropischen Regenwald und die Bewohner (M 1 bis M 5).
▸ Lege zunächst eine Tabelle an, in die du die Vor- und Nachteile a) für den tropischen Regenwald und b) für die Bewohner einträgst:

	Vorteile		Nachteile	
	tropischer Regenwald	Bewohner	tropischer Regenwald	Bewohner
Wanderfeldbau	...	...	...	
Dauerfeldbau	...	...	...	
Plantagenwirtschaft	...	...	...	

▸ Werte anschließend deine Tabelle aus und beurteile die Auswirkungen. Begründe deine Einschätzung.

S. 54

2 Erkläre die unterschiedlichen Anpassungsformen der Vegetation an die Trockenzeit (M 1 bis M 8).
▸ Folgende unterschiedliche Anpassungsformen solltest du erklären:
  – Kakteen und den Stamm des Baobab,
  – Dornen und kleine lederartige Blätter,
  – die tiefe Wurzel des Schirmbaumes.

3 Stelle die Merkmale der drei Savannenarten in einer Tabelle zusammen: Dauer der Regen- und Trockenzeit, Vegetation (M 3 bis M 8).
▸ Die Tabelle könnte folgendermaßen aussehen:

	Anzahl der Regenzeiten	Länge der Trockenzeiten	Pflanzen
Feuchtsavanne	...	...	...
Trockensavanne	...	...	...
Dornsavanne	...	...	...

S. 57

1 Beschreibe die natürlichen Anbaubedingungen in den Savannen (M 1 und M 3, S. 55 M 3 bis M 8).
▸ Beachte dabei die Temperaturen, die Niederschlagsmenge insgesamt und die Verteilung der Niederschläge über die einzelnen Monate.
▸ Verwende auch die Begriffe: „Trockengrenze des Anbaus" und „Regenfeldbau".

4 Erkläre, warum sich die Hirse besonders gut für den Anbau in der Savanne eignet und wie dieses Getreide angebaut bzw. verwendet wird (M 2 bis M 5).
▸ Lege dazu Folgendes dar: Ansprüche von Hirse an Temperaturen und Niederschläge, Feldarbeiten während des Jahres und Einsatz von Geräten und Personen, Verarbeitung und Verwendung der Hirse.

S. 59

1 Beschreibe die geografische Lage der DR Kongo (Karten S. 39 und 174, Atlas).
▸ Beachte dabei
  – die Lage innerhalb Afrikas,
  – Nachbarstaaten,
  – Gebirge,
  – Flüsse und
  – Städte.
▸ Verwende die Himmelsrichtungen und die Breitengrade zur Beschreibung der Lagebeziehungen.

3 Werte den Kastentext aus und erstelle eine Tabelle zu den Lebensbedingungen der einzelnen Familienmitglieder (M 4).
▸ Deine Tabelle könnte so aussehen:

	Wohnen	Arbeiten	Schule
Rehema	…	…	…
Mutter	…	…	…
kleinere Brüder	…	…	…
Vater und große Brüder	…	…	…

5 Beurteile, welche Zukunftschancen Kinder und Jugendliche in der DR Kongo haben. Vergleiche mit deinen Möglichkeiten (M 2 bis M 4, S. 61 M 5).
▸ Berücksichtige dabei
– Bildungschancen,
– Lebenserwartung und Gesundheitsvorsorge,
– Arbeitsmöglichkeiten und Einkommen und vergleiche mit deiner Situation und der deiner Eltern.

S. 61

1 Beschreibe die geographische Lage Ruandas (Karten S. 39 und S. 174, Atlas).
▸ Beachte dabei
– die Lage innerhalb Afrikas,
– Nachbarstaaten,
– Gebirge,
– Flüsse und
– Städte.
▸ Verwende die Himmelsrichtungen und die Breitengrade zur Beschreibung der Lagebeziehungen.
2 Erläutere, wie sich die Lebensbedingungen in Ruanda verändern (M 1 bis M 3).
▸ Berücksichtige dabei
– Bildungschancen,
– Arbeitsmöglichkeiten,
– die Rolle der Frauen sowie
– die Bedeutung der Regierung und der Gemeinschaftsarbeit.
▸ Weitere Informationen findest du in den Textabschnitten „Boom-Land" und „Die Rolle der Frauen".

Kapitel 3 Leben und Wirtschaften im nördlichen Afrika und westlichen Asien erläutern

S. 71

2 Erläutere, wie der Islam Nordafrika und Westasien prägt (M 1, M 7).
▸ Weitere Informationen findest du in dem Textabschnitt „Nordafrika und Westasien – vom Islam geprägt".

S. 73

1 Beschreibe die geographische Lage von Marrakesch (Karte S. 67 oben).
▸ Beachte bei der Beschreibung der geographischen Lage:
– den Kontinent,
– das Land,
– naturräumliche Besonderheiten.
2 Erkläre den Aufbau einer orientalischen Altstadt am Beispiel von Marrakesch (M 1, M 3, M 4, Karte S. 67 unten).
▸ Deine Erläuterung sollte eine Beschreibung des Aussehens und eine Benennung der wichtigsten Gebäude der Medina enthalten sowie eine Erklärung, warum das so ist. Beachte dabei die Religion.

S. 77

1 Beschreibe die geographische Lage der Sahara (Karten S. 67 oben und S. 174).
▸ Beachte dabei zum Beispiel:
– den Kontinent, auf dem sie liegt,
– die Breitenkreise,
– natürliche Begrenzungen wie Meere, Gebirge oder Flüsse,
– Staaten, die Anteil an ihr haben.
4 Erläutere die Entstehung von Hamada, Serir und Erg (M 2 bis M 5).
▸ Erläutere, welche Kräfte in der Wüste dazu führen, dass aus Fels- und Gesteinswüsten Kies- und Sandwüsten werden. Unterscheide, wodurch das Gestein zerkleinert und wodurch Material transportiert wird.
5 Erläutere, wie sich Pflanzen an die extremen Lebensbedingungen in der Wüste angepasst haben (M 1).
▸ Neben den Abbildungen kann dir auch der Textabschnitt „Pflanzen der Wüste" auf S. 77 helfen, die Aufgabe zu lösen. Berücksichtige bei deiner Antwort zum Beispiel, wie Wüstenpflanzen an Wasser kommen, wie sie bei Wassermangel überleben können und ob sie speziell an die besonderen Lebensbedingungen angepasst sind.

S. 81

2 Suche eine Flussoase und eine große Oasenstadt in der Sahara und beschreibe deren Lage (Karte S. 174, Atlas).
▸ Suche auf der Atlaskarte die Sahara. Nutze möglichst eine Karte von Nordafrika. Suche nun Flüsse, die die Sahara queren oder am Rande entlang fließen und immer Wasser führen. Die Städte sind gut erkennbar. Für das Beschreiben der Lage kannst du Himmelsrichtungen, zum Beispiel im Osten der Sahara, oder Länder verwenden.
3 Erläutere Ursachen und Folgen für die Veränderungen in den Oasen der Sahara. Fertige dazu ein Fließdiagramm an (*2*).
▸ Gehe folgendermaßen vor. Wähle eine Veränderung in den Oasen aus und benenne die Ursache und die sich daraus ergebenden Folgen. Benutze dazu auch den Text.

Beachte dazu außerdem die Arbeitstechnik *Fließdiagramme zeichnen*.

S. 85

1 Beschreibe die geographische Lage Anatoliens (**M 4**, Atlas).
▸ Beachte dabei die Lage innerhalb der Türkei, die Nachbarstaaten, die Nähe zu Gebirgen, Flüssen und Meeren.
4 Vergleiche die Satellitenbilder und erläutere, was sich durch den Bau des Atatürk-Staudamms verändert hat (**M 1** bis **M 3**).
▸ Berücksichtige beim Vergleich der Satellitenbilder, wie sich der Flusslauf und der Pflanzenbewuchs verändert haben.

S. 91

1 Beschreibe die geographische Lage Saudi-Arabiens (Karte S. 67, Atlas).
▸ Beachte dabei die Lage zu den Nachbarstaaten, die Nähe zu Gebirgen und Meeren.
5 Beurteile, welche Bedeutung das Großprojekt „Vision 2030" für Saudi-Arabien hat (**M 1** bis **M 4**).
▸ Beachte dabei sowohl wirtschaftliche Aspekte als auch Auswirkungen auf die Umwelt und für die Bevölkerung. Weitere Informationen findest du im Textabschnitt „Neom – Stadt der Zukunft".

Kapitel 4 Leben und Wirtschaften in Südostasien erläutern

S. 101

2 Beschreibe den Verlauf der Plattengrenzen in Südostasien (**M 4**, Karte S. 173).
▸ Beachte dabei:
– die Meere und Randmeere,
– Länder, Inseln und Halbinseln.
4 Erkläre die Bewegung der Erdplatten in Südostasien (**M 3**).
▸ Denke an das unterschiedliche Gewicht von ozeanischer und kontinentaler Kruste
6 Beurteile die Gefahren für den Menschen, die durch die Plattenbewegungen entstehen (**M 1**, **M 2**, **M 5**).
▸ Benenne zunächst die Gefahren und beurteile dann insbesondere die Gefahren durch Vulkanausbrüche.

S. 103

1 Nenne die Gebiete, die von dem Tsunami 2004 betroffen waren, und beschreibe ihre Lage (**M 3**, Karte S. 168/169, Atlas).
▸ Benenne Kontinente, Meere und Staaten.

S. 105

1 Beschreibe die Lage der Gebiete, in denen tropische Wirbelstürme entstehen (**M 1**, Atlas).
▸ Beachte bei der Beschreibung die Breitenlage, Meere und Kontinente sowie Regionen und Länder.
2 Erkläre die Entstehung eines Taifuns (**M 3**).
▸ Berücksichtige auch den Textabschnitt „Taifune".

S. 107

1 Beschreibe Malaysias geographische Lage (Karte S. 168/169, Atlas).
▸ Beachte dabei:
– die Lage im Kontinent Asien,
– die Lage zum Ozean,
– die Nachbarländer,
– die Landeshauptstadt und weitere große Städte.
4 Fertige eine Tabelle an, in der du Gunst- und Ungunstfaktoren für die gesellschaftliche Entwicklung in Malaysia gegenüberstellst (**M 2** bis **M 4**).
▸ Die Tabelle könnte so aussehen:
Gesellschaftliche Entwicklung in Malaysia

Gunstfaktoren	Ungunstfaktoren
…	große Zahl von Menschen, die Bildungschancen nicht nutzen können
Bekämpfung der Armut durch höhere Einkommen	…
…	…

S. 109

4 Stelle Vorteile und Nachteile des Palmölanbaus für Malaysia in einer Tabelle gegenüber (**M 1**, **M 3**).
▸ Lege eine Tabelle nach folgendem Muster an

Vorteile	Nachteile
…	Rodung
…	…
…	…

▸ Denke dabei an die Natur, die Einheimischen und die großen Unternehmen.

S. 111

1 Verorte die touristischen Ziele wie die Insel Tioman und Borneo sowie Kuala Lumpur in Malaysia (Karte S. 173).
▸ Finde im Text zu jedem Touristenziel den Namen der am nächsten gelegenen Stadt, der Insel oder des Berges.
▸ Diese findest du dann auf der Karte Seite 173 (du kannst die Orte auch im Anhang nachschlagen).

2 Erläutere die klimatischen Bedingungen Malaysias und ermittle die günstigste Reisezeit (**M 4**).
▶ Dabei kannst du so vorgehen:
– Beschreibe die Temperaturwerte.
– Nenne die Monate mit den höchsten und niedrigsten Niederschlagswerten.
– Benenne die beste Reisezeit.

S. 115

3 Beurteile die Zukunftschancen der Aquakulturen und der Shrimps-Zucht (**M 3, M 4**).
▶ Vergleiche die Zahlen von Fischfang und Aquakultur (**M 3**).
▶ Beschreibe die Entwicklung der Produktionsmengen der Shrimps (**M 4**).
▶ Wäge Vorteile und Schwierigkeiten der Shrimps-Zucht gegeneinander ab (Text).
5 Erläutere die Auswirkung des Meeresspiegelanstiegs auf Indonesien (**M 5**).
▶ Vergleiche dazu die Ausdehnung der Landflächen Indonesiens heute (Atlas, Seite 173) mit **M 5**.

S. 117

2 Erkläre, warum Indonesien und andere Länder Südostasiens ein günstiges Klima für den Nassreisanbau haben (**M 2, M 3**).
▶ Ermittle dazu zunächst die Ansprüche der Reispflanze an Temperaturen und Niederschläge und vergleiche diese mit dem Klima in Surabaja.
6 Formuliert das Ziel der Grünen Revolution und stellt in einer Tabelle deren Vor- und Nachteile gegenüber (**M 5**).
▶ Ziel der Grünen Revolution: …

Vorteile der Grünen Revolution	Probleme, die durch die Grüne Revolution entstanden sind
…	…

S. 119

5 Diskutiert die Frage: Millionenstädte – Megaprobleme? Ihr könnt euch dazu auch in Gruppen aufteilen (**M 1** bis **M 5**).
▶ Dabei könntet ihr drei Gruppen bilden und euch zum Beispiel überlegen:
– welche Probleme sich in der Wirtschaft (z. B. in Handwerksbetrieben) ergeben,
– welche Probleme sich für das Wohnen und Leben (z. B. in Stadtvierteln) ergeben,
– welche Probleme sich im Verkehr und bei der Ver- und Entsorgung von z. B. Müll ergeben.
6 Erarbeite eine Präsentation zum Thema „Leben von Kindern in Manila" ( ).

▶ Nutze dazu das Internet. Beachte die Arbeitstechnik *Erstellen einer Präsentation.*

Kapitel 5 Japan und Australien vergleichen

S. 131

1 Beschreibe die geographische Lage Japans (**M 2**, Karten S. 123 oben und S. 168/169, Atlas).
▶ Beachte dabei zum Beispiel
– in welchem Meer sie liegen,
– auf welcher Erdhalbkugel sie liegen,
– Längen- und Breitengrade,
– benachbarte Kontinente und Staaten.
3 Miss die Ausdehnung Japans von Wakkanai bis Kagoschima und vergleiche mit Europa (Karten S. 123 oben und S. 168/169, Atlas).
▶ Miss in Europa die Nord-Süd-Ausdehnung von der Nordspitze Skandinaviens bis zur Südspitze Italiens und vergleiche mit Japan. Beachte dabei neben der Ausdehnung auch Klima und Vegetation.

S. 133

1 Erkläre, wie die japanischen Inseln entstanden sind (**M 2**).
▶ Betrachte die angegebenen Abbildungen und beschreibe die dort abgebildeten Vorgänge. Verwende dazu die Fachbegriffe in den Abbildungen. Weitere Hinweise findest du in dem Textabschnitt „Entstehung durch Naturkräfte".
3 Erläutere die Bedrohung Japans durch Naturkräfte (**M 1**).
▶ Beachte dabei die Entstehung und die Lage an den Plattengrenzen. Verwende für deine Erläuterungen Fachbegriffe. Weitere Informationen findest du im Textabschnitt „Bedrohung durch Naturkräfte".

S. 135

1 Beschreibe die geographische Lage Kobes (**M 2**, Karte S. 123).
▶ Beachte dabei
– die Lage innerhalb Japans,
– die Insel, auf der die Stadt liegt,
– das Meer, an dem sie liegt,
– Nachbarstädte.
▶ Verwende für deine Beschreibung die Himmelsrichtungen.
6 Beurteile die Notwendigkeit der Neulandgewinnung in Japan (**M 2** und **M 3**).
▶ Setze dabei die Insellage, die Größe und die Oberflächenformen sowie die Bevölkerung und die Wirtschaft in Beziehung.

S. 139

3 Erläutere, vor welchen Herausforderungen die japanische Gesellschaft durch die Überalterung der Bevölkerung steht (M 1, M 2 und M 4).
- Beachte dabei sowohl die Situation der alten Menschen als auch die der jüngeren berufstätigen Bevölkerung. Weitere Informationen erhältst du im Textabschnitt „Herausforderungen durch Überalterung".

4 Erörtere mögliche Lösungsstrategien (M 4).
- An der Lösung der Probleme einer alternden Gesellschaft können die älteren Menschen selbst, die jüngere Bevölkerung sowie Politik und Gesellschaft mitwirken. Ordne diesen Gruppen Lösungsansätze zu und erörtere ihre Erfolgsaussichten.

S. 145

1 Charakterisiere die Bevölkerungsentwicklung Australiens (M 2).
- Berücksichtige bei der Bearbeitung der Aufgabe die folgenden drei Zeitabschnitte:
  - 16. bis 18. Jahrhundert,
  - ab Mitte des 19. Jahrhunderts,
  - Mitte des 20. Jahrhunderts bis in die Gegenwart.
- Informationen findest du im Textabschnitt „Wachsende Einwohnerzahl".

2 Erstelle eine Faustskizze von Australien und zeichne die größten Städte (über 500 000 Einwohner) ein.
- Orientiere dich dabei an M 3, indem du das Diagramm zuvor auswertest.
- Verorte anschließend die Städte auf der Karte (Kartenteil/Ausklappkarte).
- Trage die Städte in deine eigene Skizze ein und beschrifte sie.

6 Erstelle eine Checkliste für Touristen darüber, was bei der Erkundung des australischen Outbacks besonders wichtig ist (M 4).
- Beachte dabei folgende Bereiche: Nahrung, wichtige Ausstattung für den Menschen, wichtige Ausstattung für das Auto.

S. 147

2 Analysiere die Vielfalt der australischen Exportwaren und ordne sie verschiedenen Wirtschaftszweigen zu (M 3, M 5).
- Denke dabei an die Landwirtschaft und den Bergbau.
- Lege hierzu eine Tabelle an. Die Tabelle könnte so aussehen:

Bergbau	Landwirtschaft
...	...
...	...

4 „Australien, der Brotkorb Asiens." Nimm Stellung zu dieser Aussage (M 3, M 4).
- Beachte, dass der „Brotkorb" sinnbildlich für „Rohstofflieferant" steht.

S. 149

3 Erläutere Auswirkungen langer Dürrezeiten (M 1, M 2, M 4).
- Bedenke dabei: Auswirkungen auf die Menschen, die Natur und die Wirtschaft, Auswirkungen auf Australien und weltweit.

4 Erstelle eine Tabelle, in der du die Folgen der Veränderung des Klimas und Maßnahmen zur Anpassung in Australien gegenüberstellst (M 1 bis M 4).
- Lies dazu auch den Text. Die Tabelle könnte so aussehen:

Folgen des Klimawandels	Anpassungsstrategien Australiens
Ackerbau ist durch Dürre stark gefährdet.	Neue Farmen sollen in Regionen mit höheren Niederschlägen entstehen. Import von Weizen aus Neuseeland.

5 Beurteile die Erfolgsaussichten der Maßnahmen zur Anpassung an das veränderte Klima (M 1 bis M 4).
- Als Grundlage für die Beurteilung kannst du die Tabelle, die du in Aufgabe 4 erstellt hast, nutzen. Beachte, dass die Umsetzung der Maßnahmen sehr teuer ist. Überlege, ob und woher Australien Gelder für diese Maßnahmen zur Verfügung stehen.

S. 151

2 Stelle die Bedeutung des Great Barrier Reefs in einer Tabelle dar.
- Geh dabei auf die Tiere und Menschen ein. Die Tabelle könnte so aussehen:

Bedeutung für die Menschen	Bedeutung für die Tiere
Einheimische ...	Fische und Korallen ...
Urlauber ...	Vögel ...

3 Erläutere die Gefahren, die dem Great Barrier Reef drohen.
- Beachte dabei die Natur, die Wirtschaft und den Tourismus.

6 Gestalte einen kurzen Vortrag zum Thema: „Wie kann der Erhalt des Riffs gelingen?" (🎤).
- Bedenke dabei, was bereits für den Erhalt des Riffs getan wurde und was noch getan werden muss. Beachte die Arbeitstechnik *Einen Kurzvortrag halten*.

Arbeitstechniken

Fließdiagramme zeichnen

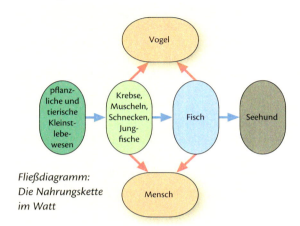

Fließdiagramm: Die Nahrungskette im Watt

Mit Fließdiagrammen können Abläufe und Entwicklungen anschaulich dargestellt werden, wie bei diesem Beispiel die Nahrungskette im Watt.

Eine Internetrecherche durchführen

Eine gute Möglichkeit, Informationen zu beschaffen, bietet das Internet. Allerdings solltet ihr folgende Hinweise bei der Arbeit mit dem Internet beachten.
Zunächst solltet ihr prüfen, ob die Internetrecherche sinnvoll ist. Sie kann sinnvoll sein, wenn
- ihr schnell Informationen benötigt,
- ihr aktuelles Datenmaterial sucht,
- ihr Material benötigt, über das die örtlichen Bibliotheken nicht oder nicht so schnell verfügen können,
- ihr vielleicht noch nicht genau wisst, welche Informationen es zu einem Thema gibt.

Wie finde ich was im Internet?

Am einfachsten ist es, wenn man die Adresse kennt. Sehr häufig wird inzwischen in Zeitungen, Zeitschriften und im Fernsehen die Internetadresse angegeben – sie beginnt mit „www". Achtet darauf, die Adresse genau anzugeben – vor allem die Punkte. Manche Adressen sind naheliegend:
www.deutschland.de, www.bayern.de, www.berlin.de
Viele Adressen sind hingegen unbekannt. Sie müssen über „Suchmaschinen" herausgefunden werden. Wichtige Suchmaschinen sind: www.google.de, www.metager.de, www.bing.de.

Mit Suchmaschinen arbeiten

1. Schritt: Gib den Namen der gewünschten Suchmaschine ein.
2. Schritt: Auf der Startseite der Suchmaschine gibst du den Suchbegriff ein, z. B. „Wattenmeer". Die Suchmaschine durchforstet das ganze Web und du erhältst innerhalb kürzester Zeit auf dem Bildschirm eine Liste mit Internetadressen. An der Statuszeile kannst du ablesen, wie viele Einträge diese Liste umfasst.
3. Schritt: Die Liste ist zu lang? Du kannst deine Auswahl auch durch zwei oder mehr Suchbegriffe einschränken (z. B. „Gefährdungen", „Naturschutzpark").
4. Schritt: Sobald du eine vielversprechende Adresse hast, klickst du mit dem Mauszeiger auf diesen Link. Findest du unter der angezeigten Seite Informationen, die du zur Lösung deiner Fragestellung gebrauchen kannst, solltest du sie komplett oder in Auszügen auf der Festplatte deines Computers speichern und ausdrucken. Gib die Adresse dieser Seite als „Quelle" an, auch wenn du nur Auszüge verwendest. **Und Achtung:** Jeder kann im Internet Inhalte ungeprüft veröffentlichen. Du musst also auch prüfen, von wem die Informationen stammen und – soweit dies geht – ob sie sachlich richtig sind.

Karikaturen auswerten

Karikaturen sind bewusst übertriebene Darstellungen eines Sachverhalts oder eines Problems. Um die Aussage einer Karikatur herauszufinden, musst du so vorgehen:
- Betrachte die Karikatur genau und beschreibe, was dargestellt wird. Welche Bedeutung haben die dargestellten Personen und Gegenstände?
- Stelle fest, auf welchen Sachverhalt, welches Problem sich die Karikatur bezieht.
- Wie sieht der Zeichner die Situation/das Problem? Welche Meinung hast du zur Aussage der Karikatur?

Einen Kurzvortrag, ein Kurzreferat halten

Ein Kurzvortrag ist eine mündliche Form der Präsentation, also der Darstellung eines Themas. Ein Kurzvortrag ist in drei Abschnitte gegliedert: Einleitung – Hauptteil – Schluss. Wenn du einen Kurzvortrag zu einem bestimmten Thema halten sollst, beachte folgende Schritte:

1. Das Thema/Problem erfassen: Wie genau lautet das Thema deines Vortrages? Formuliere eine passende Überschrift oder Fragestellung.
2. Informationen recherchieren, sammeln und ordnen: Informationsquellen können dein Schulbuch, weitere Bücher aus Bibliotheken oder das Internet sein. Angesichts der Fülle der Informationen musst du Schwerpunkte festlegen und das vorhandene Material sortieren.
3. Erstelle eine Gliederung für dein Referat. Bedenke, dass es sich um einen kurzen Vortrag handelt (etwa fünf bis zehn Minuten).
4. Du kannst bei deinem Vortrag auch Anschauungsmaterial einsetzen: Bilder, Gegenstände, Tabellen, Poster oder Ähnliches sowie Schlüsselwörter an die Tafel schreiben.
5. Referate sollen frei vorgetragen werden. Dabei hilft dir eine Zusammenstellung der wichtigsten Stichwörter auf Karteikarten. Achte dabei auf eine gut lesbare und große Schrift. Vermeide komplizierte und verschachtelte Sätze.
6. Damit euer Minireferat gelingt, müsst ihr den Vortrag üben. Es empfiehlt sich, alles einem Freund oder einer Freundin oder der Familie vorzutragen.

7. Tipps für den eigentlichen Vortrag:
   – Stelle dich so hin, dass dich alle sehen können.
   – Versuche frei zu sprechen.
   – Orientiere dich an deinen Stichwörtern.
   – Schau beim Sprechen die Zuhörer/Mitschüler an.
8. Nach dem Vortrag können die Zuhörer Rückfragen stellen, um Begriffe und Sachverhalte präzisieren zu können.

Eine Mindmap erstellen

Eine Mindmap ist eine Gedankenlandkarte. Sie hilft, Informationen zu ordnen und besser im Gedächtnis zu behalten. Bei einer Mindmap fängt man in der Mitte an. Mindmaps bestehen aus Hauptästen und Nebenästen. Es werden immer nur Stichwörter aufgeschrieben.

Eine Mindmap zu erstellen, funktioniert in drei Schritten:
– Nehmt ein unliniertes Blatt Papier und schreibt euer Thema/den zentralen Begriff in die Mitte des Blattes.
– Überlegt, welche wichtigen Oberbegriffe euch zu dem Thema einfallen. Von der Mitte ausgehend zeichnet ihr für jeden gefundenen Oberbegriff die Hauptstränge (Äste) und an jedem Ast notiert ihr den Oberbegriff.
– Von den Ästen gehen Zweige ab, an denen ihr die untergeordneten Gesichtspunkte und Begriffe notieren könnt.

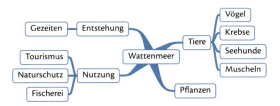

Beispiel einer Mindmap

Eine Präsentation erstellen

1. Schritt: Lege das Thema deiner Präsentation fest.
2. Schritt: Besorge dir Informationen zu deinem Thema. Achtung: Wenn du Materialien in deine Präsentation übernimmst, musst du die Quelle angeben.
3. Schritt: Erstelle eine Gliederung der Präsentation. Achte dabei darauf, dass sie sinnvoll aufgebaut ist und der Raum auf einer Karte lokalisiert werden kann. Überlege dir einen Einstieg, der neugierig auf das Thema macht und das Interesse der Zuschauer/Zuhörer weckt.
4. Schritt: Lege fest, welches Präsentationsmedium du einsetzen willst, und stelle sicher, dass die erforderlichen Geräte zur Verfügung stehen.
5. Schritt: Stelle die Präsentation zusammen. Ordne die Materialien in der richtigen Reihenfolge deinem Vortragstext zu. Achte darauf, dass Abbildungen gut erkennbar sowie Text und Zahlen in Grafiken und Diagrammen lesbar sind.
6. Schritt: Übe deine Präsentation, denn sie sollte möglichst frei vorgetragen und nicht abgelesen werden. Beachte, dass die Medien deinen Vortrag nur unterstützen sollen. Setze sie sparsam an den Stellen ein, an denen es sinnvoll ist.

Eine Pro-und-Kontra-Diskussion führen

In einer Pro-und-Kontra-Diskussion werden unterschiedliche Positionen kurz und prägnant einander gegenübergestellt und argumentativ begründet. Die Arbeitstechnik eignet sich für strittige Sachverhalte, die aus eurer Sicht kontrovers diskutiert werden können. Dabei müsst ihr auch Sichtweisen und Begründungen vertreten, die vielleicht nicht eurer eigenen Meinung entsprechen.

A Vorbereitungen:
Folgende Rollen müssen vorab festgelegt werden: Moderator, zwei Anwälte und ein bis vier Sachverständige. Alle übrigen Schüler bilden das Publikum. Der Moderator erhält einen Ablaufplan.
Sachverständige und Anwälte bereiten sich in vorgelagerten Arbeitsgruppen intensiv auf ihre Aufgabe vor. Das spätere Publikum kann daran beteiligt werden.

B Ablauf:
Eine Pro-und-Kontra-Diskussion kann in sieben Phasen unterteilt werden:
1. **Eröffnung (5 Min.):** Der Moderator eröffnet die Diskussion, begrüßt die Teilnehmer, verweist auf die Spielregeln und nennt das Thema.
2. **Erste Abstimmung (5 Min.):** Vor der Diskussion stimmt das Publikum das erste Mal geheim über eine strittige Frage zum Thema ab. Das Ergebnis wird festgehalten.
3. **Plädoyers (2 Min.):** Die Anwälte halten Eingangsplädoyers: Sowohl der Pro-Anwalt als auch der Kontra-Anwalt erhalten dafür eine Minute Zeit. Beide begründen ihre Position und werben um Zustimmung.
4. **Befragung der Sachverständigen (5 bis 20 Min.):** Maximal vier Sachverständige, die nicht diskutieren dürfen, sondern nur auf Fragen antworten, werden von den Anwälten abwechselnd befragt.
5. **Schlussplädoyers (2 Min.):** Jeder Anwalt erhält wiederum eine Minute Zeit, um seine Position zu verdeutlichen, indem er auf die Aussagen der Sachverständigen eingeht.
6. **Zweite Abstimmung (5 Min.):** Nach der Diskussion stimmt das Publikum erneut ab, um festzustellen, ob einige Zuhörer ihre Meinung geändert haben.
7. **Auswertungsgespräch (20 bis 30 Min.):** Im Anschluss an eine Pro-und-Kontra-Diskussion findet eine Auswertung statt. Bei diesem Gespräch werden die Plausibilität und Überzeugungskraft der Argumente diskutiert.

C Tipps zur Umsetzung:
Das Thema sollte auf eine Entscheidungsfrage zugespitzt werden, damit aus der Pro-und-Kontra-Diskussion keine ausufernde Debatte wird. Vor einer solchen Diskussion solltet ihr mit dem Problem bereits vertraut sein und unterschiedliche Positionen kennengelernt haben.
Wichtig ist es, genau zuzuhören, abzuwarten, Aussagen der Gesprächspartner genau wiederzugeben, sie zu kommentieren, Gegenthesen zu bilden oder stützende Argumente zu finden.

Lexikon

absolute Luftfeuchtigkeit (S. 22): der tatsächlich vorhandene Wasserdampfgehalt der Luft.

Atmosphäre (S. 26): die aus einem Gemisch von Gasen bestehende Hülle eines Himmelskörpers, speziell die Lufthülle, die die Erde umgibt.

Barometer (S. 24): Messgerät zur Bestimmung des Luftdrucks.

Beleuchtungszone (S. 16): → *Temperaturzone*

Bevölkerungswachstum (S. 144): Ergebnis des Zusammenspiels von Geburten, Sterbefällen und Wanderungen in einem Gebiet; bei positiver Änderung der Einwohnerzahl wird von „Bevölkerungswachstum", bei negativer Entwicklung von „Bevölkerungsrückgang" oder „Bevölkerungsabnahme" gesprochen.

Brandrodung (S. 50): Abbrennen von Wald, Busch- oder Grasland, damit es als Ackerland genutzt werden kann. Die Brandrodung ist in den Tropen verbreitet.

Cash-Crop (S. 107): (engl.) für den Verkauf auf Lokalmärkten oder dem Weltmarkt angebaute landwirtschaftliche Produkte. Gegensatz zu Produkten für den Eigenbedarf.

Dauerfeldbau (S. 51): Bei ganzjähriger Vegetationsperiode in den immerfeuchten Tropen und Subtropen ist eine durchgehende Nutzung mit mehreren Ernten im Jahr möglich.

Düne (S. 76): Sandhügel, der vom Wind angeweht worden ist.

Einstrahlungswinkel (S. 16): Winkel, unter dem die von der Sonne ausgesendeten Lichtstrahlen auf die Erdoberfläche treffen.

Erdbeben (S. 100): Erschütterungen der Erdoberfläche durch Vorgänge in der Erdkruste. Die Stärke der Beben werden mit der → *Richter-Skala* angegeben.

Erdrotation (S. 14): Drehung der Erde um ihre Achse von West nach Ost, die im Zeitraum von 24 Stunden vollzogen wird. Sie bewirkt die Entstehung von Tag und Nacht.

Erg (S. 77): bezeichnet eine Sandwüste.

erneuerbare Energie (S. 107): auch als „regenerative Energie" bezeichnet. Sie wird aus nicht endlichen Quellen wie Sonne oder Wind gewonnen. Solarenergie, Windenergie, Wasserkraft und Geothermie sind Beispiele für erneuerbare Energien, die immer mehr an Bedeutung gewinnen.

Export (S. 81): die Ausfuhr von Rohstoffen, Waren und Dienstleistungen in das Ausland.

Föhn (S. 29): trockener, warmer Fallwind auf der Leeseite eines Gebirges. Er bringt klare Fernsicht.

fossiler Energieträger (S. 87): sind in erdgeschichtlicher Vergangenheit entstanden und nicht erneuerbare *Energieträger*, wie Braunkohle, *Steinkohle*, Torf, Erdgas und Erdöl.

Frostsprengung (S. 76): Form der → *Verwitterung*: Gerät Wasser in Stein- oder Felsspalten, so gefriert es bei tiefen Temperaturen. Dabei dehnt sich das Eis aus. Durch den ständigen Wechsel von Hitze und Frost wird das Gestein so mürbe, dass es schließlich zerspringt.

Frühwarnsystem (S. 103): System aus Messgeräten, mit dem → *Erdbeben* oder → *Tsunamis* früh erkannt werden.

Grüne Revolution (S. 116): Ertragssteigerung in der Landwirtschaft in Entwicklungsländern seit den 1960er-Jahren. Die Ertragssteigerung wurde durch Züchtung von Hochleistungssorten bei Weizen, Mais und Reis möglich.

Hackbau (S. 56): einfache Form der Landwirtschaft, bei der der Boden mit Hacken bearbeitet wird. Häufig in den Tropen praktiziert, typische Anbauprodukte sind Kartoffeln, Rüben, Maniok oder Yams.

Hamada (S. 76): bezeichnet eine Fels- oder Steinwüste.

Hektopascal (hPa) (S. 24): Maßeinheit, mit der bei einem → *Barometer* der Luftdruck angegeben wird.

Hightechindustrie (S. 136): Sparte der Industrie, die sich mit Hochtechnologien beschäftigt. Dazu gehören etwa Biotechnologie und Medizintechnik sowie optische Technologien und Raumfahrttechnik.

Hochdruckgebiet (S. 24): Luftmasse mit einem Luftteilchenüberschuss an der Erdoberfläche und somit höherem Luftdruck. Aus dem Hochdruckgebiet fließen die Luftteilchen seitlich zum → *Tiefdruckgebiet* ab.

Humus (S. 47): oberste Bodenschicht, bestehend aus abgestorbenen und zersetzten Pflanzen, zum Teil auch aus Kleintieren; meist sehr fruchtbar.

Infrastruktur (S. 60): für die wirtschaftliche Entwicklung eines Gebietes und das Zusammenleben der Menschen notwendige Einrichtungen: z. B. Verkehrswege, Schulen, Krankenhäuser.

innertropische Konvergenzzone (ITC) (S. 44): schmale Zone tiefen Luftdrucks, in der der Nordostpassat und der Südostpassat zusammenströmen, d. h. konvergieren.

Jahreszeitenklima (S. 45): durch deutliche Temperaturunterschiede zwischen Sommer und Winter entstehen vier Jahreszeiten mit Frühling und Herbst als Übergang.

Klima (S. 28): Zum Klima gehören Temperatur, Niederschlag, Luftdruck, Wind, Luftfeuchtigkeit, Sonnenscheindauer und Bewölkung. Das Klima eines Raumes wird über einen langen Zeitraum (circa 30 Jahre) gemessen.

kontinentale Luftmasse (S. 28): Luftmassen, die in Hochdruckgebieten über dem Festland entstehen und trocken sind.

Korallenriff (150): ein Kalksteingerippe, das von winzigen Polypen über Jahrtausende aufgebaut wurde.

Mangrovenwald (S. 114): Wald im gezeitenabhängigen Küstenbereich und in Flussmündungen tropischer Küsten. Die Pflanzen sind an die Gezeiten und den Salzgehalt des Wassers angepasst. Die Bäume bilden z. B. lange Stelzwurzeln aus, um im Salzwasser überleben zu können.

maritime Luftmasse (S. 28): Luftmassen, die in Hochdruckgebieten über dem Meer entstehen und feucht sind.

Mitternachtssonne (S. 20): Phänomen in den Polarregionen: Während des → *Polartags* geht die Sonne nicht unter. Sie ist also auch um Mitternacht sichtbar.

Monokultur (S. 51, 108): (lat. mono = eins) Feldbau, bei dem eine Nutzpflanze auf großen Flächen über viele Jahre angebaut wird.

Neulandgewinnung (S. 134): Gewinnung von Nutzflächen: an der Küste durch Eindeichung oder Aufschüttung, im Binnenland durch Trockenlegung von vernässten Gebieten oder Rodungen in Waldgebieten.

Oase (S. 80): Gebiet in einer Wüste, in dem durch dort vorhandenes Wasser üppiges Pflanzenwachstum möglich ist.

OPEC (S. 86): (engl. Organization of Petroleum Exporting Countries) Vereinigung der ölexportierenden Länder. Die Mitglieder verfügen über den Großteil der weltweiten Erdölvorkommen und beeinflussen stark den Ölmarkt.

Ortszeit (S. 15): direkt vom Sonnenstand an einem Ort bestimmte Zeit. Sie ist für alle Orte auf demselben Meridian gleich.

Pazifischer Feuerring (S. 100): vom → *Vulkanismus* geprägte Region, die den Pazifischen Ozean U-förmig im Osten, Norden und Westen umgibt.

Plantage (S. 51): landwirtschaftlicher Großbetrieb in den Tropen mit einseitiger Ausrichtung (→ *Monokultur*) zum Erzeugen von Produkten für den Weltmarkt (z. B. Kaffee).

Polarnacht (S. 20): die Zeit, in der die Sonne länger als 24 Stunden lang nicht scheint, weil sie unter dem Horizont bleibt und nicht aufgeht. Diese Erscheinung tritt nur zwischen den Polarkreisen und den Polen auf. Ursache dafür ist die Neigung der Erdachse gegenüber ihrer Umlaufbahn um die Sonne.

Polartag (S. 20): die Zeit, in der die Sonne länger als 24 Stunden lang scheint, weil sie über dem Horizont bleibt. Je nach Lage ist der Polartag unterschiedlich lang. Während der Polartag am Polarkreis einen Tag dauert, ist er an den Polen ein halbes Jahr lang.

Regenfeldbau (S. 56): Ackerbau, bei dem der Wasserbedarf ausschließlich durch Niederschläge gedeckt wird.

relative Luftfeuchtigkeit (S. 22): Verhältnis der tatsächlich in der Luft vorhandenen Wasserdampfmenge zu der Wassermenge, die die Luft maximal aufnehmen könnte.

Revolution (S. 18): der Umlauf der Erde um die Sonne in 365 Tagen, 5 Stunden, 48 Minuten und 46 Sekunden, also in einem Erdenjahr. Er erfolgt von Westen über Süden nach Osten in einer elliptischen Bahn.

Richter-Skala (S. 102): Einteilung von → *Erdbeben* nach ihrer Stärke aufgrund von Messungen durch Seismographen.

Rohstoff (S. 147): ein Stoff, so wie er in der Natur vorkommt (Holz, Eisenerz, Rohöl). Ein Rohstoff wird bearbeitet und weiterverarbeitet.

Seebeben (S. 100): Erdbeben mit einem Epizentrum auf dem Meeresboden. Es kann → *Tsunamis* auslösen.

Sekundärwald (S. 50): nach Rodung oder → *Brandrodung* nachwachsender Wald, weniger artenreich als der Primärwald (Urwald).

Serir (S. 76): bezeichnet eine Geröll- oder Kieswüste.

Stockwerkbau (S. 46): Aufbau von verschiedenen Pflanzen; in einer → *Oase* drei Stockwerke (Gemüse und Getreide, Obstbäume, Dattelpalmen), im tropischen Regenwald vier Stockwerke (Bodenschicht, Strauchschicht und junge Bäume, ausgewachsene Bäume, Urwaldriesen).

Tagebau (S. 147): → *Rohstoffe*, die dicht unter der Erdoberfläche liegen, können in offenen Gruben abgebaut werden.

Tageszeitenklima (S. 45): In den Tropen sind die täglichen Schwankungen der Temperatur größer als die Jahresschwankung. Es gibt daher weder Sommer noch Winter.

Taifun (S. 45): Wirbelsturm im westlichen Pazifischen Ozean, die meist von Juli bis November auftreten.

Temperaturzone (S. 16): Abhängig von der Breitenlage beleuchtet die Sonne die Erde unterschiedlich stark. Diese Temperatur- oder Beleuchtungszonen sind parallele Streifen, in denen ähnliche Temperaturen herrschen.

Tiefdruckgebiet (S. 24): mit Mangel an Teilchen in der Lufthülle und geringerem Luftdruck. In das Tiefdruckgebiet der Nordhalbkugel fließen Moleküle entgegengesetzt zum Uhrzeigersinn vom → *Hochdruckgebiet* hinein.

Tsunami (S. 102): Flutwelle, die durch → *Seebeben* oder Erdrutsche ausgelöst werden kann.

Überalterung (S. 139): Erhöhung des Durchschnittsalters einer Bevölkerung eines Raumes.

Verdunstung (S. 22): der Übergang des Wassers vom flüssigen Zustand in den gasförmigen. Dieser Vorgang wird hauptsächlich durch Erwärmung ausgelöst.

Verwitterung (S. 76): Zerkleinerung und Zersetzung festen Gesteins zu lockerem Material (Gesteinsschutt, Minerale), die durch physikalische, chemische und biologische Prozesse hervorgerufen wird.

Vulkanismus (S. 100): Vorgänge, die mit dem Empordringen von Magma an die Erdoberfläche zusammenhängen.

Wadi (S. 76): (arab.) Flusstal ohne Wasserführung in den Wüsten Nordafrikas und Westasiens. Nach Niederschlägen kann es wieder Wasser führen.

Wanderfeldbau (S. 50): Verlegung der Anbauflächen und Siedlungen in tropischen Gebieten bei nachlassender Fruchtbarkeit der Böden. Neue Anbauflächen werden meist durch → *Brandrodung* gewonnen.

Wetter (S. 28): das Zusammenwirken von Temperatur, Luftdruck, Wind, Bewölkung und Niederschlag zu einem bestimmten Zeitpunkt.

Zeitzone (S. 15): Zone mit gleicher Zeit, die sich jeweils über 15° geographische Länge erstreckt. Es gibt 24 Zeitzonen.

Zenitalregen (S. 44): Mittagsgewitter der inneren Tropen. Wegen der starken Erwärmung schießt heiße Luft in große Höhe (bis 18 km). Dabei entstehen gewaltige Gewitterwolken, die sich mittags in heftigen Schauern ausregnen.

Zenitstand (S. 44): der senkrechte Stand der Sonne über einem Ort in den Tropen zur Mittagszeit.

Zyklon (S. 104): riesiger tropischer Wirbelsturm im Indischen Ozean und in Australien.

Bildquellen

Fotos:
Cover: ddp images/ Picture Press
S. 3 ob.: Shutterstock / Volodymyr Burdiak;
S. 3 un.: Colorbox;
S. 4 ob.: Shutterstock/Savvapanf Photo;
S. 4 un.: Fotolia/anekoho;
S. 5 ob.: Shutterstock / Sean Pavone;
S. 5 un.: Shutterstock / ronnybas;
S. 12/13: NASA, Washington D.C.;
S. 14 M4: Astrofoto/Bernd Koch;
S. 16 M1: dpa Picture-Alliance/ZB/Patrick Pleul;
S. 17 M6 li.: dpa Picture-Alliance/AtC;
S. 17 M6 re.: dpa Picture-Alliance/B1861_Lehtikuva_Oy;
S. 19 M4: dpa Picture-Alliance/Artcolor;
S. 22 M1: Fotolia/ Shmel 91910044;
S. 24 M1: Fotolia/aquariagirl1970;
S. 25 M4: Fotolia/crimson;
S. 28 M2: Fotolia/Wolfilser;
S. 32 M2 1: mauritius images/imageBroker/Thomas Sbampato;
S. 32 M2 2: shutterstock/Vlada Zhykharieva;
S. 32 M2 3: shutterstock/Muskoka Stock Photos;
S. 32 M2 4: dpa Picture-Alliance/Arco Images;
S. 32 M2 5: dpa Picture-Alliance;
S. 32 M2 6: Fotolia/africa;
S. 32 M2 7: Fotolia/PRILL Mediendesign;
S. 36 M2 A: mauritius images/imageBroker/Thomas Sbampato;
S. 36 M2 B: akg-images/Herve Champollion;
S. 36 M2 C: Fotolia/africa;
S. 36 M2 D: shutterstock/Protasov AN;
S. 40/41 : mauritius images/alamy stock photo/Jacques Jangoux;
S. 43 M4: action press/MIN/Rex Features;
S. 43 M5: Milse, T./juniors@wildllife;
S. 43 M6: mauritius images/Stefano Paterna/Novarc;
S. 43 M7: ddp images;
S. 44 M1: M.Harvey/WILDLIFE;
S. 46 M1: mauritius images/Mark Moffett/Minden Pictures;
S. 48/49 HG: mauritius images/Frans Lanting/Mint Images;
S. 48 ob. li.: Fotolia/Jag_cz;
S. 48 ob. re.: Fotolia/Simon Dannhauer;
S. 48 un. li.: Fotolia/palino666;
S. 48 un. re.: shutterstock/Patrick K. Campbell;
S. 49 un. li.: Fotolia/Reise-und Naturfoto;
S. 49 un. re.: OKAPIA/Fritz Pölking;
S. 50 M1: epd-bild/Zeitenspiegel/C. Püschner;
S. 51 M5: Science Photo Library / TONY CAMACHO;
S. 52 M1: Fotolia/Christan Schwier;
S. 52 M2: shutterstock/commonthings;
S. 54 M1: dpa Picture-Alliance/Okapia;
S. 54 M2: dpa Picture-Alliance/Norbert Guthier;
S. 56 M1: mauritius images/alamy stock photo/Francesco Fiondella;
S. 57 M3: dpa Picture-Alliance/Zentralbild/ZB;
S. 57 M4: Glow Images /Superstock RM;
S. 58 M2: action press/Erberto Zani/ REX Shutterstock;
S. 59 M3: REUTERS/Kenny Katombe;
S. 59 M5: dpa Picture-Alliance/Globus Infografik;
S. 60 M1: Science Photo Library / PETER J. RAYMOND;
S. 60 M2: ddp images/ddp USA/Xinhua;
S. 61 M3: laif/Redux/The New York Times;
S. 61 M4: dpa Picture-Alliance/Globus Infografik;
S. 62 M1: dieKLEINERT.de/Arnold Metzinger;
S. 62 M2: United Nations, New York;
S. 63 M3: Cornelsen/Ellen Rudyk;
S. 63 M4: Aktion Tagwerk e.V./www.aktion-tagwerk.de;
S. 63 M5: picture alliance/Sueddeutsche Zeitung Photo;
S. 64 M2: INTERFOTO / Ivan Vdovin;
S. 64 M3: Colourbox;
S. 66 M7: picture alliance/dpa-infografik;
S. 66 M6 ob: Angela Köhler/Fotolia, m.l.: mauritius images/Stefano Paterna/Novarc, m.m.l.: Fotolia/Jag_cz, m.m. r.: Fotolia/Anke Thomass, m.r.: picture-alliance/ dpa, u.l.: Fotolia/palino666, u.m.l.: shutterstock/Patrick K. Campbell, u.m.r.: picture-alliance / dpa;
S. 68/69: shutterstock/RastoS;
S. 70 M1: Department of Culture and Tourism Abu Dhabi;
S. 71 M4: F1online/Westend61;
S. 72 M1: akg-images/Roland and Sabrina Michaud;
S. 72 M2: Huber-Images/TC;
S. 73 M5: dpa Picture-Alliance/robertharding/Gavin Hellier;
S. 75 M2: euroluftbild.de/Daniel Reiter/Süddeutsche Zeitung Photo;
S. 75 M3: dpa Picture-Alliance/Bildagentur-online;
S. 77 M3: shutterstock/Pichugin Dmitry;
S. 77 M4: Fotolia/faberfoto;
S. 77 M5: shutterstock/Anibal Trejo;
S. 80 M1: mauritius images/imageBroker/F1online/Wigbert Röth;
S. 82 M1: Erik Liebermann, Steingarden;
S. 83 M2: NASA, Washington, DC;
S. 84 M1: laif/Murat Tueremis;
S. 84 M2 u. M3: NASA;
S. 86 M1: picture - alliance/ ZB/ Matthias Toedt;
S. 87 M5: picture-alliance/dpa-Grafik © Globus Infografik 4347;
S. 89 ob. li.: © Saudi Aramco;
S. 88 ob. re.: shutterstock/Lukas Holub;
S. 88 Mi. li.: picture alliance / dpa;
S. 88 Mi. re. u. S. 89 ob. re. u. S. 89 un. li.: BP Europa SE, Bochum;
S. 89 un. re.: picture alliance / dpa;
S. 90 M1: imago stock&people/Xinhua;
S. 91 M4: dpa Picture-Alliance/REUTERS;
S. 92 M2: NASA;
S. 93 M4: CHROMORANGE / FOTOFINDER.COM;
S. 93 M5: Jeremy Pembrey / Alamy Stock Photo;
S. 93 M6: WILDLIFE/M.Harvey;
S. 94 M7: © eoVision/DigitalGlobe 2013, distributed by e-GEOS;
S. 96: Fotolia/Creativa Images;
S. 97: Fotolia/Beboy;
S. 98 M1: imago stock&people/imagebroker;
S. 100 M1: dpa Picture-Alliance/REUTERS;
S. 100 M2: Reuters/ANTARA FOTO;
S. 101 M4: dpa Picture-Alliance/dpa-infografik;
S. 102 M1: dpa Picture-Alliance/EVAN SCHNEIDER UNDPI;
S. 103 M3: Picture-Alliance/dpa Grafik/Globus Infografik;
S. 103 M4: Picture-Alliance/dpa;
S. 103 M5: GITEWS/GFZ Potsdam;
S. 104 M3: NASA, Washington D.C.;
S. 105 M2: OKAPIA KG/Bruce Gordon/Science Source/NAS;
S. 105 M4: picture alliance/dpa;
S. 106 M1: ddp images/360 Creative;
S. 107 M3: mauritius images/alamy stock photo/Bill Bachmann;
S. 108 M4: shutterstock/KYTan;
S. 109 M5: OKAPIA KG/Tony Camacho;
S. 110 M1: dpa Picture-Alliance/Sergi Rebored;
S. 110 M2: mauritius images/alamy stock photo/Rosanne Tackaberry;
S. 113 ob.: F1online/Dumrath;
S. 114 M1: shutterstock/dmitriylo;
S. 114 M2: shutterstock/Chuchai;
S. 115 M6: shutterstock/CRS PHOTO;
S. 116 M1: Your Photo Today;
S. 118 M1: dpa Picture-Alliance/AFP;
S. 119 M3: mauritius images / Peter Treanor / Alamy Stock Photo;
S. 121 M3: mauritius images/alamy stock photo/Daniel Gustavsson;
S. 121 M4: Shutterstock/Alexpunker;
S. 122 M8: stock.adobe.com/Siegfried Schnepf;
S. 122 M9: shutterstock/World Archive;
S. 124: Fotolia/torsakarin;
S. 125: Interfoto/MARCO SIMONI;
S. 126 M1 u. S. 128 M1: mauritius images/Photo Alto;
S. 130 M1: dpa Picture-Alliance/BSIP;
S. 130 M2: dpa Picture-Alliance/dpa-infografik;
S. 131 M3: Lob & Koelle GbR, Kleindingharting;
S. 132: © The New York Times/Redux/ laif;
S. 133 M3: REUTERS / YUYA SHINO;
S. 133 M4: action press/ NurPhoto via ZUMA Press;
S. 134 M1: mauritius images/alamy stock photo/Universal Images;
S. 136 M1: laif/Jeremie Souteyrat;
S. 137 M3: action press/Rodrigo Reyes Marin/Aflo;
S. 139 M4: laif/Jeremie Souteyrat;
S. 140 M1: ddp images/ddp USA/ VWPics;
S. 140 M2: mauritius images/alamy stock photo/Jeff Greenberg;
S. 141 M6: mauritius images/alamy stock photo/Bill Bachman;
S. 143 M3: dpa Picture Alliance/Bildagentur Huber/Hallberg;
S. 143 M5: laif/robertharding/Tim Graham;
S. 144 M1: mauritius images / Universal Images Group North America LLC / Alamy;
S. 145 M4: dpa Picture-Alliance/REUTERS;
S. 146 M1: F1online/Imagebroker RM/ Paul Mayall;
S. 146 M2: robertharding / FOTOFINDER.COM;
S. 147 M4: Shutterstock / Anne Greenwood;
S. 148 M1: Fotolia/stephenallen75;
S. 150 M1: mauritius images/alamy stock photo/Ingo Oeland;
S. 150 M2 ob.: Interfoto/Reinhard Dirscherl;
S. 150 M2 un.: ddp images/Kyodo/Newscom;
S. 151 M4: laif/VU;
S. 153 li.: Stephane Compoint/Le Figaro Magazine/laif ;
S. 153 re.: ddp images/Ingo Schulz;

Auftragsillustrationen, Karten, Grafiken
Cornelsen/Atlaskartographie: S. 14 M3, S. 167, S. 170, S. 172, S. 173, S. 174, S. 175, S. 176;
Cornelsen/Volkhard Binder: S. 25 M5, S. 25 M6, S. 38 M6, S. 30 M1, S. 30 M2, S. 31 M4, S. 85 M4, S. 101 M5, S. 133 M2, S. 135 M4, S. 149 M3;
Cornelsen/Franz-Josef Domke: S. 21 M4, S. 22 M2, S. 24 M1, S. 24 M2, S. 35 M2, S. 48/49 Mi., S. 50 M3, S. 76 M1, S. 78 alle, S. 79 alle, S. 88 un.;
Cornelsen/Elisabeth Galas: S. 26 M1, S. 45 M5,S. 104 M1;
Cornelsen/Otto Götzl: S. 76 M2;
Cornelsen/Dietmar Griese: S. 38 M5;
Cornelsen/Oliver Hauptstock: S. 18;
Cornelsen/Peter Kast: S. 11, S. 15 M5, S. 18 M2, S. 20 M1, S. 36 M1, S. 39, S. 42 M1, S. 43 M8, S. 58 M1, S. 64 M1, S. 67, S. 70 M3, S. 71 M7,S. 95, S. 99 M4, S. 120 M1, S. 123, S. 135 M3, S. 142 M1, S. 168, S. 177, S. 178;
Cornelsen/Michael Kunz: S. 16 M2, S. 17 M4, S. 17 M5, S. 19 M3, S. 20 M2, S. 21 M3, S. 32 M1, S. 55 M3, S. 113 Mi., M1;
Cornelsen/Katrin Pfeil: S. 34 M1, S. 50 M2;
Cornelsen/Dieter Stade: S. 23 M3, S. 27 M2, S. 28 M1, S. 28 M3, S. 29 M4, S. 44 M3, S. 45 M4, S. 47 M2, S. 47 M3, S. 55 M4, S. 73 M3, S. 73 M4, S. 71 M5, S. 71 M6, S. 80 M2, S. 83 klein, S. 86 M3, S. 87 M4, S. 88 ob. li., S. 89 Mi., S. 90 M2, S. 91 M3, S. 107 M4, S. 108 M1, S. 108 M2, S. 111 M4, S. 111 M6, S. 115 M5, S. 117 M2, S. 117 M3, S. 121 M5, S. 122 M6, S. 136 M2, S. 137 M4, S. 137 M5, S. 138 M2, S. 139 M3, S. 144 M2, S. 146 M3, S. 148 M2, S. 150 M3, S. 151 M5;
Cornelsen/Hans-R. Steininger: S. 55 M5, S. 74 M3;
Cornelsen/H.-R.Steininger/Dieter Stade: S. 53 M3, M4, M5, M6;
Cornelsen/Josephine Wolff: S. 138 M1, S. 141 M5;
Cornelsen/Hans Wunderlich: S. 17 M3, S. 51 M4, S. 55 M6, S. 55 M7, S. 55 M8, S. 56 M2, S. 65 M5, S. 81 M3, S. 81 M4, S. 132

Kartenweiser und Inhaltsverzeichnis 167

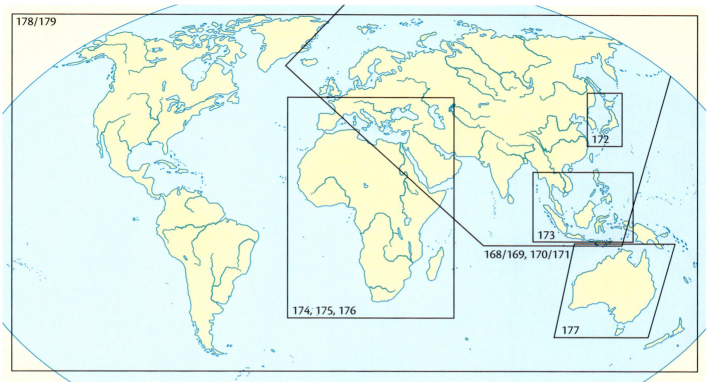

168/169	**Asien: Physische Karte**
	1. Staaten
	2. Bevölkerungsdichte
	3. Physische Karte
170/171	**Asien: Wirtschaftskarte**
	1. Jahresniederschläge
	2. Sommermonsun in Südostasien
	3. Wintermonsun in Südostasien
	4. Wirtschaftskarte
172	**Japan: Wirtschaftskarte**
173	**Südostasien: Physische Karte**
174	**Afrika: Physische Karte**
175	**Afrika: Wirtschaftskarte**
176	**Afrika: Temperaturen und Niederschläge**
	1. Temperaturen im Januar
	2. Temperaturen im Juli
	3. Niederschläge Dezember–Februar
	4. Niederschläge Juni–August
177	**Australien: Physische Karte und Wirtschaftskarte**
	1. Physische Karte
	2. Wirtschaftskarte
178/179	**Erde: Politische Gliederung**
	1. Politische Gliederung
	2. Pflanzliche Primärproduktion
	3. Kontinente und Ozeane
	4. Zeitzonen
180–182	**Atlasregister**
183	**Legende für die Wirtschaftskarten**

Asien: Physische Karte

① Asien: Staaten

INDIEN Unabhängiger Staat
1947   Jahr der Unabhängigkeit

ARM. = Armenien 1991
AS. = Aserbaidschan 1991
BD. = Bangladesch 1971
BH. = Bhutan
GE. = Georgien 1991
IS. = Israel 1948
JORD. = Jordanien 1946
KAMB. = Kambodscha 1954
LIB. = Libanon 1941
V.A.E. = Vereinigte Arabische Emirate 1971
ZYP. = Zypern 1960

1 : 77 000 000   1 cm ≙ 770 km

② Bevölkerungsdichte

- über 200 Einwohner auf 1 km²
- 100 – 200 Einwohner auf 1 km²
- 50 – 100 Einwohner auf 1 km²
- 20 – 50 Einwohner auf 1 km²
- 10 – 20 Einwohner auf 1 km²
- 1 – 10 Einwohner auf 1 km²
- weniger als 1 Einwohner auf 1 km²
- • Orte über 1000000 Einwohner

© Cornelsen

Orte
- über 1000000 Einwohner
- 500000 – 1000000 Einwohner
- 100000 – 500000 Einwohner
- unter 100000 Einwohner
- Peking Hauptstadt eines Staates

— Eisenbahn
— Staatsgrenze
— Kanal
— Wasserfall
— Stausee

170 Asien: Wirtschaftskarte

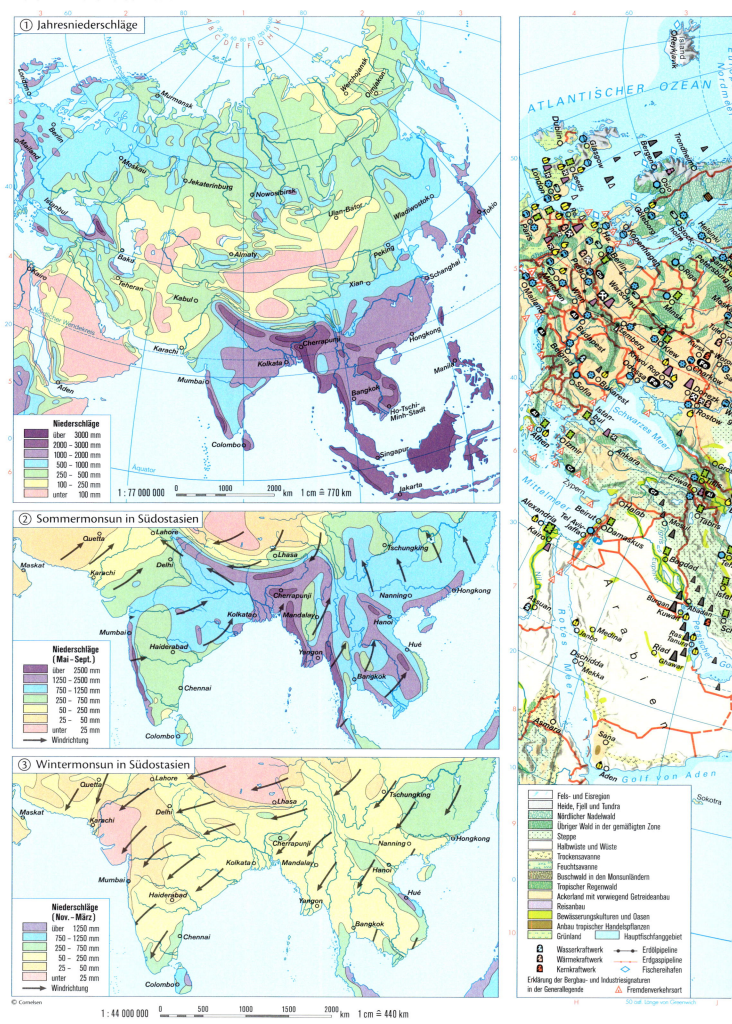

172 Japan: Wirtschaftskarte

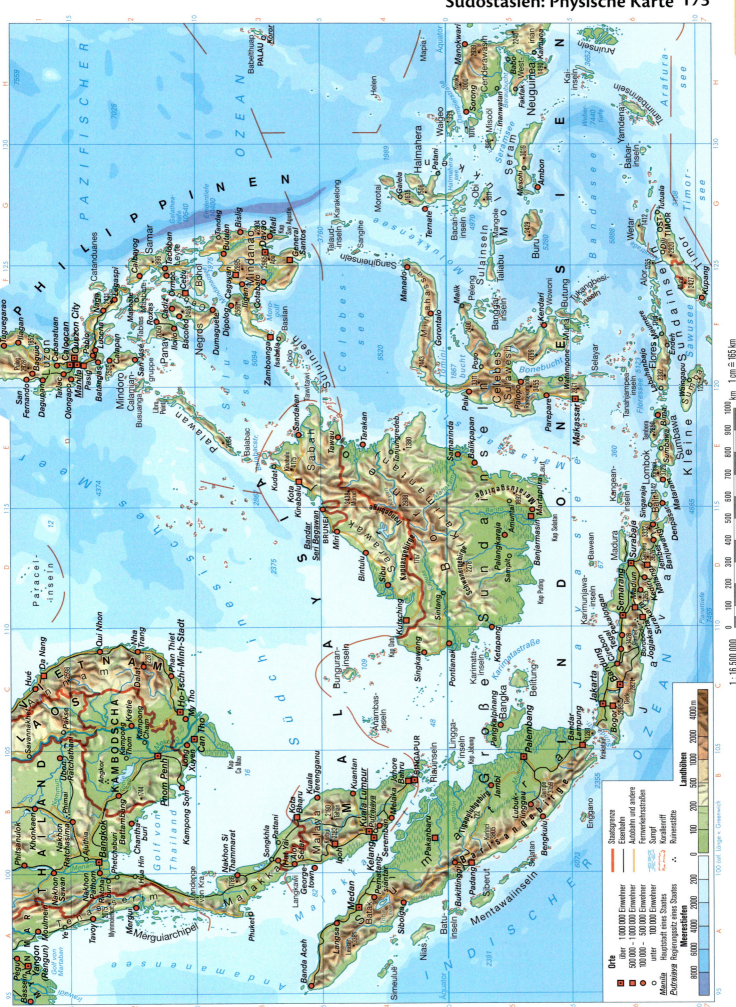

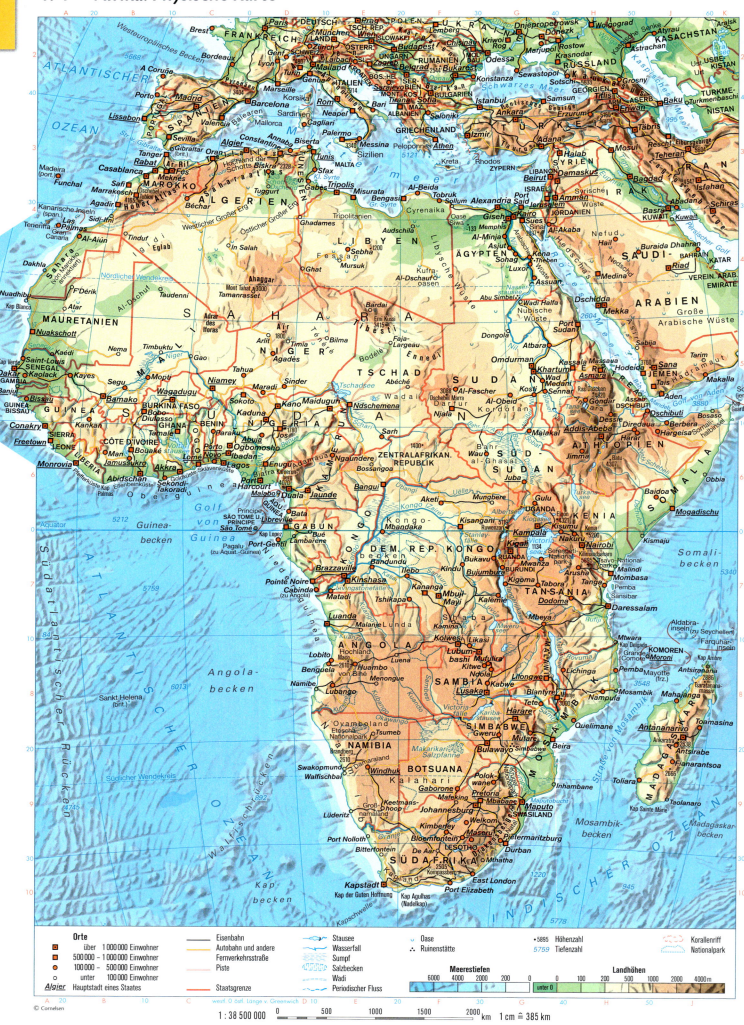

Afrika: Wirtschaftskarte 175

176 Afrika: Temperaturen und Niederschläge

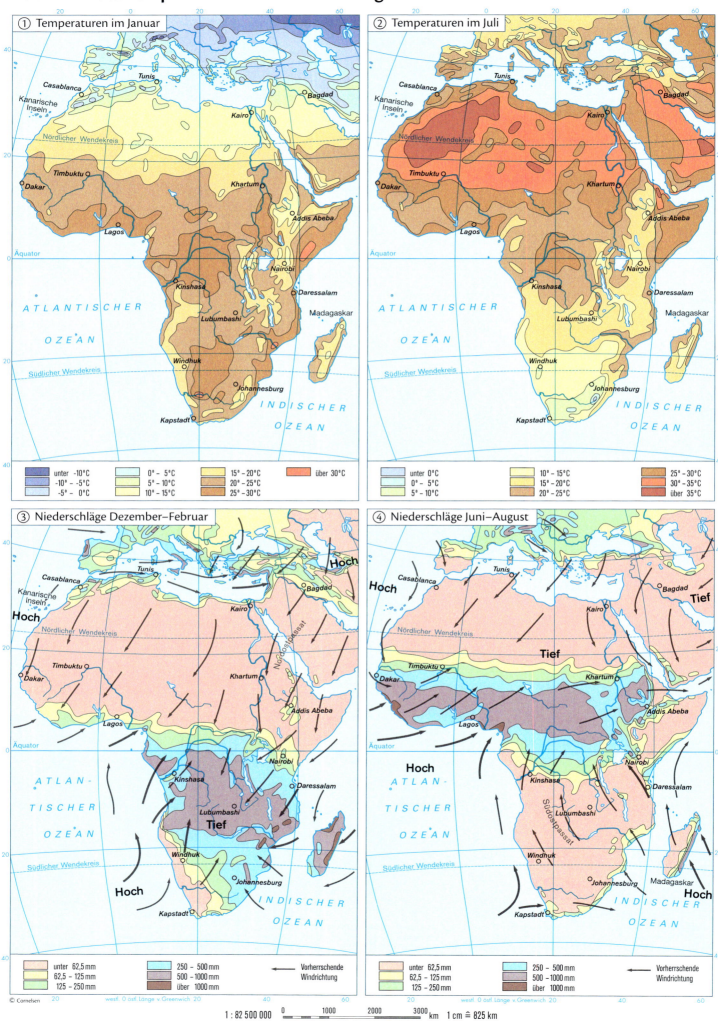

Australien: Physische Karte und Wirtschaftskarte

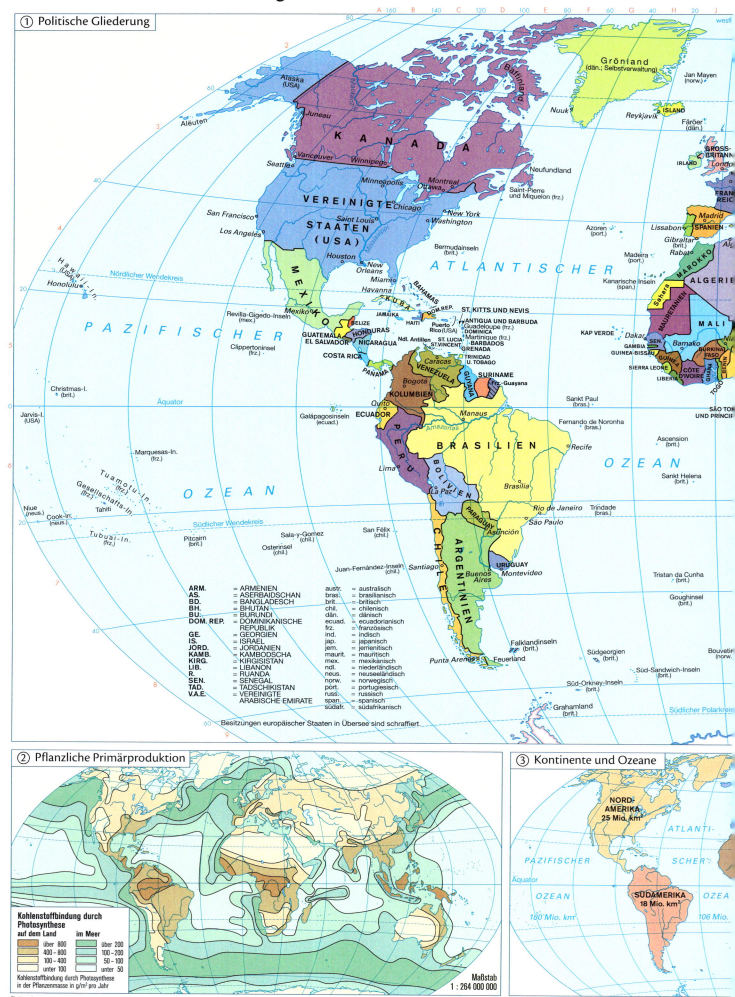

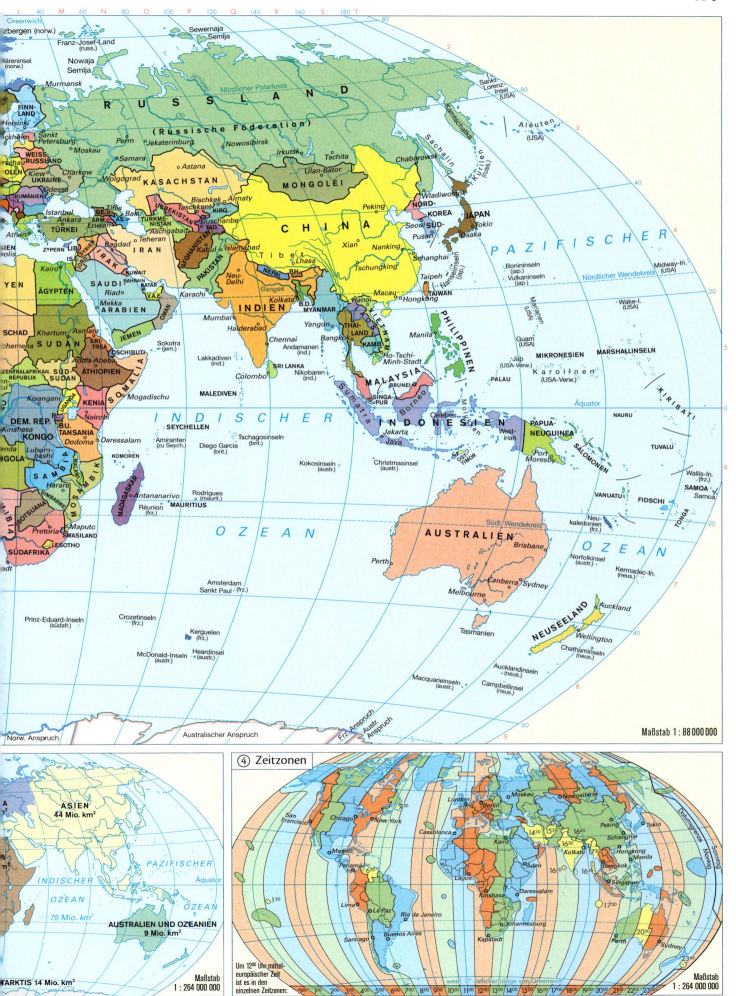

Atlasregister

A

Abadan 168/169 HJ 6
Abakan 168/169 N 4
Abéché 174 EF 5
Abidschan 174 C 6
Abu Simbel 174 FG 4
Abuja 174 D 6
Adamaua 174 E 6
Adana 168/169 G 6
Addis Abeba 174 G 5/6 178/179 LM 5
Aden 168/169 H 8
Adrar des Iforas 174 D 4/5
Ägypten 174 FG 4 178/179 L 4
Äquatorialguinea 174 D 6 178/179 K 5
Äthiopien 174 GH 6 178/179 LM 5
Afghanistan 168/169 K 6 178/179 N 4
Agadès 174 DE 5
Agadir 174 BC 3
Agra 168/169 L 7
Ahaggar 174 D 4
Ahmedabad 168/169 KL 7
Air 174 D 5
Ajan 168/169 RS 4
Aketi 174 F 6
Akita 168/169 S 6
Akkra 174 C 6
Al-Aiún 174 BC 4
Al-Akaba 174 G 4
Al-Beida 174 F 3
Al-Dschauf (Libyen) 174 EF 4
Al-Dschuf 174 G 4
Al-Fascher 174 F 5
Al-Minja 174 FG 4
Al-Obeid 174 FG 5
Alaska, Staat der USA 178/179 B 2
Albertsee 174 FG 6
Aldabrainseln 174 H 7
Aldan, Fluss 168/169 QR 4
Aldan, Stadt 168/169 Q 4
Aleuten 168/169 VW 4
Alexander Bay 175 E 10
Alexandria (Ägypten) 174 FG 3
Algerien 174 CD 3 178/179 JK 4
Algier 174 D 3 178/179 K 4
Alif 175 H 5
Allahabad 168/169 LM 7
Almaty 168/169 L 5 178/179 NO 3
Alor 173 FG 6
Alor Setar 173 B 3
Alorstraße 173 G 6
Altai, Gebirge 168/169 M 4
Altyntag 168/169 MN 6
Ambon 173 G 5
Amhara 174 G 5
Amiranten 178/179 MN 6
Amman 168/169 H 6
Amsterdam, Insel 178/179 N 7
Amu-Darja 168/169 K 5/6
Amuntai 173 DE 5
Amur 168/169 Q 4 178/179 Q 3
Anadyr, Stadt 168/169 V 3
Anadyrgebirge 168/169 VW 3
Anadyrgolf 168/169 VW 3
Anambasinseln 173 C 4
Anatolien 168/169 FG 6
Andamanen 168/169 MN 8 178/179 O 5
Andischan 168/169 L 5
Angara 168/169 N 4
Angola 174 EF 8 178/179 KL 6
Angolabecken 174 D 8
Ankara 168/169 G 5/6 178/179 L 3
Ankaratra 174 H 8
Annaba 174 D 3
Annam 168/169 O 8
Anschan 168/169 Q 5
Antananarivo 174 H 8 178/179 M 6
Antigua und Barbuda 178/179 FG 5
Antsirabe 174 HJ 9
Antsiranana 174 HJ 8
Aomori 168/169 RS 5
Aparri 173 F 1
Apo 173 G 3
Ar-Rif 174 C 3

Arabisch-Indischer Rücken 168/169 JK 9
Arabische Wüste 174 G 4
Arabisches Becken 168/169 K 8/9
Arabisches Meer 168/169 J-L 8
Aralsee 168/169 JK 5
Ararat 168/169 H 5/6
Argentinien 178/179 F 7/8
Arlit 174 D 5
Armenien, Staat 178/179 M 3
Aruinseln 173 H 6
Arusha 174 G 7
Ascension 178/179 J 6
Aschgabad 168/169 JK 6 178/179 MN 4
Aserbaidschan 168/169 H 5/6 178/179 M 3
Asien 168/169
Asjut 174 FG 4
Asmara 174 G 5 178/179 L 5
Assab 174 H 5
Assuan 174 G 4
Astana 178/179 N 3
Astrachan 168/169 H 5
Asunción 178/179 G 7
Atar 174 B 4
Atbara, Stadt 174 G 5
Athen, Stadt 178/179 KL 4
Atlantischer Ozean 174 CD 7-10 178/179 F-J 4-6
Atyrau 168/169 J 5
Auckland 178/179 S 7
Aucklandinseln 178/179 S 8
Audschila 174 EF 4
Australien, Staat 178/179 QR 7
Awasa 175 G 6
Azoren 178/179 H 4

B

Bab al-Mandeb 174 H 5
Babarinseln 173 G 6
Babelthuap 173 H 3
Babo 173 H 5
Babuyainseln 173 F 1
Bacaninseln 173 G 5
Bacolod 173 F 2
Bäreninsel 178/179 KL 2
Baffinland 178/179 EF 2
Bagdad 168/169 H 6 178/179 M 4
Baguio 173 F 1
Bahamas 178/179 F 4
Bahr al-Dschebel 174 G 6
Bahr al-Ghasal 174 F 6
Bahrain 168/169 J 7 178/179 M 4
Baidoa 174 H 6
Baikalsee 168/169 OP 4
Baku 168/169 HJ 5 178/179 M 3
Balabac 173 E 3
Balabacstraße 173 E 3
Balchasch 170/171 L 5
Balchaschsee 168/169 LM 5
Bali 173 DE 6
Balikpapan 173 E 5
Bamako 174 C 5 178/179 J 5
Banda Aceh 173 A 3
Bandar Lampung 168/169 D 3/4
Bandar Seri Begawan 173 D 3/4
Bandasee 173 G 6
Bandundu 174 EF 7
Bandung 173 C 6
Banggaiinseln 173 F 5
Bangka 173 C 5
Bangkok 168/169 O 8 178/179 OP 5
Bangladesch 168/169 MN 7 178/179 O 4
Bangui 174 E 6 178/179 K 5
Banjarmasin 173 D 5
Banjul 174 B 5
Banjuwangi 173 D 6
Barbados 178/179 G 5
Barbuda, Antigua und 178/179 FG 5
Bardai 174 E 4
Barisangebirge 173 B 5
Barito 173 DE 5
Barnaul 168/169 LM 4
Basilan 173 F 3
Basra 168/169 H 6
Bata 174 DE 6

Batak 173 A 4
Batangas 173 EF 2
Batu 174 GH 6
Batuinseln 173 A 4/5
Batumi 168/169 GH 5
Bawean 173 D 6
Béchar 174 CD 3
Beira, Stadt 174 G 9
Beirut 168/169 G 6
Belitung 173 C 5
Belize, Staat 178/179 E 5
Belucha 168/169 M 5
Bender Abbas 168/169 J 7
Bengaluru 168/169 L 8
Bengasi 174 EF 3
Bengkulu 173 B 5
Benguela 174 E 8
Benin 174 D 5/6 178/179 K 5
Benue 174 DE 6
Beraubucht 173 H 5
Berbera 174 H 5/6
Beringmeer 168/169 U-W 4
Berlin, Stadt (Deutschland) 178/179 K 3
Bermudainseln 178/179 F 4
Bhutan 168/169 MN 7 178/179 O 4
Biafra 174 D 6
Bibai 172 HJ 3
Bilma 174 E 5
Bima 173 E 6
Bintan 170/171 O 9
Bintulu 173 D 4
Bioko 175 D 6
Birma → Myanmar
Bischkek 168/169 L 5 178/179 N 3
Biserta 174 DE 3
Biskra 174 D 3
Bislig 173 G 3
Bissau 174 B 5
Bitterfontein 174 E 10
Blagowjeschtschensk 168/169 QR 4
Blantyre 174 G 8
Blauer Nil 174 G 5
Bloemfontein 174 F 9
Bobo-Diulasso 174 C 5
Bodaibo 168/169 P 4
Bodélé 174 E 5
Bogor 173 C 6
Bogotá 178/179 F 5
Bohol 173 FG 3
Boké 175 B 5
Bolivien 178/179 FG 6
Bombay → Mumbai
Bonebucht 173 F 5
Bonininseln 178/179 R 4
Borneo 173 DE 4/5
Borobodur 173 CD 6
Bosaso 174 HJ 5
Bossangoa 174 E 6
Botsuana 174 F 9 178/179 L 7
Bouaké 174 C 6
Bouvetinsel 178/179 K 8
Brahmaputra 168/169 N 7
Brandberg 174 E 9
Brasília 178/179 G 6
Brasilien 178/179 FG 6
Bratsk 168/169 NO 4
Brazzaville 174 E 7
Brisbane 178/179 R 7
Brunei 173 D 4
Bu Attifal 175 F 4
Bué 174 E 7
Buenos Aires, Stadt 178/179 FG 7
Bujumbura 174 F 7
Bukavu 174 F 7
Bukittinggi 173 AB 5
Bulawayo 174 FG 9
Bumba 175 F 6
Bunguraninseln 173 C 4
Buraida 174 H 4
Burgan 170/171 H 7
Burkina Faso 174 CD 5 178/179 JK 5
Buru 173 G 5
Burundi 174 FG 7 178/179 L 6
Busuanga 173 E 2
Butuan 173 G 3
Butung 173 F 5/6

C

Cabanatuan 173 F 1
Cabinda 174 DE 7

Cadiz (Philippinen) 173 F 2
Cagayan 173 FG 3
Cahora Bassa 175 G 8
Calamiangruppe 173 EF 2
Calapan 173 F 2
Calbayog 173 FG 2
Caloocan 173 F 1/2
Campbellinsel 178/179 S 8
Canberra 178/179 R 7
Caracas 178/179 F 5
Casablanca 174 BC 3
Catanduanes 173 FG 2
Cebu, Insel 173 F 2/3
Cebu, Stadt 173 F 2
Celebes 173 EF 5
Celebessee 173 F 4
Cenderawasih 173 H 5
Ceylon 168/169 M 9
Chabarowsk 168/169 RS 5 178/179 QR 3
Changaigebirge 168/169 NO 5
Charbin 168/169 QR 5
Charkow 178/179 LM 3
Chataminseln 178/179 ST 8
Chennai 168/169 M 8 178/179 O 5
Cherrapunji 168/169 N 7
Chicago 178/179 E 3
Chiengmai 168/169 NO 8
Chile 178/179 F 7
China, Volksrepublik 168/169 N-P 6 178/179 OP 4
Chittagong 168/169 N 7
Christmasinsel (Indischer Ozean) 178/179 P 6
Cirebon 173 C 6
Clippertoninsel 178/179 D 5
Colombo 168/169 LM 9 178/179 N 5
Conakry 174 B 6
Constantine 174 D 3
Costa Rica 178/179 E 5
Cotabato 173 F 3
Côte d'Ivoire 174 C 6 178/179 J 5
Crozetinseln 178/179 M 8
Cuttack 168/169 M 7
Cyrenaika 174 F 3

D

Dagupan 173 EF 1
Dakar 174 B 5 178/179 HJ 5
Dakhla 174 B 4
Damaraland 174 E 9
Damaskus 168/169 GH 6
Dampierstraße 173 H 4/5
Daressalam 174 GH 7 178/179 LM 6
Darfur 174 F 5
Das 175 J 4
Davao 173 G 3
De Aar 174 F 10
Dekkan 168/169 LM 7/8
Delagoabucht → Maputo-Bucht
Delhi 168/169 L 7
Demokratische Republik Kongo 174 EF 7 178/179 KL 6
Dempo 173 B 5
Denpasar 173 DE 6
Dessie 174 GH 5
Dhahran 168/169 HJ 7
Dhaka 168/169 MN7
Dibrugarh 168/169 N 7
Dickson 168/169 M 2
Diego Garcia 178/179 N 6
Dili 173 G 6
Dipolog 173 F 3
Diredaua 174 H 5
Dodoma 174 G 7 178/179 L 6
Dominica 178/179 FG 5
Dominikanische Republik 178/179 F 4/5
Dongola 174 FG 5
Drakensberge 174 FG 9/10
Dschebel Marra 174 F 5
Dschebel Tubkal 174 C 3
Dschefa 175 EF 4
Dscheskasgan 170/171 KL 5
Dschibuti, Staat 174 H 5 178/179 M 5
Dschibuti, Stadt 174 H 5
Dschidda 168/169 GH 7
Dschuba 174 H 6
Dschugdschurgebirge 168/169 RS 3/4
Dsungarei 168/169 M 5

Duala 174 DE 6
Dumaguete 173 F 3
Dumai 170/171 O 9
Dundo 175 EF 7
Durban 174 G 10
Duschanbe 168/169 KL 6 178/179 N 3/4

E

East London 174 FG 10
Ecuador 178/179 EF 6
Edéa 175 E 6
Eduardsee 175 F 7
Eglab 174 C 4
El Salvador, Staat 178/179 E 5
Elbursgebirge 168/169 HJ 6
Elfenbeinküste → Côte d'Ivoire
Elgon 174 G 6
Emdentiefe 173 G 3
Emi Kussi 174 E 4
Endeh 178/179 F 6
Enggano 173 B 6
Ennedi 174 F 5
Enugu 174 D 6
Eritrea 174 GH 5 178/179 LM 5
Eriwan 168/169 H 5 178/179 LM 4
Etoscha-Nationalpark 174 E 8
Euphrat 168/169 H 6
Eurasienbecken 168/169 E-Q 1

F

Färöer 178/179 J 2
Faja-Largeau 174 EF 5
Falklandinseln 178/179 G 8
Farquharinseln 174 HJ 8
Fernando de Noronha 178/179 H 6
Fès 174 C 3
Fessan 174 E 4
Feuerland 178/179 FG 8
Fianarantsoa 174 HJ 9
Fidschi 178/179 S 6
Flores, Insel 173 F 6
Floressee 173 EF 6
Formosa 170/171 Q 7
Formosastraße 168/169 PQ 7
Franz-Josef-Land 178/179 MN 2
Französisch-Guayana 178/179 G 5
Freetown 174 B 6
Frunse → Bischkek
Fudschijama 168/169 R 6
Funchal 174 B 3
Fuschun 168/169 Q 5
Futschou 168/169 P 7

G

Gabès 174 DE 3
Gaborone 174 F 9
Gabun 174 E 6 178/179 K 6
Gafsa 175 DE 3
Galápagosinseln 178/179 D 6
Galatheatiefe 173 G 2
Galela 173 G 4
Gambia, Staat 174 B 5 178/179 HJ 5
Ganges 168/169 M 7 178/179 O 4
Gao 174 CD 5
Garua 175 E 6
Gede 173 C 6
Gelbes Meer 168/169 Q 6
General Santos 173 G 3
Georgetown 173 AB 3
Georgien 178/179 M 3
Gesireh 175 G 5
Ghadames 174 DE 4
Ghana 174 C 5/6 178/179 J 5
Ghat 174 E 4
Ghawar 170/171 H 7
Gibraltar 178/179 J 4
Giseh, Stadt 174 FG 3/4
Gobi 168/169 OP 5
Godavari 168/169 L 8
Godwin Austen (K 2) 168/169 L 6
Goldküste 174 CD 6
Golf von Aden 168/169 HJ 8 174 HJ 5

Golf von Bengalen 168/169 MN 8
Golf von Guinea 174 D 6/7
Golf von Martaban 168/169 N 8
Golf von Oman 168/169 JK 7
Golf von Thailand 168/169 O 8/9
Gondar 174 G 5
Gorontalo 173 F 4
Goughinsel 178/179 J 8
Grahamland 178/179 G 9
Gran Canaria 174 B 4
Grande Comore 174 H 8
Grenada 178/179 FG 5
Grönland 178/179 GH 2
Grosny 170/171 H 5
Große Arabische Wüste 168/169 HJ 7/8
Große Sundainseln 173 B-F 5
Große Syrte 174 E 3
Großer Chingan 168/169 PQ 4/5
Großnamaland 174 E 9
Grusinien → Georgien
Guadeloupe 178/179 FG 5
Guam 178/179 R 5
Guatemala, Staat 178/179 E 5
Guinea 174 BC 5 178/179 J 5
Guinea-Bissau 174 B 5 178/179 HJ 5
Guineabecken 174 C 6/7
Gulu 174 G 6
Gurjew → Atyrau
Guyana 178/179 FG 5
Gwadar 168/169 K 7
Gweru 174 F 8

H

Hadramaut 168/169 HJ 8
Haiderabad (Indien) 168/169 L 8 178/179 NO 5
Haiderabad (Pakistan) 168/169 K 7
Haikou 168/169 P 7/8
Hail 174 H 4
Hainan 168/169 P 8
Haiphong 168/169 O 7
Haiti 178/179 F 5
Hakodate 168/169 S 5
Halab 168/169 G 6
Halmahera 173 GH 4
Halmaherasee 173 G 5
Hami 168/169 N 5
Hanaoka 172 GH 4
Hangtschou 168/169 PQ 6
Hanoi 168/169 O 7 178/179 P 4
Harar, Stadt 174 H 6
Harare 174 G 8 178/179 L 6
Hargeisa 174 H 6
Hassi Messaud 175 D 3
Hassi R'mel 175 CD 3
Hat Yai 173 AB 3
Havanna 178/179 E 4
Heardinsel 178/179 NO 8
Hedschas 168/169 G 7 174 G 4
Helen 173 H 4
Helsinki 178/179 KL 2
Herat 168/169 K 6
Hilmend 168/169 K 6
Himalaya 168/169 L-N 6/7
Hindukusch 168/169 KL 6
Hindustan 168/169 LM 7
Hiroschima 168/169 QR 6
Ho-Tschi-Minh-Stadt 168/169 OP 8 178/179 P 5
Hochland der Schotts 174 D 3
Hochland von Bihé 174 E 8
Hodeida 168/169 H 8
Hofuf 168/169 H 7
Hoher Atlas 174 C 3
Hokang 170/171 QR 5
Hokkaido 168/169 S 5
Honduras 178/179 EF 5
Hongkong 168/169 P 7 178/179 PQ 4
Honschu 168/169 R 5/6
Houston 178/179 E 4
Huambo 174 E 8
Hubballi-Dharwad 168/169 L 8
Hué 168/169 O 8
Huhehot 168/169 P 5
Hurghada 175 G 4
Hwange 175 F 8
Hwangho 168/169 O 6

ATLASREGISTER

I

Ibadan 174 D 6
Igidi 174 C 4
Ilagan 173 F 1
Ilebo 174 F 7
Iligan 173 F 3
Iloilo 173 F 2
In Salah 174 D 4
Inanwatan 173 H 5
Inderagiri 173 B 5
Indien 168/169 LM 7 178/179 NO 4
Indigirka 168/169 S 3
Indischer Ozean 168/169 J-N 9 178/179 M-O 6/7
Indonesien 173 C-H 5
Indore 168/169 L 7
Indus 168/169 KL 7
Inhambane 174 G 9
Ipoh 173 B 4
Irak 168/169 H 6 178/179 M 4
Iran 168/169 J 6 178/179 M 4
Irangebirge 173 DE 4
Irawadi 168/169 N 7/8
Irkutsk 168/169 O 4 178/179 OP 3
Irtysch 168/169 L 4
Isabela 173 F 3
Isfahan 168/169 HJ 6
Islamabad 168/169 KL 6 178/179 NO 4
Island 178/179 HJ 2
Israel 168/169 G 6 178/179 L 4
Issykkul 168/169 L 5
Istanbul 168/169 FG 5 178/179 L 3
Itschang 168/169 P 6
Iturup 168/169 S 5
Izmir 168/169 F 6

J

Jablonowygebirge 168/169 OP 4
Jaffna 168/169 M 9
Jaipur 168/169 L 7
Jakarta 173 C 6
Jakutsk 168/169 Q 3
Jamaika 178/179 EF 5
Jamal 168/169 KL 2/3
Jambi 173 C 5
Jamshedpur 168/169 M 7
Jamussukro 174 C 6
Jan Mayen 178/179 J 2
Janbo 170/171 GH 7
Jangtsekiang 168/169 NO 6/7
Jap 178/179 QR 5
Japan 168/169 RS 6/7 178/179 QR 4
Japanisches Meer 168/169 R 5/6
Jaunde 174 E 6
Java 173 CD 6
Javasee 173 C-E 6
Jekaterinburg 168/169 JK 4 178/179 N 3
Jember 173 D 6
Jemen 168/169 HJ 8 178/179 M 5
Jenissei 168/169 M 3 178/179 O 2
Jenisseisk 168/169 MN 4
Jerusalem 168/169 G 6
Jimma 174 G 6
Jinja 175 G 6
Jogjakarta 173 CD 6
Johannesburg 174 F 9
Johore Bahru 173 B 4
Jokohama 168/169 RS 6
Jolo 173 F 3
Jordanien 168/169 G 6 178/179 L 4
Jos 174 D 6
Juan-Fernández-Inseln 178/179 E 7
Juba 174 FG 6
Jümen 168/169 N 5
Juneau 178/179 C 3
Juschno-Sachalinsk 168/169 S 5

K

Kabul 168/169 K 6 178/179 N 4
Kabwe 174 FG 8
Kaduna, Stadt 174 D 5
Kaédi 174 B 5
Kaffa 175 G 6
Kaiinseln 173 H 5/6
Kaimana 173 H 5
Kairo 174 G 3 178/179 L 4
Kalahari 174 EF 9
Kalemie 174 F 7
Kalimantan 173 DE 4/5
Kalkutta → Kolkata
Kambodscha 168/169 O 8 178/179 P 5
Kamenka (Ostsibirien) 172 EF 2
Kamerun, Staat 174 E 5/6 178/179 K 5
Kamerunberg 174 DE 6
Kamina 174 F 7
Kamioka 172 F 6
Kampala 174 G 6/7
Kamtschatka 168/169 TU 4 178/179 RS 3
Kanada 178/179 C-F 3
Kananga 174 F 7
Kanarische Inseln 174 B 4 178/179 HJ 4
Kandahar 168/169 K 6
Kangeaninseln 173 DE 6
Kankan 174 BC 5/6
Kano, Stadt 174 DE 5
Kanpur 168/169 LM 7
Kanton 168/169 P 7
Kaohsiung 168/169 PQ 7
Kaolack 174 B 5
Kap Agulhas 174 F 10
Kap Ambre 174 HJ 8
Kap Blanco (Mauretanien) 174 B 4
Kap Ca Mau 168/169 O 9
Kap Datu 173 C 4
Kap Delgado 174 H 8
Kap der guten Hoffnung 174 E 10
Kap Deschnew 168/169 WX 3
Kap Guardafui 174 J 5
Kap Jabung 173 B/C 5
Kap Lopatka 168/169 T 4
Kap Lopez 174 D 7
Kap Oljutorski 168/169 UV 4
Kap Palmas 174 C 6
Kap Puting 173 D 5
Kap Sainte Marie 174 H 9
Kap San Agustin 173 G 3
Kap Selatan 173 D 5
Kap Tscheljuskin 168/169 O-Q 2
Kap Verde, Kap 174 B 5
Kap Verde, Staat 178/179 H 5
Kapbecken 174 D 10
Kapland 174 EF 10
Kapschwelle 174 E 10
Kapstadt 174 E 10 178/179 K 7
Kapuas 173 D 4
Kapuasgebirge 173 D 4
Karachi 168/169 K 7 178/179 N 4
Karaganda 168/169 KL 5
Karakelong 173 G 4
Karakorum, Gebirge 168/169 L 6
Karibastausee 174 F 8
Karimatainseln 173 C 5
Karimataßstraße 173 C 5
Karimunjawainseln 173 D 6
Karolinen 178/179 R 5
Kasachische Schwelle 168/169 J-L 5
Kasachstan 168/169 J-L 5 178/179 MN 3
Kasai 174 E 7
Kaschgar 170/171 LM 6
Kaschima 172 H 7
Kaschmir 168/169 L 6
Kaspische Senke 168/169 HJ 5
Kaspisches Meer 168/169 J 5/6
Kassala 174 G 5
Katar 168/169 J 7 178/179 M 4
Kathiawar 168/169 KL 7
Katmandu 168/169 M 7
Kaukasus 168/169 H 5
Kayan 173 E 4
Kayes 174 BC 5
Kediri 173 D 6
Keetmanshoop 174 EF 9
Kelang 173 B 4
Kemerowo 170/171 MN 4
Kena 174 G 4
Kendari 173 F 5
Kenia, Berg 174 G 7
Kenia, Staat 174 G 6 178/179 L 5
Kerguelen 178/179 N 8
Kerinci 173 B 5
Kerman 168/169 JK 6
Kerulen 168/169 P 5
Ketapang 173 CD 5
Khartum 174 G 5 178/179 L 5
Khuribga 175 C 3
Kiew 178/179 L 3
Kigali 174 FG 7
Kigoma 174 FG 7
Kihsi 170/171 R 5
Kikwit 175 EF 7
Kilimandscharo 174 G 7
Kimberley (Südafrika) 174 F 9
Kinabalu 173 E 3
Kindu 174 F 7
Kinshasa 174 E 7 178/179 KL 6
Kiogasee 174 G 6
Kioto 168/169 R 6
Kirensk 168/169 O 4
Kirgisistan 168/169 L 5 178/179 N 3
Kirin, Stadt 168/169 Q 5
Kisangani 174 F 6 178/179 L 5
Kismaju 174 H 7
Kisumu 174 G 6
Kitakiuschu 168/169 QR 6
Kitwe 174 F 8
Kiuschu 168/169 R 6
Kleine Sundainseln 173 EF 6
Kleine Syrte 174 E 3
Kljutschewskaja Sopka 168/169 TU 4
Kobe 168/169 R 6
Kokosinseln (Indischer Ozean) 178/179 O 6
Kolkata 168/169 M 7 178/179 O 4
Kolumbien 178/179 F 5
Kolwesi 174 F 8
Kolyma 168/169 T 3
Kolymagebirge 168/169 TU 3
Komdok 172 B 4
Komoren 174 H 8 178/179 M 6
Kompassberg 174 F 10
Komsomolsk, Stadt (am Amur) 168/169 RS 4
Kongo, Fluss 174 E 7 178/179 KL 5/6
Kongo, Staat 174 E 6/7 178/179 K 5/6
Kongobecken 174 EF 6/7
Kongur 168/169 L 6
Korbu 173 B 4
Kordofan 174 FG 5
Koror 173 H 3
Kosti 174 G 5
Kota Kinabalu 173 DE 3
Krakatau 173 BC 6
Krasnojarsk 168/169 N 4
Krüger-Nationalpark 174 G 9
Kuala Lumpur 173 B 4
Kuala Trengganu 173 B 3
Kuando 174 E 7
Kuanga 174 E 7
Kuantan 173 B 4
Kuanza 174 E 7/8
Kuba 178/179 EF 4
Kubango 174 E 8
Kudat 173 E 3
Kuenlun 168/169 L-N 6
Kufraoasen 174 F 4
Kuibyschew → Samara, Stadt
Kukunor 168/169 N 6
Kumamoto 168/169 R 6
Kumasi 175 C 6
Kunene 174 E 8
Kunming 168/169 O 7
Kupang 173 F 6/7
Kurilen 168/169 ST 5 178/179 R 3
Kuschiro 170/171 S 5
Kutsching 173 CD 4
Kuwait, Staat 168/169 HJ 7 178/179 M 4
Kuwait, Stadt 168/169 H 7
Kweijang 168/169 O 7
Kwoka 173 H 5
Kysyl 168/169 N 4
Kysylkum 168/169 K 5

L

La Paz (Bolivien) 178/179 F 6
Labuhanbajo 173 EF 6
Lacknow 168/169 M 7
Lagos (Nigeria) 174 D 6
Lahore 168/169 L 6
Lakkadiven 168/169 KL 8 178/179 N 5
Lambaréné 174 DE 7
Landenge von Kra 168/169 N 8/9
Langkawi 173 A 3
Langsa 173 A 4
Lantschou 168/169 O 6
Laoag 173 EF 1
Laos 168/169 O 8 178/179 P 4/5
Laptewsee 168/169 QR 2
Las Palmas 174 B 4
Laut 173 E 5
Legaspi 173 F 2
Lena 178/179 Q 2
Leningrad → Sankt Petersburg
Lesotho 174 F 10 178/179 L 7
Leuser 173 A 4
Leyte 173 G 2
Lhasa 168/169 N 7 178/179 O 4
Libanon, Staat 168/169 G 6 178/179 L 4
Liberia 174 BC 6 178/179 J 5
Libreville 174 DE 6
Libro Point 173 E 2
Libyen 174 EF 4 178/179 KL 4
Libysche Wüste 174 F 4
Lichinga 174 G 8
Likasi 174 F 8
Lilongwe 174 G 8
Lima (Peru) 178/179 EF 6
Limpopo 174 G 9
Linggainseln 173 BC 5
Lissabon 178/179 J 4
Liutschou 168/169 OP 7
Livingstonefälle 174 E 7
Lobito 174 E 8
Lombok 173 E 6
Lomé 174 CD 6
Lomonossowrücken 168/169 ST 1
London (Großbritannien) 178/179 JK 3
Los Angeles, Stadt 178/179 CD 4
Luanda 174 E 7 178/179 K 6
Lubango 174 E 8
Lubuklinggau 173 B 5
Lubumbashi 174 F 8 178/179 L 6
Lucena (Philippinen) 173 F 2
Ludhiana 168/169 L 6
Lüderitz (Namibia) 174 E 9
Luena 174 EF 8
Lunda 174 EF 7
Lusaka 174 F 8
Lutong 170/171 P 9
Luvua 174 F 7
Luxor 174 G 4
Luzon 173 F 1
Luzonstraße 168/169 PQ 7

M

Macau 168/169 P 7 178/179 P 4
Maco 174 E 8
Macquarieinseln 178/179 R 8
Madagaskar 174 H 8/9 178/179 M 6/7
Madagaskarbecken 174 HJ 9
Madeira, Insel 174 B 3 178/179 HJ 4
Madiun 173 D 6
Madrid 178/179 JK 3
Madras → Chennai
Madura 173 D 6
Madurai 168/169 L 9
Magadan 168/169 T 4
Magnitogorsk 168/169 JK 4
Mahajanga 174 H 8
Mahakam 173 E 4/5
Maiduguri 174 E 5
Maisur 168/169 L 8
Makalla 168/169 HJ 8
Makarikari-Salzpfanne 174 F 9
Makassar 170/171 P 10
Makassarstraße 173 E 4/5
Malabo 174 D 6
Malakal 174 G 6
Malakka 168/169 O 6
Malakkastraße 173 AB 3/4
Malang 173 D 6
Malanje 174 E 7
Malawi 174 G 8 178/179 L 6
Malawisee 174 G 8
Malaya 173 B 3
Malaysia 173 B-E 3/4
Malediven 168/169 KL 9 178/179 N 5
Mali, Staat 174 CD 5 178/179 JK 5
Malik 173 F 5
Malindi 174 H 7
Man, Ort (Côte d'Ivoire) 174 C 6
Manado 173 F 4/5
Manakara 175 HJ 9
Manaus 178/179 FG 6
Mandalay 168/169 N 7
Mandschuli 168/169 P 5
Mandschurei 168/169 QR 5
Mangole 173 G 5
Manila 178/179 EF 2
Manokwari 173 H 5
Manono 175 F 7
Mapia 173 H 4
Maputo 174 G 9 178/179 L 7
Maputo-Bucht 174 G 9
Maradi 174 D 5
Marianen 178/179 R 4/5
Marokko 174 C 3 178/179 J 4
Marrakesch 174 BC 3
Marsa al-Brega 175 F 3
Martinique 178/179 FG 5
Martapura 173 DE 5
Masbate, Insel 173 F 2
Masbate, Stadt 173 F 2
Maseru 174 F 9
Maskat 168/169 JK 7
Masohi 173 G 5
Massaua 174 GH 5
Matadi 174 E 7
Mataram 173 DE 6
Mati 173 G 3
Maumere 173 F 6
Mauretanien 174 BC 5 178/179 J 4/5
Mauritius 178/179 MN 7
Mayotte 174 H 8
Mbabane 174 FG 9
Mbandaka 174 EF 6
Mbeya 174 G 7
Mbuji-Mayi 174 F 7
McDonald-Inseln 178/179 MN 8
Medan 173 A 4
Medina 168/169 GH 7
Mekka 168/169 GH 7
Meknès 174 C 3
Mekong 168/169 O 7
Melaka 173 B 4
Melbourne 178/179 QR 7
Memphis, Ruinenstätte (Ägypten) 174 FG 4
Menongue 174 EF 8
Mentawaiinseln 173 A 5
Meratusgebirge 173 E 5
Meschhed 168/169 JK 6
Mesopotamien 168/169 H 6
Messina (Südafrika) → Musina
Mexiko, Staat 178/179 DE 4/5
Mexiko, Stadt 178/179 DE 5
Miami, Stadt 178/179 E 4
Mikronesien 178/179 R 5
Minahassa 173 F 4
Mindanao 173 FG 3
Mindanaosee 173 F 3
Mindoro 173 EF 2
Minja Gongkar 168/169 O 7
Minneapolis 178/179 DE 3
Mirny 170/171 P 3
Misoöl 173 H 5
Misurata 174 E 3
Mlanje 174 G 8
Moanda 175 E 7
Moçamedes → Namibe
Mogadischu 174 H 6 178/179 M 5
Molukken 173 G 4/5
Molukkensee 173 FG 4/5
Mombasa 174 GH 7
Mongolei, Staat 168/169 N-P 5 178/179 OP 3
Mongolischer Altai 168/169 MN 5
Mongu 175 F 8
Monrovia 174 B 6
Mont Tahat 174 D 4
Montreal 178/179 EF 3
Mopti 174 C 5
Morogolf 173 F 3
Moroni 174 H 8
Morotai 173 G 4
Mosambik, Staat 174 GH 9 178/179 L 6/7
Mosambik, Stadt 174 H 8
Mosambikbecken 174 GH 9
Moskau, Stadt 178/179 LM 3
Mossel Bay 175 F 10
Mosul 168/169 H 6
Moulmein 168/169 NO 8
Mount Everest 168/169 M 7
Mthatha 174 FG 10
Mtwara 174 H 7/8
Mufulira 174 F 8
Multan 168/169 L 6/7
Mumbai 168/169 KL 8 178/179 N 5
Muna 173 F 5
Mungbere 174 F 6
Murmansk 178/179 LM 2
Mursuk 174 E 4
Murud 173 E 4
Musan 172 B 3
Musi 173 B 5
Musina 175 G 9
Mutare 174 G 8
Mutis 173 F 6
Mwanza 174 G 7
Mwerusee 174 FG 7
Myanmar 168/169 N 7 178/179 O 4/5
Myitkyina 168/169 N 7

N

Naga 173 F 2
Nagasaki 170/171 QR 6
Nagoja 168/169 RS 6
Nagpur 168/169 L 7
Nairobi 174 G 7 178/179 LM 6
Nakuru 174 G 7
Namib 174 E 8/9
Namibe 174 DE 8
Namibia 174 E 9 178/179 K 6/7
Nampula 174 GH 8
Nanga Parbat 168/169 L 6
Nanking 168/169 P 6 178/179 P 4
Nanning 168/169 O 7
Nanschan 168/169 NO 5/6
Nanseiinseln 168/169 QR 7 178/179 Q 4
Nantschang 168/169 P 7
Nantschung 168/169 N 6
Narodnaja 168/169 JK 3
Nassersee 174 FG 4
Natal, Landschaft 174 G 9
Ndola 174 F 8
Ndschemena 174 E 5 178/179 KL 5
Nedschd 168/169 H 7
Nefud 168/169 GH 7
Negele 175 G 6
Negros 173 F 3
Nema 174 C 5
Nepal 168/169 M 7 178/179 O 4
Neu-Delhi 178/179 N 4
Neufundland, Provinz 178/179 G 3
Neuguinea 173 H 5
Neukaledonien 178/179 RS 7
Neuseeland, Staat 178/179 S 7/8
Neusibirische Inseln 168/169 R-T 2
New Orleans 178/179 E 4
New York, Stadt 178/179 F 3
Ngaundere 174 E 6
Niamey 174 D 5 178/179 K 5
Nias 173 A 4
Nicaragua 178/179 EF 5
Niederguinea 174 DE 7/8
Niger, Fluss 174 D 6
Niger, Staat 174 DE 5 178/179 K 5
Nigeria 174 DE 5/6 178/179 K 5
Niigata 168/169 RS 6
Niihama 172 D 8
Nikobaren 168/169 MN 9 178/179 O 5
Nikolajewsk 168/169 RS 4
Nil 174 G 5 178/179 L 5
Nimbaberge 175 C 6
Njala 174 F 5
Njassasee → Malawisee
Nola 175 F 6
Nordkorea 168/169 QR 5/6 178/179 Q 3/4
Nordwik 168/169 P 2
Norfolkinsel 178/179 S 7
Norilsk 168/169 MN 3
Nova Sagres 173 G 6
Nowaja Semlja 178/179 M 2
Nowokusnezk 168/169 MN 4
Nowosibirsk 168/169 LM 4 178/179 O 3
Nuadhibu 174 B 4
Nuakschott 174 B 5
Nubische Wüste 174 G 4
Numasu 172 G 7
Nuuk 178/179 G 2

O

Oase Siwa 174 F 3/4
Ob, Fluss 168/169 M 4 178/179 N 2
Obbia 174 HJ 6
Oberguinea 174 CD 6
Obervolta → Burkina Faso
Obi 173 G 5
Ochotsk 168/169 S 4
Ochotskisches Meer 168/169 ST 4
Odessa (Ukraine) 178/179 L 3
Östlicher Großer Erg 174 D 3/4
Ogbomosho 174 D 6
Oimjakon 168/169 RS 3

ATLASREGISTER

Okawango 174 EF 8
Okiep 175 E 9
Olekminsk 168/169 PQ 3
Olenek, Fluss 168/169 P 3
Olongapo 173 EF 1/2
Oman 168/169 JK 7 178/179 M 4/5
Omdurman 174 FG 5
Omsk 168/169 L 4
Oran 174 CD 3
Oranje 174 EF 9
Ormoc 173 F 2
Osaka 168/169 R 6 178/179 QR 4
Oshogbo 175 D 6
Oslo 178/179 K 3
Ostchinesisches Meer 168/169 Q 7/8
Osterinsel 178/179 D 7
Ostghats 168/169 LM 8
Ostsibirische See 168/169 T-V 2
Osttimor 173 G 6
Ottawa, Stadt 178/179 EF 3
Oudtshoorn 175 F 10
Ovamboland 174 E 8

P

Pablo 173 F 2
Padang 173 AB 5
Pagalu 174 D 7
Pakanbaru 173 B 4
Pakistan 168/169 KL 6/7 178/179 N 4
Palangkaraja 173 D 5
Palau 173 H 3
Palawan 173 E 2/3
Palembang 173 BC 5
Palkstraße 168/169 LM 8/9
Palopo 173 EF 5
Palu 173 EF 5
Pamir 168/169 L 6
Panama, Staat 178/179 EF 5
Panay 173 F 2
Pangkalpinang 173 C 5
Panjab 168/169 L 6
Paotou 168/169 O 5
Papua-Neuguinea 178/179 R 6
Paraguay, Staat 178/179 FG 7
Paraku 174 D 6
Parepare 173 E 5
Paris (Frankreich) 178/179 K 3
Pasig 173 EF 2
Patani 173 G 4
Patna 168/169 M 7
Pekalongan 173 CD 6
Peking 168/169 P 5/6 178/179 P 3
Peleng 173 F 5
Pematangsiantar 173 AB 4
Pemba, Insel 174 GH 7
Pemba, Ort 174 H 8
Perm 178/179 M 3
Persischer Golf 168/169 HJ 7
Perth (Australien) 178/179 P 7
Peru 178/179 F 6
Petropawlowsk-Kamtschatski 168/169 TU 4
Pfefferküste 174 BC 6
Phalaborwa 175 G 9
Philippinen 173 FG 1-3
Phuket 170/171 H 9
Pietermaritzburg 174 G 9
Pietersburg → Polokwane
Pik Pobedy 168/169 LM 5
Pitcairn 178/179 C 7
Pjöngjang 168/169 QR 6
Planettiefe 173 D 7
Pnom Penh 168/169 O 8
Pobeda 168/169 S 3
Pointe Noire 174 DE 7
Polokwane 174 F 9
Pontianak 173 C 4/5
Port Elizabeth 174 FG 10
Port-Gentil 174 D 7
Port Harcourt 174 D 6
Port Moresby 178/179 R 6
Port Nolloth 174 E 9
Port Said 174 G 2
Port Sudan 174 G 5
Porto Novo 174 D 8
Poso 173 F 5
Postmasburg 175 EF 9
Príncipe, Insel 174 D 7
Prinz-Eduard-Inseln 178/179 L 8
Puerto Rico, Insel 178/179 F 5
Pulog 173 F 1
Pune 168/169 L 8
Punta Arenas (Chile) 178/179 EF 8
Pusan 168/169 Q 6 178/179 Q 4

Q

Quelimane 174 GH 8
Quetta 168/169 K 6
Quezon City 173 F 2
Qui Nhon 168/169 OP 8
Quito 178/179 EF 5

R

Rabat 174 C 3 178/179 J 4
Raipur 168/169 M 7
Rajkot 168/169 KL 7
Rangun → Yangon
Rantekombola 173 EF 5
Ras Daschan 174 G 5
Ras Lanuf 175 E 3/4
Ras Tanura 170/171 HJ 7
Rawalpindi 168/169 KL 6
Recife 178/179 H 6
Réunion 178/179 M 7
Revilla-Gigedo-Inseln 178/179 D 5
Reykjavik 178/179 H 2
Riad 168/169 H 7 178/179 M 4
Riauinseln 173 BC 4
Richards Bay 175 G 9
Rinjani 173 E 6
Rio de Janeiro, Stadt 178/179 GH 7
Riukiuinseln 168/169 Q 7
Roçadas → Xangongo
Rodrigues, Insel 178/179 N 6
Rom 178/179 K 3
Rotes Meer 168/169 GH 7/8
Rourkela 170/171 M 7
Rovuma 174 G 8
Roxas 173 F 2
Ruanda 174 FG 7 178/179 L 6
Rudolfsee → Turkanasee
Rufiji 174 G 7
Russland, Staat 178/179 M-Q 2
Ruwenzori 174 F 6

S

Sabah 173 E 3
Sachalin 168/169 S 4/ 5 178/179 R 3
Safi 174 BC 3
Sahara, Land 174 B 4 178/179 J 4
Sahara, Wüste 174 C-F 4
Saharaatlas 174 CD 3
Saint Kitts und Nevis 178/179 FG 4
Saint-Louis (Senegal) 174 B 5
Saint Lucia 178/179 F 5
Saint-Pierre und Miquelon 178/179 G 3
Saint Vincent und die Grenadinen 178/179 F 5
Saissansee 168/169 M 5
Sajangebirge 168/169 NO 4
Sala-y-Gomez 178/179 DE 7
Salechard 168/169 KL 3
Salomonen 178/179 RS 6
Saluen 168/169 N 6
Samar 173 G 2
Samara, Stadt 178/179 M 3
Samarinda 173 E 5
Samarkand 168/169 KL 6
Sambesi 174 G 8
Sambia 174 F 8 178/179 L 6
Samotlor 170/171 LM 3
Sampit 173 D 5
Samtschök 172 BC 6
San Félix 178/179 E 7
San Fernando (Philippinen) 173 EF 1
San Francisco 178/179 C 4
San José (Phlippinen) 173 F 2
Sana, Stadt 168/169 H 8
Sandakan 173 E 3
Sangihe 173 G 4
Sangiheinseln 173 FG 4
Sankt Helena 174 C 8 178/179 J 6
Sankt-Lorenz-Insel 168/169 V-X 3 178/179 T 2
Sankt Paul, Insel (Atlantischer Ozean) 178/179 H 5
Sankt Paul, Insel (Indischer Ozean) 178/179 N 7
Sankt Petersburg 178/179 L 3
Sankuru 174 F 7
Sansibar 174 GH 7
Santiago (Chile) 178/179 F 7
São Paulo, Stadt 178/179 GH 7
São Tomé und Príncipe 174 D 8 178/179 JK 5/6
São Tomé, Stadt 174 D 6/7
Sapporo 168/169 RS 5
Sarawak 173 D 4
Sarh 174 E 6
Sarsaitine 175 E 4
Saudi-Arabien 168/169 G-J 7 178/179 LM 4
Sawusee 173 F 6
Schanghai 168/169 Q 6 178/179 Q 4
Schari 174 E 5/6
Schenjang 168/169 PQ 5
Schikoku 168/169 R 6
Schilka 168/169 P 4
Schiras 168/169 J 7
Schott Dscherid 174 D 3
Schwanergebirge 173 D 5
Seattle 178/179 C 3
Sebha 174 E 4
Segu 174 C 5
Sekondi-Takoradi 174 CD 6
Selatan 173 B 5
Selayar 173 F 6
Selenga 168/169 O 5
Semarang 173 D 6
Semeru 168/169 P 10
Semipalatinsk 168/169 LM 4
Sendai (Honschu) 168/169 S 6
Sendai (Kiuschu) 172 BC 9
Senegal, Fluss 174 B 5
Senegal, Staat 174 B 5 178/179 J 5
Sennar 174 G 5
Seoul 168/169 Q 6 178/179 Q 4
Seram 173 GH 5
Seramsee 173 GH 5
Seremban 173 B 4
Serengeti-Nationalpark 174 G 7
Serow 168/169 K 4
Serowe 175 F 9
Sewernaja Semlja 168/169 O-Q 1/2 178/179 P 1/2
Seychellen 178/179 MN 6
Sfax 174 E 3
Shaba 174 F 7
Shurugwi 175 G 8/9
Siberut 173 AB 5
Sibirien 168/169 L-T 3
Sibolga 173 A 4
Sibu 173 D 4
Sichote-Alin 168/169 R 5
Sidi-Ifni 174 BC 4
Sierra Leone 174 B 6 178/179 HJ 5
Simbabwe, Ruinenstätte 174 G 9
Simbabwe, Staat 174 FG 8 178/179 L 6/7
Simeulue 173 A 4
Sinai 174 G 4
Sinder 174 DE 5
Singapur 173 BC 4
Singaraja 173 DE 6
Singkawang 173 C 4
Sinpo 172 B 4/5
Sintang 173 D 4
Skikda 175 D 3
Sklavenküste 174 D 6
Skoworodino 168/169 Q 4
Slamet 173 C 6
Sobat 174 G 6
Sohag 174 FG 4
Sokoto 174 D 5
Sokotra 174 J 5 178/179 M 5
Somalibecken 174 H 7
Somalia 174 H 6 178/179 M 5
Somalhalbinsel 174 HJ 5/6
Songea 175 G 8
Sorong 173 H 5
Spitzbergen 178/179 KL 1
Srednekolymsk 168/169 ST 3
Sri Lanka 168/169 M 9 178/179 O 5
Srinagar 168/169 L 6
Stanleyfälle 174 F 7
Stockholm 178/179 KL 3
Straße von Mosambik 174 GH 8/9
Sudan, Landschaft 174 C-F 5
Sudan, Staat 174 FG 5 178/179 L 5
Süd-Orkney-Inseln 178/179 GH 8/9
Süd-Sandwich-Inseln 178/179 HJ 8
Südafrika, Staat 174 EF 10 178/179 KL 7
Südatlantischer Rücken 174 B 7-9
Südchinesisches Meer 168/169 OP 8/9
Südgeorgien 178/179 H 8
Südkorea 168/169 QR 6 178/179 Q 4
Südsudan, Staat 174 FG 6 178/179 L 5
Sues 174 G 4
Sütschou 168/169 P 6
Sukkur 168/169 K 7
Sulainseln 173 FG 5
Sulawesi 173 EF 5
Suluinseln 178/179 EF 3/4
Sulusee 173 EF 3
Sumatra 173 AB 4/5
Sumba 173 EF 6/7
Sumbawa, Insel 173 E 6
Sumbawa, Ort 173 E 6
Sun City 175 F 9
Sundagraben 168/169 N 10
Sundainseln, Große 168/169 O-Q 10
Sundainseln, Kleine 168/169 PQ 10
Sundastraße 173 C 6
Surabaja 173 D 6
Surakarta 173 CD 6
Surat 168/169 L 7
Surgut 170/171 KL 3
Suriname 178/179 G 5
Swakopmund 174 E 9
Swasiland 174 G 9 178/179 L 7
Swatou 168/169 P 7
Swerdlowsk → Jekaterinburg
Sydney (Australien) 178/179 R 7
Syr-Darja 168/169 K 5
Syrien 168/169 G 6 178/179 LM 4
Syrische Wüste 168/169 GH 6

T

Tablas 173 F 2
Tabora 174 G 7
Tacloban 173 G 2
Tadschikistan 168/169 KL 6 178/179 N 4
Täbris 168/169 H 6
Tägu 168/169 QR 6
Tahan 173 B 4
Tahua 174 D 5
Taijüan 168/169 OP 6
Taimyr 168/169 M-O 2
Taipeh 168/169 Q 7 178/179 Q 4
Taiwan 168/169 Q 7 178/179 Q 4
Takasaki 172 G 6
Talaudinseln 173 G 4
Taliabu 173 FG 5
Tamale 174 C 6
Tamanrasset 174 D 4
Tambora 173 E 6
Tanahjampeainseln 173 EF 6
Tanasee 174 G 5
Tandag 173 G 3
Tanga 174 G 7
Tanganjikasee 174 FG 7
Tanger, Stadt 174 C 3
Tanimbarinseln 173 H 6
Tanjungkarang 173 C 6
Tanjungredeb 173 E 4
Tannu-Ola 168/169 MN 4
Tansania 174 G 7 178/179 L 6
Tansaniasee → Tanganjikasee
Taolanaro 174 HJ 9
Tarakan 173 E 4
Tarbagataigebirge 168/169 LM 5
Tarim, Fluss 168/169 M 5
Tarimbecken 168/169 M 6
Tarlac 173 EF 1
Taschkent 168/169 KL 5 178/179 N 3
Tasmanien 178/179 R 8
Tatsching 170/171 Q 5
Taudenni 174 C 4
Taurus 168/169 G 6
Tawau 173 E 4
Tawitawi 173 EF 3
Tegal 173 C 6
Teheran 168/169 J 6 178/179 M 4
Tel Aviv-Jaffa 168/169 FG 6
Tellatlas 174 CD 3
Tema 175 D 6
Ténéré 174 E 5
Teneriffa 174 B 4
Ternate 173 G 4
Tete 174 G 8
Thailand 168/169 NO 8 178/179 OP 5
Theben, Ruinenstätte (Ägypten) 174 G 4
Tibesti 174 E 5
Tibet 168/169 M 6 178/179 O 4
Tiefland von Turan 168/169 JK 5/6
Tienschan 168/169 LM 5
Tientsin 168/169 P 6
Tiflis 178/179 M 3
Tigapuluhgebirge 173 B 5
Tigris 168/169 H 6
Timbuktu 174 C 5
Timia 174 DE 5
Timor 173 FG 6/7
Tinduf 174 C 4
Tixi 168/169 QR 2
Toamasina 174 HJ 8
Tobasee 173 A 4
Tobolsk 168/169 KL 4
Tobruk 174 F 3
Togo 174 D 6 178/179 JK 5
Tojoha 172 HJ 3
Tokio 168/169 RS 6 178/179 R 4
Tokujama 172 C 7/8
Toliara 174 H 9
Tominbucht 173 F 4/5
Tomari 172 GH 3
Tonking 168/169 O 7
Transhimalaya 168/169 MN 6/7
Trindade 178/179 H 7
Trinidad und Tobago 178/179 FG 5
Tripolis 174 E 3 178/179 K 4
Tripolitanien 174 E 3
Tristan da Cunha 178/179 J 7
Tsaidam 168/169 N 6
Tsangpo 168/169 MN 7
Tsaratananamassiv 174 HJ 8
Tsavo-Nationalpark 174 G 7
Tschad 174 EF 5 178/179 KL 5
Tschadsee 174 E 5
Tschagosinseln 178/179 NO 6
Tschangscha 168/169 P 7
Tschangtschun 168/169 PQ 5
Tscheljabinsk 168/169 JK 4
Tschengtschou 168/169 PQ 6
Tschengtu 168/169 N 6
Tscherskigebirge 168/169 RS 3
Tschintschou 168/169 PQ 5
Tschita (Südsibirien) 168/169 P 4 178/179 P 3
Tschöngdschin 168/169 QR 5
Tschungking 168/169 OP 7 178/179 P 4
Tshikapa 174 EF 7
Tshwane 174 FG 9 178/179 L 7
Tsinan 168/169 P 6
Tsingtau 168/169 Q 6
Tsitsikar 168/169 Q 5
Tsumeb 174 EF 8
Türkei 168/169 F-H 6 178/179 L 4
Tuggurt 174 D 3
Tuguegarao 173 F 1
Tukangbesiinseln 173 F 5/6
Tunesien 174 DE 3 178/179 K 4
Tunis 174 E 3 178/179 K 4
Turkanasee 174 G 6
Turkmenistan 168/169 JK 6 178/179 MN 3/4
Turuchansk 168/169 MN 3

U

Ubangi 174 EF 6
Uchta 170/171 J 3
Uëlle 174 F 6
Uganda 174 G 6 178/179 L 5/6
Ujung Pandang 173 E 6
Ulan-Bator 168/169 O 5 178/179 P 3
Ulan-Ude 168/169 OP 4
Ultschin 172 BC 6
Unggi 172 C 3
Untere Tunguska 168/169 NO 3
Urgentsch 170/171 K 5
Uruguay, Staat 178/179 G 7
Urumtschi 168/169 MN 5
USA → Vereinigte Staaten
Usbekistan 168/169 JK 5 178/179 MN 3/4
Ussuriisk 168/169 R 5
Ust-Kamenogorsk 170/171 JK 4/5
Ust-Urt 168/169 J 5

V

Vaal 175 F 9
Vadodara 168/169 L 7
Vancouver 178/179 CD 3
Varanasi 168/169 M 7
Venezuela 178/179 F 5
Vereinigte Arabische Emirate 168/169 J 7 178/179 M 4
Vereinigte Staaten 178/179 DE 3/4
Victoriafälle 174 F 8
Victoriasee 174 G 7
Vientiane 168/169 O 8
Vietnam 168/169 O 7/8 178/179 P 5
Vijayawada 168/169 M 8
Visakhapatnam 168/169 M 8
Voltastausee 174 CD 6
Vulkaninseln 178/179 R 4

W

Wad Madani 174 G 5
Wadai 174 EF 5
Wadi Halfa 174 G 4
Wagadugu 174 CD 5
Waigeo 173 H 4
Waingapu 173 EF 6
Wajir 175 GH 6
Walfischbai 174 E 9
Walfischrücken 174 CD 9/10
Warschau, Stadt 178/179 L 3
Washington, Stadt 178/179 F 4
Watampone 173 F 5/6
Wau 174 F 6
Webertiefe 173 H 6
Webi Schebeli 174 H 6
Weißer Nil 174 G 5/6
Welkom 174 F 9
Wellington 178/179 ST 8
Wentschou 168/169 PQ 7
Werchojansk 168/169 RS 3
Werchojansker Gebirge 168/169 QR 3
Westghats 168/169 L 8
Westirian 173 H 5
Westlicher Großer Erg 174 CD 3/4
Westsibirisches Tiefland 168/169 K-M 3
Wetar 173 G 6
Wiljui 168/169 Q 3
Windhuk 174 EF 9 178/179 K 7
Winnipeg 178/179 DE 3
Witim, Fluss 168/169 P 4
Wladiwostok 168/169 R 5 178/179 QR 3
Wolga 178/179 M 3
Wolgograd 178/179 M 3
Workuta 168/169 K 3
Wowoni 173 F 5
Wrangelinsel 168/169 VW 2
Wüste Lut 168/169 J 6
Wüste Tharr 168/169 L 7
Wuhan 168/169 P 6

X

Xangongo 175 E 8
Xian 168/169 OP 6 178/179 P 4

Y

Yamdena 173 H 6
Yangon 168/169 N 8 178/179 O 5

Z

Zagrosgebirge 168/169 HJ 6/7
Zamboanga 173 F 3
Zelten 175 E 4
Zentralafrikanische Republik 174 EF 6 178/179 KL 5
Zypern, Staat 168/169 FG 6 178/179 L 4